KB106611

논어, 학자들의 수다

사람을 읽다

논어, 학자들의 수다
사람을 읽다

초판 발행 · 2016년 3월 21일
초판 3쇄 발행 · 2017년 1월 2일

지은이 · 김시천
발행인 · 이종원
발행처 · (주)도서출판 길벗
브랜드 · 더퀘스트
주소 · 서울시 마포구 월드컵로 10길 56(서교동)
대표전화 · 02)332–0931 | **팩스** · 02)323–0586
출판사 등록일 · 1990년 12월 24일
홈페이지 · www.gilbut.co.kr | **이메일** · gilbut@gilbut.co.kr

기획 및 책임편집 · 박윤조(joecool@gilbut.co.kr) | **디자인** · 배진웅
제작 · 이준호, 손일순 | **영업마케팅** · 한준희 | **영업관리** · 김명자 | **독자지원** · 송혜란

교정교열 및 전산편집 · 이은경 | **CTP 출력 및 인쇄** · 이펙P&P | **제본** · 경문제책

ISBN 979-11-86978-74-0 03100
(길벗 도서번호 040027)

정가 16,000원

· ·

독자의 1초까지 아껴주는 정성 길벗출판사

(주)도서출판 길벗 | IT실용, IT/일반 수험서, 경제경영, 인문교양(더퀘스트), 취미실용, 자녀교육 **www.gilbut.co.kr**
길벗이지톡 | 어학단행본, 어학수험서 **www.gilbut.co.kr**
길벗스쿨 | 국어학습, 수학학습, 어린이교양, 주니어 어학학습, 교과서 **www.gilbutschool.co.kr**

이야기의 틈새를 채우며 읽는 고전 강의

논어,

학자들의 수다

:사람을 읽다

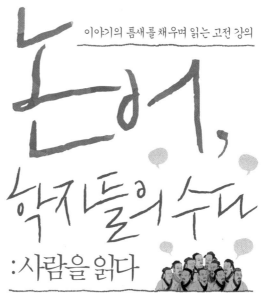

김시천 지음

더 퀘스트

| 인물 소개 |

공자孔子 : 기원전 551~기원전 479, 공구孔丘, 중니仲尼

자로子路 : 기원전 543~기원전 480, 중유仲由, 계로季路

안회顏回 : 기원전 521~기원전 490, 안연顏淵, 자연自淵

자공子貢 : 기원전 520~기원전 468?, 단목사端木賜

재아宰我 : 기원전 522~기원전 458, 재여宰予, 자아自我

염구冉求 : 기원전 522~기원전 489, 자유子有, 염유冉有

증삼曾參 : 기원전 505~기원전 436, 자여子輿, 증자曾子

자하子夏 : 기원전 507~기원전 420?, 복상卜商

자장子張 : 기원전 503~?, 전손사顓孫師

민자건閔子騫 : 기원전 536~기원전 478, 민손閔損

중궁仲弓 : 기원전 522~?, 염옹冉雍, 자궁子弓

원헌原憲 : 기원전 515~?, 원사原思

유약有若 : 기원전 508~?, 자유子有, 유자有子

대학 1학년 가을 어느 날의 일입니다. 파릇파릇한 그 시절, 나는 철학에 대한 호기심으로 도서관에서 이 책 저 책 뒤적이며 지내고 있었어요. 제대로 읽지도 못하는 두꺼운 독일어 원서를 빼 들고 말 그대로 구경만 하던 어느 날, 도서 대출카드에서 'P'라는 이름을 발견하고 놀랐던 적이 있어요. 그 'P'는 같은 과 20년 정도 선배의 이름이었습니다.

　지금은 전자장치로 대출을 하니까 카드에 이름 쓸 일이 없지만, 그때만 해도 책을 빌릴 때는 카드에 이름과 날짜를 기입하던 시절이었죠. 그런데 어떤 책이었는지 기억나지 않지만, 그 두꺼운 원서의 대출카드에는 'P'라는 이름 하나만 적혀 있었어요. 나는 신기하고 놀라워 가슴이 뛰기 시작했어요. 세상에서 아무도 모르는 그의 흔적 가운데 하나를 내가 발견한 듯한 기분이 들었죠.

그 'P'라는 이름은 당시 내가 재학 중이던 철학과 선배들의 이야기를 소설화한 《대학별곡》이란 작품의 등장인물 중 하나였고, 스스로 목숨을 끊었어요. 나는 도서관 한구석에 앉아 책장을 조심스레 넘기며 혹시 그가 어디에 밑줄이라도 그어놓지 않았을까, 혹 그분이 왜 자살을 했는지 알 수 있는 단서가 있지는 않을까 상상하며, 읽지도 못하는 책을 한 쪽 한 쪽 넘겨보았습니다.

아마도 《대학별곡》을 통해 그 선배의 이야기를 알지 못했다면 내게 이런 일은 일어나지 않았을 거예요. 《대학별곡》이라는 소설 속의 수많은 이야기들이 촘촘하게 주름 잡히고 포개어져서 'P'라는 이름으로 다가왔던 것이죠. 이 일은 대학 시절 나 혼자만 간직한 아련한 추억 가운데 하나예요.

그런데 오랜 시간이 흐른 지금 다시 그 시절의 추억이 떠오르는 것은 왜일까요? 아마도 이 책 《논어, 학자들의 수다: 사람을 읽다》가 바로 그 추억과 닮은 점이 있어서 그런지도 모르겠어요. 어떤 사람을 기억한다는 것은, 그 사람의 이야기를 기억한다는 것과 같은 말입니다. 내가 아는 누군가는 늘 어떤 이야기의 '주인공'으로 내 기억에 남기 때문이지요.

이 책은 《논어》를 그런 시선에서 읽어보려고 했어요. '인仁'이나 '예禮'와 같은 딱딱한 철학적 개념은 살짝 제쳐두고, 《논어》 속에 등장하는 수많은 사람들을 읽어보고자 했어요. 어쩌면 사람을 읽는다는 것은 그의 '삶'을 읽는다는 것과 같은 말일 테니까요. 비록 기록이 많지 않아 그들의 삶을 자세하게 알 수는 없지만, 우리는 그 흔적을 통해 그들의 삶을 느낄 수도 있지 않을까요?

공자孔子(기원전 551~기원전 479, 이름은 구丘이고 자字는 중니仲尼)

의 삶에는 수많은 사람들의 이야기가 포개어져 있어요. 마찬가지로 이 책의 주인공들인 자로子路, 안회顔回, 자공子貢, 염구冉求, 증삼曾參, 재아宰我, 자하子夏, 자장子張, 민자건閔子騫, 중궁仲弓, 원헌原憲, 유약有若 등의 삶에도 공자의 삶이 포개어져 있어요. 서로의 삶이 포개어지는 그 지점에서 우리가 읽고, 느끼고, 생각해 볼 만한 이야기들이 만들어지는 것이죠.《논어》는 그런 이야기들을 기록한 책이에요.

이 책의 주인공들은 얼굴 없는 똑같은 사람들이 아니었어요. 모두가 공자의 제자였지만, 제각각 나이가 달랐고 신분이 달랐고 모국이 다른 사람도 있었어요. 또 어떤 이는 군대를 호령하는 장군이 되고 싶어했고, 어떤 이는 천민이었지만 귀족의 '예'를 철저히 익혔고, 어떤 이는 상인 출신이지만 외교관이 되어 국제무대에서 크게 활약하기도 했어요. 이렇게 공자의 제자들은 요즘 사람들만큼이나 다양한 개성을 가지고 살았죠.

공자에 대한 태도나 서로를 대하는 자세 또한 달랐어요. 어떤 이는 철저히 공자를 닮고 싶어했고, 어떤 이는 공자를 존경하면서도 일정한 거리를 뒀어요. 그리고 이들은 서로를 믿고 의지하는 공동체를 이루어 살았지만, 나이나 출신, 성향의 차이 때문에 싸우기도 했고, 공자의 가르침과 상관없이 자기들끼리 새로운 주제를 놓고 토론하고 경쟁하기도 했어요. 이런 개성과 차이가 곧 사람의 삶을 이루는 특징이죠. 그래서 이 책은 '사람을 읽다'라는 제목을 갖게 되었어요.

내가 사람을 중심으로, 삶을 중심으로《논어》를 읽게 된 계기는 팟캐스트 방송 〈학자들의 수다〉였습니다. 짧지 않은 시간 동안 〈학자들의 수다〉를 제작·진행하면서 어떤 깨달음이 생겼어요. 게스트와 함께《논어》의 한 구절을 놓고 두세 시간 동안 '수다'를 나누고, 그 경험이 쌓이면서《논어》를 새롭게 읽을 수 있는 아이디어가 떠올랐다고나 할까요.

'수다'는 결코 의미 없는 헛소리나 잡담이 아니에요. 오히려 수다는 다양한 삶의 이야기를 드러내는 중요한 형식이기도 하죠. 이 책은《논어》에서 공자와 그의 제자들이 나누었던 이야기들을 철학적 대화나 학문적 토론이 아니라 그들의 삶을 표현하는 이야기로 읽고자 했어요. 그런데 놀랍게도 그 포개어지고 압축된 이야기들이 새롭게 풀려나와 이렇게 얇지 않은 책이 되었습니다.

독자 여러분에게 그들이 이야기를 나누던 자리에 필자인 나와 함께 동석해 보자고 제안합니다. 책을 읽어나가다 보면,《논어》가 어려운 철학적 문제를 두고 씨름했던 난해한 철학책이 아니라, 수많은 주인공들이 만나고 헤어지고 웃음 짓고 눈물 흘리고 싸우기도 하면서, 어떻게 보면 우리네와 다를 바 없는 삶을 이야기한 책이라는 걸 알 수 있을 것입니다.

이 책을 펴내기까지 많은 분들의 도움이 있었습니다. 우선 팟캐스트 방송 〈학자들의 수다〉를 오랫동안 함께 제작·진행해 온 오상현 선생에게 고맙다는 말과 언젠가 함께 책을 펴낼 수 있기를 바란다는 희망을 전합니다. 또 친구로서, 학자로서, 공동 진행자로서 늘 든든한 버팀목이 되어준 곽노규 원장과 강명신 교수에 대한 고마움은 말로 다 할 수 없습니다. 또한 출연해 주신 모든 선생님들께도 고마움을 전합니다.

조용한 연구실에서 편안히 집필에 몰두할 수 있도록 자리를 마련해 주신 곽신환 교수님, 연구실에서 늘 덕담으로 용기를 준 선배 오지석 박사께도 고마운 마음을 전합니다. 책의 새로운 주장들에 대해 이야기 나누며 많은 부분 공감해 주고 격려해 준 전호근 교수님, 늘 새로운 책으로 자극을 주시는 최진석 교수님, 방송과 학문에 여러 가지 조언을 주신 전 문화방송 피디 이채훈 전문위원님, 세 분은 바쁜 일정을 쪼개어 추천사까지 써주셨습니다. 고마울 따름입니다.

이 책은 군포시 산본도서관, 롯데MBC문화센터, 팟캐스트 방송 〈시사통 김종배입니다〉에서 했던 강의를 토대로 다듬고 보완한 것입니다. 강의 기회를 마련해 주신 분들과, 강의를 수강하며 여러 가지 이야기를 함께 나누었던 모든 분들, 그리고 꼼꼼하게 초고를 만들어준 강부경 선생께도 감사의 인사를 전합니다. 오랜 인연을 소중하게 이어주시는 길벗출판사의 한필훈 이사님, 거친 원고를 다듬어 멋진 책으로 거듭나게 해준 박윤조 부장님 및 실무진들께도 고마운 마음을 전합니다.

마지막으로 책 작업에 매달리는 내내 옆에서 응원해 주었던 사랑하는 아내 남희에게 늘 미안하다고, 그리고 빨리 건강해지기를 기도한다는 말을 전합니다. 아들 해원에게도 고맙다는 말을 하고 싶습니다. 신체의 큰 환란으로 고생하시는 아버님, 그리고 묵묵히 곁을 지켜주시는 어머님의 건강을 빕니다.

2016년 3월
따뜻한 봄 기운의 문턱에서
김시천

차 례

1부 《논어》, "이 사람을 보라!"

4부

: 재아·염구·증삼 :
"어디에나 길은 있다"

《논어》, 사람을 읽다

여러분, 《논어》는 과연 '좋은' 책인가요? 나는 먼저 이 질문에서 이야기를 시작하고 싶어요. 아마도 《논어》를 이야기하면서, 이 책이 좋은 책인지 나쁜 책인지 문제 삼았던 사람을 우리나라에서는 찾아보기 어려울 거예요. 하지만 중국에서는 20세기 내내 이 문제를 갖고 씨름했습니다. 《논어》가 좋은 책인가요? 여러분, 어떻게 생각하나요? 아마도 생각해 보지 않은 질문에 잠시 고민하다가, "좋은 책이겠지요" 하고 답변할 분들이 많을 겁니다.

하지만 "왜 좋죠?"라고 다시 물어보면 어떨까요? '동양 고전古典'이고, 오랜 세월 수많은 역사의 시련을 겪으면서도 살아남은 책이니 당연히 우리에게 뭔가 좋은 이야기를 많이 들려주지 않겠는가, 그리고 실제로 좋은 말씀이 많이 나와 있지 않느냐, 이렇게 대답하지 않을까요?

그럼 다시 "공자가 권하는 가치, 예를 들어 '살신성인殺身成仁', 다시 말해 자신의 몸을 바쳐서라도 인仁을 이루어야 한다는 말을 받아들일 수 있나요?"라고 물으면, 잠시 머뭇거리다가 "아니요"라고 대답하는 사람이 많을 거예요. 요즘 공자가 요구하는, 인격을 완성한 사람이라는 '군자君子'가 되기 위해 노력하며 사는 사람이 얼마나 될까요? 이런 상황을 염두에 두면서《논어》가 진짜 좋은 책인지 우리는 다시 생각해야 합니다. 이것이 내가 2006년에《이기주의를 위한 변명》이란 책을 내면서 던졌던 물음이에요. 우리가 고전을 좋은 책이라서 읽고 있는데, 도대체 왜 좋은지에 대해 생각해 봐야 하고, 정말 좋다면 그 근거를 제시할 수 있어야 한다는 것입니다.

나는《논어》가 소중하게 간직해 온 옛날 옷과 같다고 생각해요. 그래서 좋거나 나쁜 게 아니라 잘 맞지 않다고 생각해요. 말하자면, 옛날에 입었던 옷이 오늘날 다르게 변한 내 몸에 맞지 않는 것처럼,《논어》가 현재 우리에게는 맞지 않는다는 겁니다. 그럼 어떻게 해야 하죠? 옷을 다시 입으려면 수선을 해야 합니다.《논어》읽기에서도 바로 그 수선의 과정이 필요한데, 그 출발점이 전통사회에서 갖는《논어》의 지위나 의미가 현대사회에서의 그것과 다르다는 점을 확인하는 작업입니다.

과거에는《논어》를 성인聖人이 되기 위한 학문이라는 의미의 '성학聖學' 또는 올바른 도리道를 추구하는 학문이라는 의미로 '도학道學'이라고 불렀습니다. 현대사회에서는 합리적인 이성을 바탕으로 텍스트를 객관적으로 이해하고자 철학이라는 학문 분야에서《논어》를 읽으려 합니다. 그런데 여기서부터 미묘하게 어긋남이 생겨요. 전통사회에서 이 책을 읽었던 사람과 오늘날을 사는 사람의 요구가 다르니까요. 또 전통사회에서는 출사出仕하려는 사람들이 과거시험을 준비하며 이 책을 읽었습니다. 한마디로 그 시절에는 《논어》가 법전에 가까웠어요.

그런데 지금은 이 책을 읽어서 할 수 있는 게 무엇일까요? 수능 윤리시험에 한두 문제 나올 수 있겠지만, 굳이 읽지 않아도 답을 고르는 데 크게 지장이 없습니다. 《논어》를 읽은 게 도움이 될 때라면, 교양 있어 보이고 싶을 때 정도밖에는 없습니다. 그런데 《논어》가 좋은 책이다? 사실 그건 남들이 그렇게 얘기하는 것에 그저 동의하는 것일 뿐입니다.

그래서 나는 진짜 나에게, 우리에게 좋은 책인지 아닌지를 생각하면서 《논어》를 읽을 필요가 있다고 말하고 싶어요. 《논어》가 나쁜 책이라고 말하려는 게 아니라, 그것이 어떻게, 왜 좋은지를 알고 읽을 때에야 좋은 것을 제대로 받아들일 수 있기 때문입니다.

지금까지는 "《논어》는 좋은 책이다"라고, 마치 사회적 합의가 되어 있는 것처럼 여겨왔죠. '클래식'이라고 하니까. 그런데 그냥 '고전'이라고 하는 것보다 '클래식classic'이라는 영어 단어를 쓰면 어쩐지 권위 있어 보여요. 대중음악보다는 클래식이 뭔가 고상해 보이는 것처럼요. 사실 클래식을 주로 즐겼던 사람들은, 과거엔 귀족이었죠. 명목상 신분제도가 없어진 현대사회에서 클래식은 그저 취향으로 바뀐 것 같지만, 모든 사람들이 편안하게 즐길 수 있는 음악과는 조금 거리가 있다는 생각이 여전히 남아 있습니다. 그래서 나는 《논어》에서 클래식이란 명칭을 떼어버리고, 그냥 한 권의 책이라 부르려고 합니다. 누구나 편안하게 읽을 수 있을 때 과연 이 책이 좋은 책인지 아닌지, 읽을 만한 책인지 아닌지 등이 결정될 수 있으니까요.

그다음에 우리가 생각해 봐야 할 것은 "《논어》가 철학책인가?" 하는 물음입니다. 서점에 가면 《논어》는 동양 고전 코너에 비치되어 있습니다. 그런데 만약 철학 코너 책장에 《논어》를 꽂아놓으면 사람들 손이 덜 갈 거예요. 왜냐하면 대부분의 사람들이 철학이라는 걸 어렵다고 여기기 때문입니다. 강의 중에 "철학이라고 하면 뭐가 생각나세요?"라고 대학생들에게 물으니 10명 가운데 7~8명이 "어려운 것"이라고 대답했습니다.

　　소크라테스, 플라톤 등 철학자 이름이 나올 줄 알았는데 의외로 '어렵다'는 말을 가장 먼저 합니다. 그래서 《논어》를 철학책이라고 하면 어려운 책이 되어버립니다. 하지만 이 책은 굉장히 쉽습니다. 같은 동양의 고전인 《노자老子》나 《장자莊子》, 또 칸트Immanuel Kant의 《순수이성비판》이나 하이데거Martin Heiddeger의 《존재와 시간》 같은 책과는 비교가 안 될 정도로 이해하기 쉬워요. 그런데도 많은 사람들이 이 책을 어렵다고 얘기하곤 하죠.

　　여기에는 두 가지 이유가 있는데, 첫 번째는 이 책이 권장하는 생각과 행동의 방식이 현대를 살아가는 우리와 거리가 있기 때문입니다. 더 중요한 두 번째는, 《논어》에 나오는 말은 쉬운데 이와 관련된 해설서들이 몹시 어렵기 때문이에요. 원문에도 없는 아주 어려운 용어들을 마구 써서 매우 어렵게 풀이하고 있어요. 왜일까요? 그래야 철학책답다고 생각해서일까요? 그런데 이런 현상이 사실은 제도의 결과입니다. 철학을 전공한 사람들이 《논어》 《장자》 등의 전통 고전을 다루는 게 합당하다는 사회적 합의가 이뤄졌죠. 철학자들은 형이상학, 인식론, 존재론, 사회철학 등 《논어》에 등장하지 않는 서구 학문에서 가져온 용어들을 붙여가며 이 책을 해설해 왔습니다.

이제는 이런 식의 동양 고전 읽기에서 벗어나야 합니다. 그렇다고 해서 그런 것이 불필요하다는 게 아닙니다. 《논어》를 읽다가 필요할 때 그런 도움을 받는 거지, 이 책을 애초부터 철학책이라고 규정하고 읽으면 오히려 쉬운 것을 쓸데없이 어렵게 만드는 결과를 초래할 수 있다는 겁니다. 우리는 있는 그대로의 이야기, 책에 나오는 화자들의 이야기를 삶의 공간, 인간이라는 공통된 이해의 장에서 얼마든지 새롭게, 그리고 유익하게 읽을 수 있습니다.

물론 조선시대 사대부들이 가장 열심히 읽었던, 주희朱熹가 쓴 《논어집주論語集註》는 매우 철학적입니다. 달리 말하면 《논어》를 '철학적으로 읽는다'는 것은 '조선의 주자학적 시각에서 읽는다'는 것이라 해도 크게 틀리지 않을 겁니다. 그래서 나는 이 책을 공자와 그의 제자들이 나눈 철학적 대화의 기록이라고 보기 이전에, '그냥 책일 뿐'이라고 보자는 겁니다. 굳이 공자를 철학자라 부르고, 《논어》를 철학책이라고 할 까닭이 없다는 겁니다.

특히 조선 유학자들의 입장에서 생각하면 《논어》를 철학책이라고 보는 것부터가 황당할 수 있습니다. '철학哲學'이라는 용어는 19세기 말에 동아시아가 서양에서 수입한 philosophy라는 말의 번역어입니다. 달리 말해 《논어》를 철학적 방식으로 읽을 수는 있으나, 《논어》가 철학이라는 학문을 의식하고 그 분야에 관한 책을 쓴다는 의도로 쓰여진 책은 아니라는 것입니다.

그런 의미에서 《논어》가 본래 철학책이 아니라는 점은 이 책을 읽을 때 매우 중요한 의미를 함축하고 있습니다. 철학적이지 않은 방식으로 《논어》를 읽을 수 있다는 것 말입니다. 《논어》를 철학책으로 규정하지 않으면 얼마나 새롭게 읽을 수 있는지 독자 여러분은 이 책을 통해 공감할 것이라 자신합니다. 나는 그것을 '텍스트_{text}'로서의 《논어》 읽기라고 부르겠습니다.

《논어》를 텍스트로 읽으려면 먼저 그 책에 담긴 기록의 성격과 이야기의 형식에 주목할 필요가 있어요. 《논어》는 공자가 한 말을 바로 그 앞에서 받아 적은 기록이 아닙니다. 공자 사후에 기록이 모아지고, 한참 뒤에 편집된 문헌입니다. 따라서 《논어》는 기록자의 취지와 편집자의 의도가 개입되어 있는 텍스트입니다. 그런 기록자의 취지와 편집자의 의도를 재구성함으로써 우리는 전혀 새로운 방식으로 《논어》를 읽을 수 있어요. 《논어》를 기록하고 편집한 사람들은 《논어》에 기록된 이야기가 언제, 어떠한 상황에서 일어난 것이지를 과감하게 생략했습니다. 따라서 《논어》의 문장을 제대로 이해하려면 이야기의 틈새를 채우는 작업이 필요합니다. 실제로 인간적인 상상력과 역사적 고증을 통해 옛 학자들은, 상당히 많은 틈새를 채우고 살을 붙여왔어요. 나는 그런 성과들을 모아 번역된 문장의 사이사이에 살려보고자 했습니다. 이 점을 독자 여러분이 눈여겨보아주기 바랍니다.

또 《논어》에는 공자가 아닌 다른 사람들의 이야기, 공자와 그의 제자들이 서로 이야기를 나눈 장면들로 구성된 구절이 많습니다. 이와 관련해 통계자료를 뽑아봤더니, 1부에서 자세히 소개하겠지만 《논어》의 전매특허처럼 보이는 "선생님/공 선생님이 말했다_{子曰/孔子曰}"로 시작하는 문장이 《논어》 전체에서 약 45퍼센트밖에 차지하지 않습니다. 나머지 55퍼센트에는 다른 사람들이 등장하고, 따라서 다른 시각에서 읽을 수 있다는 얘기입니다.

또 공자가 한 말과 행동에 대한 기록이 《논어》에만 있는 것이 아닙니다. 고대 중국의 춘추전국春秋戰國시대에 만들어진 거의 모든 문헌에 공자의 말과 행동에 대한 기록이 등장합니다. 그런데 종종 그 내용이 《논어》와 많이 다른 경우가 있습니다. 그럴 때 사람들은 《논어》를 기준으로 삼아 그와 다른 말과 행동은 버리거나 무시합니다. 하지만 오늘날 《논어》에 등장하는 말이 역사상 실존했던 공자의 말 그대로인가에 대해서는 확인이 불가능하죠. 다만 그렇게 기록되어 있고, 오랫동안 그렇게 믿어왔을 뿐입니다.

이 책은 역사상 실존했던 인물로서 '공자'와 그의 사상에 주목하기보다는 《논어》라는 책text과 그 등장인물에 주목해 보려고 합니다. 《논어》 속에는 공자뿐 아니라 아주 다양한 사람들이 등장합니다. 예컨대 공자의 제자 가운데 29명이 이 책의 주인공 또는 주연급으로, 어떨 땐 조연급 또는 엑스트라로 등장합니다. 또 공자나 그의 제자가 아닌 사람들도 125명이나 등장합니다. 그들 중에는 죽은 사람도 있고, 역사적 인물도 있고, 공자가 직접 만나서 이야기를 나누었던 사람들도 있어요. 그 수많은 등장인물 가운데 공자가 가장 중요한 인물인 것은 분명합니다.

그런데 나는 이상하게 텔레비전 드라마나 영화를 볼 때, 주연보다 조연이 더 인상적으로 보이는 경우가 많아요. 왜냐하면 주인공보다 조연이 연기를 더 잘하는 경우가 적지 않거든요. 그래서 공자의 '제자들'이라고 지칭되는 조연급 사람들을 오히려 주인공 자리에 놓고 《논어》를 읽으면 사뭇 다르게 읽을 수 있겠다는 생각으로 다시 읽기 시작했어요. 그랬더니 웬걸, 정말 재미있습니다. 예컨대 공자가 논쟁에서 패하고 나면 상대 뒤에서 험담을 하기도 합니다. 공자의 '뒷담화', 장난이 아닙니다. 제자들도 공자에게 가르침을 받기만 했던 게 아니라, 공자를 가르치려고 했다가 '깨갱' 하고 혼나기도 합니다.

이런 시도는 여태껏 《논어》 읽기에서 중시되지 않았던 방법이에요. 구체적으로 나는 《논어》를 읽을 때, 어느 한 사람을 위해 수많은 사람들이 조연급에 머무는 방식이 아니라, 이 책에 등장하는 한 사람 한 사람이 각자의 가치관과 신념을 가지고 행동하며 살았다는 점을 드러내는 방식을 취하려고 합니다. 《논어》의 등장인물을 그 사람의 삶의 자리에서 읽고자 하는 것입니다.

오늘날 개개인은 타인의 생각에 동의하거나 거부하는 등 다양하게 의견을 교환하며 살아갑니다. 그렇게 하는 것을 우리는 타인에 대한 존중이라 생각합니다. 그렇다면 《논어》에 등장하는 인물들에게도 그렇게 해보면 어떨까요? 공자의 제자들 중 몇몇을 주인공으로 삼아서, 이 사람들이 어떻게 공자와 서로의 삶을 포개면서 삶을 엮어나갔는지를 살피며 《논어》를 읽는 겁니다.

전통사회에서 《논어》는 공자가 추구했던 바람직한 인격자인 '군자'를 주인공으로 하는 텍스트로 읽혀왔는데, 분명 군자 또는 '성인' 같은 말은 '보통 사람'을 가리키는 말이 아닙니다. 반면 나는 보통 사람에 가까운 한 개인의 이름으로 공자와 그의 제자들을 호출해봤습니다. 이런 식으로 텍스트를 다시 읽어보면 뜻밖의 재미를 느낄 수 있습니다. 이 책을 그런 재미를 느꼈던 나의 경험을 독자 여러분과 나누려는 나의 '수다'로 읽어주면 좋겠습니다.

따라서 현대적인 말로 '고전'이라거나 전통적인 의미에서의 '경전經典'이라는 기존의 권위를 살짝 밀어두고 《논어》라는 책 자체에 집중해서, 《논어》가 어떤 책이고, 그 내용물들이 어떻게 구성되어 있는지를 한번 따져보는 것이 앞으로 이야기를 진행하는 데 커다란 도움이 될 겁니다.

1부는 큰 틀에서 《논어》를 새롭게 읽을 수 있는 방법에 대해 이야기했습니다. 여러 통계는 우리가 기존의 시각과 다른 읽기 전략을 수립할 수 있는 근거가 될 것입니다.

이어서 2부에서는 공자의 친구이자 제자였던 무인武人 '자로子路'와 수제자로 알려진 '안회顏回' 이야기를 다룹니다. 나이가 공자와 크게 차이 나지 않았던 자로는 공자의 제자가 되어 새로운 삶을 살지만, 그의 개성과 소신은 변하지 않습니다. 이와 달리 안회는 아주 어린 나이에 제자가 되어 공자의 가르침을 철저히 익히지만, 비천한 출신 때문에 벼슬을 포기하고 새로운 삶의 길을 개척합니다. 이상한 것은 공자의 수제자라는 그가 《논어》에서는 배척당한 듯한데, 《장자》에서는 주요 인물로 등장한다는 점이에요. 나는 이 책에서 그 이유를 밝혀보고자 했어요.

3부는 이 책의 가장 중요한 인물인 '자공子貢'을 이야기합니다. 자공은 공자학단이 실제로 유지될 수 있도록 여러 방식으로 지원한 사람입니다. 또 자공이란 인물이 없었다면 오늘날 우리가 생각하는, 위대한 역사적 인물 공자는 없었을지도 모릅니다. 이 책의 특징이 자공의 역할을 중심축으로 놓고서 《논어》를 보는 것인데, 그 이유는 책을 읽다 보면 자연스럽게 이해할 수 있을 겁니다. 그래서 3개의 장을 할애해 길게 다루었습니다.

4부에서는 세 인물을 다룹니다. 첫 번째 인물은 '재아宰我'인데, 그는 유가 전통에서 배반자 취급을 받았습니다. 하지만 《논어》를 잘 읽어보면 그는 공자와의 논쟁에서 이긴 사람이고, 합리적 사유를 특징으로 하는 새로운 사조의 개척자로 보입니다. 재아를 이런 식으로 이해하는 것은 《논어》를 사람 중심으로 읽어야만 가능합니다. 기존의 권위에 구애받지 않고 읽으면 《논어》가 얼마나 달리 읽힐 수 있는가를 보여주는 대표적인 예가 재아입니다. 공자학단에서 공부했지만 공자의 바람과 다른 길을 찾아간 '염구冉求'는 매우 현실적인 인물이었습니다. 또 후대의 영향력으로 볼 때 중국뿐 아니라 동아시아 역사에서 가장 중요한 의미를 지닌다고 평가받는 '증삼曾參'도 살폈습니다. 증삼은 《효경孝經》의 저자로 알려졌고, 그의 제자 자사子思의 문하에서 맹자孟子가 나옴으로써 유학의 정통으로 불렸습니다. 《논어》의 편찬에도 깊이 관여한 것으로 추정되었는데, 사실 《논어》 자체로 보면 그 근거는 희박합니다. 아마 이런 인물들이 독자들에게 익숙한 인물들일 것입니다.

공자가 죽은 뒤 공자학단은 여러 분파로 나뉘는데, 이들은 여러 나라로 흩어져 유학을 널리 퍼뜨리는 역할을 했습니다. 또 사상적 경향도 저마다 달랐어요. 자하의 '경학經學'과 자장의 '유술儒術'은 이런 유가 내부의 분화分化와 개성을 잘 보여줍니다. 그 내용을 5부에서 다뤘습니다. 5부의 마지막 장은 다른 장들과는 달리 《논어》에서 《장자莊子》로 이어지는 색다른 전통을 소개해 보았어요. 민자건閔子騫·중궁仲弓·원헌原憲 등은 바로 안회와 비슷한 특징을 지닌 사람들이었는데, 나는 이들에게서 사적인 삶을 향유하려는 독특한 인생관이 싹텄다고 보았습니다.

재미난 것은, 이 책의 주인공들 가운데 상당수가 공자가 고국인 노魯나라를 떠나 천하를 주유하던 14년 동안 함께한 인물들이라는 점이에요. 공자는 그 기간 중에 세 번에 걸쳐 죽을 고비를 넘기기도 했는데, 그때 생사고락을 같이했던 사람들이《논어》의 주요 등장인물이라는 점은 의미심장한 일이에요. 달리 말해 공자의 수난은 그 자신뿐만 아니라 그의 제자들에게도 똑같이 일어난 사건이고, 그들의 삶의 일부라는 것이죠.

사람은 살면서 이야기를 남깁니다. 나는《논어》가 공자와 함께 천하를 주유하며 어려움을 겪었던 사람들의 이야기를 뼈대로 한 책이라고 생각해요. 따라서《논어》를 텍스트로 읽는다는 것은, '인仁' '예禮' '정명正名'과 같은 철학적 개념을 중심으로 읽는 것보다 훨씬 유익하고 생동감 넘치는 사람의 이야기, 삶의 이야기로 읽는다는 뜻이라고 생각해요. 삶의 이야기로 읽혀지는《논어》는 권위를 갖는 경전이 아니라 누구나 공감할 수 있는 한 권의 연작소설집이 되지 않을까 싶어요.

이제 독자 여러분을 열두 명의 주인공이 펼치는 삶의 드라마, 《논어》의 세계로 초대합니다.

1부

《논어》, "이 사람을 보라"

고전은 언제나 삶을 말한다.

《논어》의 특별한 점은, 한 사람의 내면 풍경만을 보여주는 모노드라마가 아니라는 점이다.

그 속에는 울고 웃고 이야기하는 다양한 주인공들이 등장한다.

《논어》는 철학에 앞서 그들의 삶을 보여준다. 그래서 우리는 사람을 읽는다.

1장

: '철학'에서 '삶'으로 :
《논어》, 인간의 발견

《논어》는 공자의 책인가?

이제 본격적으로 이야기를 시작해 볼까요? 먼저 우리가 다루고자 하는 책의 제목인 '논어'라는 말은 무슨 뜻일까요? 글자 그대로 보면 '논하다'는 뜻의 '논論'과 '말하다'는 뜻의 '어語'로 이루어져 있어요. 쉽게 풀이하면 '어떤 주제에 대해 논하는 말' 정도의 뜻이 되겠죠. 그런데 우리는 통상 '공자의 어록'이라고 알고 있어요. 조금 친절한 경우, '공자와 그의 제자들의 대화'라고 하는 경우도 있습니다.

상식적 이해가 이렇다 보니, 우리는 《논어》 하면 공자의 사상을 담은 책이라고 생각해요. 《논어》를 우리말로 옮긴 책을 펼쳐보면 어느 책이든 "자왈子曰, 학이시습지學而時習之면, 불역열호不亦說乎아?"라는 한문 문장이 나오고, "선생님이 말했다. '배우고 때때로 익히면 기쁘지 아니한가?'"라는 번역이 이어집니다. 이러니 《논어》를 공자의 말을 기록한 책으로 여기는 것은 어쩌면 당연한 일이에요. 이는 서양어 번역본도 마찬가지입니다.

서양에서는 《논어》를 주로 Analects라고 번역합니다. 이 번역이 전 세계적으로 공자의 《논어》를 지칭하는 용어로 통용되는데, '공자의 어록'이란 뜻의 The Analects of Confucius라고 부르기도 합니다. 여기서 '콘푸치우스Confucius'는, 송나라 때부터 유학자들이 공자를 가리킬 때 사용했던 '공부자孔夫子'라는 단어를 명나라 때 중국에서 활동하던 신부들이 그대로 라틴어화한 거예요. 공자를 '공 선생님'이라고 번역한다면, 공부자는 '우리 공 선생님'이라는 뜻이에요. 공부자에 라틴어식 명사화 접미사를 붙여 Confucius가 된 것입니다.

또 《논어》의 영어 번역 표제어인 Analects는 '하나의 문학작품에서 발췌한 글들의 모음'이란 뜻이에요. 그러니까 공자가 남긴 많은 말 가운데 주옥같은 말들을 골라서 모았다는 뜻이죠. 이는 공자의 말이 《논어》 이외의 다른 문헌에도 수없이 나온다는 것을 알고서 선택한 번역어이기도 합니다. 그리고 《논어》 속에 있는 내용들이 대화체로 구성되어 있다고 해서, 때때로 The Dialogues of Confucius and His Disciples(공자와 그의 제자들의 대화록)이라고 번역되기도 합니다.

그런데 '대화'라고 하면, 다시 이런 물음이 제기할 수 있습니다. 《논어》에서 실제로 공자와 그의 제자들이 대화를 하고 있는가? 유심히 읽다 보면 등장인물들이 결코 대화를 하고 있지 않다는 걸 알 수 있습니다. 보통 '자왈子曰/孔子曰', 즉 '선생님이 말씀하셨다'라고 시작하는 게 이 책 전체 분량의 약 45퍼센트입니다. 그리고 55퍼센트가 '유자有子 왈' '증자曾子 왈'처럼 화자가 바뀐 자왈子曰 형식으로 되어 있거나 서로 질문하고 대답하는 방식으로 되어 있습니다. 단순한 어록은 아니지요. 그래서 공자와 그 제자들의 어록이라고 부르기도 한 것입니다.

하지만 대화체 문장들이 나오는 것도 사실입니다. 그런데 우리가 아는 '대화'는 뭘까요? 서구 민주주의의 원류가 고대 그리스 아테

네에서 발생했다는 건 우리가 알고 있는 상식입니다. 당시 사람들이 어떤 방식으로 대화를 했는지는 플라톤의 《대화》에서 쉽게 알 수 있어요. 플라톤의 대화편들을 읽어보면, 등장인물들이 서로의 의견을 존중하며 이야기를 주고받아요. 대화란 뜻의 영어단어 dialogue에서 logue는 '이성 또는 말'이란 뜻의 logos에 해당합니다. 이 logos에서 오늘날 우리가 사용하는 logic(논리학)이 나왔습니다. 그러니까 '대화'는 '논리적·이성적인 언어 사용 방식으로 의견을 주고받는 것'이라는 뜻입니다. 주인과 노예 사이에서가 아니라 동등한 시민들끼리 말이죠.

고대 그리스 아테네 사회에서 시민계급에 속한 사람들은 아고라 광장에 모여 우주의 기원, 인간의 사랑과 우정, 폴리스의 정치 등에 관해 다양한 대화를 나눴습니다. 그런데 권위 있는 누군가가 일방적으로 말하는 게 아니라 서로의 의견에 대해 비판하고 반박하면서 합의를 이끌어내는 방식으로 이야기를 주고받았지요. 우리는 이런 것을 '대화'라고 해요. 그렇다면 《논어》에서 주고받는 말도 대화라고 할 수 있을까요? 나는 엄밀한 의미에서 대화가 아니라고 생각해요.

오늘날 우리가 일상에서 하는 대화와 《논어》의 이야기 형식은 차이가 있어요. 《논어》의 이야기 형식 중에는 "선생님이 말했다" 또는 "증參 선생님이 말했다"와 같이 일방적으로 가르침을 주는 것도 있고, 누군가 묻고 공자가 대답하는 방식으로 된 것, 두 사람 또는 여러 사람이 함께 이야기하는 형식으로 된 것도 있어요.

이렇게 보면 우리가 상식처럼 알고 있는, 공자 하면 《논어》, 《논어》하면 공자라는 등식은 성립하지 않습니다. 《논어》는 공자 혼자만의 어록도 아니고, 비록 대화체 문장으로 이루어진 부분이 있다 해도 대화록이라고는 할 수 없는 독특한 책이에요.

책에 관한 이야기가 나왔으니 참고 삼아 고대 중국의 '책冊'이 어떤 것인지에 대해 잠깐 소개할게요. 오늘날 우리가 사용하는 종이는 기원후 2세기 이후에 채륜蔡倫(50?~121?)이 발명했습니다. 만약 《논어》를 공자 생존 당시 '책'의 재료로 만들었다면 분량이 얼마만큼 됐을 것 같습니까? 그때 '책'은 얇게 자른 나무들에 글씨를 쓴 뒤 가운데에 구멍을 뚫고 가죽 끈으로 엮어 둘둘 만 형태였죠. 《논어》가 20편으로 되어 있으니, 그런 '책'이 20더미였습니다.

'책冊'이라는 한자를 보면 얇게 저민 나무들을 한 줄로 묶어 책을 만들었던 과정을 얼마나 잘 형상화했는지 참 재미있습니다. 장이머우張藝謀가 감독한 영화 〈영웅〉에서, 무명無名(이연걸 분)이 자기가 진왕秦王 정政(나중에 진시황秦始皇으로 등극하는 인물)을 어떻게 암살할 수 있는지를 보여주기 위해 그동안 닦은 무예를 시연하는 장면이 나옵니다. 거기서 무명이 붕 뜬 뒤 빙그르르 도니까 당시 죽간竹簡 등으로 만든 책이 쌓여 있던 서가들이 와르르 무너집니다.

죽간 형태 그대로 강의실 안에 펼쳐놓으면 웬만한 대학 강의실 안이 꽉 찰 거예요. 그런데 그곳에 있던 책을 종이로 만들면 그 양은 얼마 안 될 겁니다. 문명의 발달로 오늘날에는 많은 정보를 얇은 종이책에 잘 집적할 수 있게 됐다는 말을 하려는 게 아닙니다. 고대 중국에서 책 한 권을 만드는 데 필요한 방식과 노력이 지금과는 달랐다는 걸 강조하는 거예요. 그것을 알아야 《논어》와 같은 동양 고전을 읽으면서, 왜 그런 방식과 내용으로 구성됐는지 등을 추론할 수 있을 테니까요.

기원후 1000년 이후 송宋나라 때에는 상업적인 목적으로 출판하는 일이 많아졌어요. 유명한 문인의 책은 요즘처럼 베스트셀러가 되기도 했답니다. 그런데 당시의 인쇄기술은 나무판에 일일이 글자를 판각하고 여기에 먹을 묻혀 찍어서 묶어내는 목판인쇄였어요. 따라서 한 번에 많은 부수를 펴낼 수 없었고, 책은 상당히 고가의 상품이었어요. 남송南宋시대의 베스트셀러였던 당唐나라 때의 시인 두보杜甫의 작품집은 10권짜리 한 질에 지금 우리 돈으로 치면 수백만 원을 호가했다고 해요.

그렇다면 그보다 1천 2백 년 넘게 과거로 거슬러 올라가는 공자 시대에 책을 만든다는 것은 어떤 일이었을까요? 극소수만이 문자를 알고 있던 시대에 기록을 남기고 책을 엮는다는 것은, 엄청난 비용만이 아니라 여러 가지 조건이 갖추어져야 가능한 일이죠. 왕실王室이나 공실公室과 같은 최고의 지배층이 아니면 엄두도 낼 수 없는 거대한 작업이었습니다. 책을 만들고 그 책에 내용을 기록한다는 것 자체가 엄청난 일이었다는 얘기예요.

이런 상황에서 볼 때 《논어》의 기록은 획기적인 사건이라 할 수 있어요. 말단 귀족인 사士 출신의 공자, 그리고 그의 제자들까지 '선생子'이라는 존칭과 함께 책의 주인공으로 등장했으니 말예요. 특히 공자의 제자 가운데 일부는 천민 출신이었어요. 천민이 당당하게 자기 목소리를 내고, 그것이 기록으로 남는다는 것은 당시로서는 기적에 가까운 일이었어요. 그것도 그들 스스로의 손으로! 놀라운 일이죠.

따라서 《논어》는 몇십만 권의 책이 즐비하게 쌓인 도서관을 손쉽게 이용할 수 있는 우리 처지에서 봐서는 안 돼요. 당시 기록물 가운데 대표적인 문헌이 《서경書經》과 《춘추春秋》인데, 《서경》이 역대 제왕의 사적史蹟을 기록한 것이라면 《춘추》는 노나라 공실의 기록이에요. 이런 책들만 있던 그 시대에 공자와 그의 제자들이 스스로를 기록해 남겼다는 것이 어떤 의미인지 한번쯤 새겨보고 시작하면 좋겠습니다.

《논어》가 공자의 사상을 담은 책이라거나, 공자와 제자들의 대화록이라는 등의 생각은 《논어》라는 책이 지닌 역사적 의미와 가치를 제대로 반영하지 못합니다. 《논어》는 그 자체로 새로운 시대를 여는 이정표이고, 《논어》에 등장하는 인물들의 다채로움은 귀족사회에서 일어난 하나의 혁명과 같아요.

따라서 우리는 《논어》에 등장하는 인물 한 사람 한 사람에 주목할 필요가 있습니다. 비록 몇 글자 되지 않는 짧은 기록이라 해도 그 글줄에는 2천 5백 년 전에 살다 간 개인들의 삶과 인격이 고스란히 담겨 있기 때문이에요.

통계로 본 《논어》의 재구성

이야기를 풀어나가기 위해 아주 간단한 도표를 하나 보겠습니다. 우리가 오늘날 보는 《논어》라는 책은 여러 '편篇'으로 이루어져 있고 또 각 '편'은 여러 개의 '장章'으로 나뉘어 있습니다. 《논어》는 물리적으로 말하면 20개의 '편'과 512개의 '장', 약 1만 5천 자의 한자로 구성되었습니다.

〈표 1〉 각 편의 순서와 장수

편명	편/장수	편명	편/장수	편명	편/장수	편명	편/장수
학이	1/16	옹야	6/30	선진	11/26	계씨	16/14
위정	2/24	술이	7/38	안연	12/24	양화	17/26
팔일	3/26	태백	8/21	자로	13/30	미자	18/11
이인	4/26	자한	9/31	헌문	14/44	자장	19/25
공야장	5/28	향당	10/27	위령공	15/42	요왈	20/3

위의 표에서 앞의 숫자는 편수이고 뒤의 숫자는 장수입니다. 그러니까 〈학이學而〉편은 첫째 편이고 16개의 장으로 이루어져 있다는 뜻이죠. 그런데 왜 이렇게 편마다 장수의 차이가 많이 날까 하는 궁금증이 생깁니다. 이 궁금증을 풀기 위해 《논어》의 각 편마다 장의 숫자를 세어봤어요. 사람들은 책을 펴낼 때 보통 각 장을 비슷한 분량으로 묶으려고 노력할 겁니다. 그런데 〈표 1〉을 보면, 〈학이〉편은 16장, 〈위정爲政〉편은 24장으로 되어 있어요. 각 편의 평균 장수를 계산해 보면 25장입니다. 특이한 건 〈헌문憲問〉편은 44장으로 되어 있고, 마지막 〈요왈堯曰〉편은 3장밖에 없지만 하나의 장이 매우 길다는 겁니다. 이런 사실들은 이 책이 불규칙하게 편집됐다는 점을 드러냅니다.

《논어》의 문장들이 최초로 기록으로 정착되기 시작한 것은 공자가 죽은, 기원전 479년 이후의 일입니다. 그리고 《논어》라는 책의 제목은 사마천司馬遷의 《사기史記》에 처음 등장합니다. 그뿐 아니라 사마천은 《논어》에 나오는 구절들을 인용해 가며 글을 지었습니다. 특히 〈중니제자열전仲尼弟子列傳〉과 〈공자세가孔子世家〉에서 《논어》에 나오는 구절들을 여러 가지 방식으로 인용하며 내용을 전개하고 있어요. 즉, 사마천은 이미 편집되어 있는《논어》를 봤다고 할 수 있습니다. 이것이 기원전 90년경의 일입니다.

공자가 죽은 기원전 479년부터 사마천이《사기》를 지은 기원전 90년까지는 약 400년이라는 시대적 거리가 있습니다. 기원전 90년은 공자 사후 전국戰國시대를 거치고 진秦나라 이후 한漢나라에 의해 다시 통일되고도 100년이 훨씬 지난 시기에 해당합니다. 사회가 엄청난 변화를 겪었다는 얘기죠. 이래서《논어》가 언제 지어졌느냐는 건 굉장히 중요해요. 나는 이 책이 '언제 어떤 사람들에 의해 무슨 목적으로 만들어졌는가?'에 관한 나름의 입장을 곳곳에서 제시할 것입니다. 하지만 이 생각은 과거 학자들이 지지했던 입장과는 다른 점이 많습니다.

다음 〈표 2〉를 보면 〈미자微子〉편과 〈자장子張〉편에는 자왈 또는

〈표 2〉 각 편에서 자왈/공자왈로 시작하는 문장의 수

편명	대비	편명	대비	편명	대비	편명	대비
학이	8(16)	옹야	15(30)	선진	5(26)	계씨	10(14)
위정	14(24)	술이	20(38)	안연	4(24)	양화	12(26)
팔일	10(26)**	태백	15(21)	자로	15(30)	미자	0(11)
이인	24(26)	자한	16(31)	헌문	19(44)	자장	0(25)
공야장	8(28)	향당	0(27)	위령공	34(42)	요왈	1(3)

* 괄호 안 숫자는 각 편의 장수.
** 〈팔일〉편의 경우 정확하게 '자왈'은 아니지만 '자왈' 형식에 준하는 경우가 5개 있다. 이렇게 되면 총 15개로 늘어난다.

공자왈로 시작되는 문장이 아예 안 나옵니다. 공자와 제자가 이야기한 기록들이 나오지만, 공자만이 주인공은 아닙니다. 또 〈향당鄕黨〉편에도 '자왈'식의 문장이 없습니다. 독특하게 이 편은 전부 예악禮樂과 관련된 문장들만 나열되어 있어요. 이처럼 《논어》의 구성을 살펴보면, 과연 《논어》가 공자 한 사람만의 책인가 의심할 수밖에 없습니다. 비율은 다르지만 《논어》에는 공자 이외의 주인공들이 만만치 않게 등장하기 때문입니다. 만약 공자 한 사람만을 위대한 성인으로 만들려는 의도에서 《논어》를 편집했다면, 구태여 이렇게 수많은 제자들이 등장할 까닭이 있을까요?

하지만 우리는 보통 책을 펼치자마자 나오는 다음의 구절을 읽고 《논어》의 주인공은 공자라고 생각합니다.

> 선생님이 말했다. "배우고 때에 맞춰 몸에 익히면 기쁘지 않겠는가? 친구/제자가 [고생을 마다하지 않고] 먼 곳에서 나를 찾아와 막 만나는 순간은 또한 즐겁지 않겠는가? [나를 써줄 수 있는] 사람이 나를 알아주지 않아도 성내지 않는다면 또한 [진정한] 군자가 아니겠는가?"
>
> 子曰: "學而時習之, 不亦說乎? 有朋自遠方來, 不亦樂乎? 人不知而不慍, 不亦君子乎?"
>
> 〈학이〉 1.1

이렇게 시작되기에 이 책이 공자만의 어록이라고 생각하기 쉬운데요, 사실 그다음 장인 1.2장에는 바로 '유자 왈'로 시작하는 문장이 나옵니다. 1.4장엔 '증자 왈'로 시작되는 문장이 나와요. 이렇게 조금만 더 읽어도 이 책이 공자만의 이야기를 담은 책이 아니며 화자가 여럿임을 알 수 있습니다.

전체 20편, 512장으로 구성되어 있는《논어》에서 자왈 또는 공자왈로 시작되는 문장들의 구성 비율은 다음과 같습니다.

〈표 3〉《논어》에서 자왈/공자왈로 시작하는 문장의 비율

	총편 중 등장	총 등장 장수	512장 중 비율
'자왈/공자왈'	17편	230장	44.9%
기타	20편	282장	55.1%

전체 20편 중 17편에서 230장만 '자왈/공자왈' 형식으로 되어 있습니다. 나머지 282장, 그러니까 전체 중 55.1퍼센트에 달하는 부분은 그 형식이 아닙니다. 화자가 다르거나 공자와 제자들이 이야기하는 방식으로 되어 있어요. 따라서 적어도 과반수 분량이 공자 혼자 말하는 것이 아니므로,《논어》를 '공자의 어록'이라고 하면 곤란해집니다.

덧붙여, 이 책이 언제 누가 편집했느냐와 관련된 부분도 검토해 보아야 합니다. 이에 대해서는 나중에 다시 이야기하겠습니다. 어쨌든 이와 같은 통계로 볼 때 이 책은 '공자가 남긴 말들의 모음집'이 아니라, '공자와 그의 제자들이 남긴 말들의 모음집'이라고 불러야 마땅합니다.

또 다른 주인공,《논어》속 사람들

그렇다면《논어》에 등장하는, 공자를 제외한 나머지 사람들은 누구일까요? 보통 가장 먼저 안회顔回를 언급한 다음에, 자로子路·자공子貢·증삼曾參을 떠올립니다. 조금 특별한 점 한 가지를 먼저 지적한다면, 공자의 수제자로 널리 알려진 안회는 직접 말하지 않습니다. 안회에 관한 기록들은, 5회를 제외하면 공자가 안회에 대해 이야기한 말 속에만 남아 있을 뿐이에요. 그를 포함한 제자들이 이 책에 등장하는 빈도수가 얼마나 되는지 통계를 내봤습니다.

다음의 〈표 4〉를 보면, 자로가 41회 출현합니다. 이어서 자공이 38회, 안회가 21회 출현해요. 그다음엔 자장子張, 자하子夏, 염구冉求, 증삼 순입니다. 이 사람들은 10회 이상 출현합니다. 그리고 자유子游, 중궁仲弓, 번지樊遲 등은 10회 미만으로 나와요. 재미있게도, 자로는 전체 20편 중 〈학이〉편, 〈팔일八佾〉편, 〈이인里仁〉편, 〈태백泰伯〉편, 〈자장〉편, 〈요왈〉편을 뺀 나머지 14편에 모두 등장합니다. 자공도 그에 못지않게 대부분의 편에 등장합니다. 반면 안회는 총 8편에 등장하죠. 이런 통계에 근거할 때 나는 초기《논어》의 기록 과정이 자공과 관련되었을 가능성이 높다고 생각합니다. 자로나 안회는 공자보다 먼저 세상을 떠났으니 추론에서 제외하고요.

그런데 현대 중국과 한국의 많은 학자들은《논어》가 증삼과 그의 문하생들이 편찬했다는 걸 거의 정설처럼 받아들입니다. 그렇다면 증삼은 이 책에 몇 번 출현했을까요? 〈학이〉편에 2번, 〈이인〉편에 1번, 〈태백〉편에 5번, 〈선진先進〉편에 1번, 〈헌문〉편에 1번, 〈자장〉편에 4번으로, 총 6편밖에 출현하지 않습니다. 특이하게도, 증삼이 5번

〈표 4〉 인물별 등장 횟수와 등장 편명

편명	자로 (41회)	자공 (38회)	안회 (21회)	자장 (20회)	자하 (20회)	염구 (16회)	증삼 (14회)	자유 (8회)	증궁 (7회)	번지 (6회)	공서화 (5회)	민자건 (5회)	재아 (5회)	유약 (4회)	자금 (3회)	자고 (2회)	원헌 (2회)	염경 (2회)	남용 (2회)	기타 (7회)	비율 (子/弟)
학이	1	2												3	1						16/9
위정	1	1	1	2	1					1											24/8
팔일		1			1	1							1								26/4
이인							1	1													26/2
공야장	4	5	2	1		1	1	1			1		1							4	28/20
옹야	2	2	3		1	3			3	1	1		1				1	1	1	1	30/23
술이	3	1	1		1	1					1										38/8
태백							5														21/5
자한	2	2	3																		31/7
향당	1															2					27/3
선진	9	4	9	3	2	6	1	1	1		2	4	1					1	1	1	26/46
안연	1	3	1	4	2			1	1	2											24/15
자로	3	2			1	2	1			2			1								30/11
헌문	6	4		1		1	1	1		2							1			1	44/14
위령공	2	3	1	2			1														42/8
계씨	1					1		1							1						14/3
양화	4	2		1				1				1									26/9
미자	2																				11/2
자장		6		5	11		4	3							1						25/30
요왈				1																	3/1

이나 출현하는 〈태백〉편의 경우에 다른 제자는 한 명도 나오지 않아요. 그래서 나는 증삼과 그의 제자들이 편찬했다고 말할 수 있는 부분은 《논어》 전체가 아니라, 〈태백〉편만일 가능성이 높다고 생각합니다.

이런 방식으로 《논어》에 접근하다 보니 또 하나 눈에 띄는 점이 있습니다. 〈선진〉편에는 독특하게도 이 책에 등장하는 공자의 제자 29명 가운데 20명이 넘는 인물이 등장합니다. 달리 말하면 〈선진〉편은 '공자의 제자 열전'에 해당한다고 볼 수 있어요. 〈선진〉편만 읽어도 공자의 여러 제자 이야기를 한꺼번에 읽을 수 있으니까요.

상식의 눈으로 《논어》 읽기

《논어》를 재미있게 읽을 수 있는 방법 한 가지를 소개할게요. 앞에 제시한 표를 복사해서 책에 꽂아두세요. 스마트폰 카메라로 찍어둬도 좋겠군요. 표를 보며, '오늘은 자로를 알아볼까' 하며 자로가 했던 얘기들을 하나하나 찾아보며 나름대로 이야기를 재구성해 보는 겁니다.

우리가 《논어》를 재미없다고 느끼는 까닭은, 공자 등이 뜬금없이 이런저런 얘기를 하는 것만 봐서 그렇습니다. 반면 재미있게 느끼는 사람들은, '이 얘기는 공자가 이 나이 즈음에 이런 상황에 처해서 했던 얘기일 거야'라고 상상하며 책을 읽습니다. 공자와 다른 등장인물이 함께 있는 경우라면 머리에 떠올리기가 더 좋겠지요. 등장인물에 관한 배경을 그리며 읽는 것이 얼마나 효과적인 독해인지를 보여주는 한 가지 예를 들어보겠습니다.

공자가 살았던 노나라에는 막강한 권력을 가진 씨족가문 셋이 있었는데, 전부 같은 씨족에서 파생된 계씨季氏, 맹씨孟氏, 숙씨叔氏 집안이었습니다. 노나라 전체 부富의 절반을 차지하고 노나라를 사실상 쥐락펴락했던 집안은 이 중 계씨 집안입니다. 공자가 살아 있을 때 세 사람의 계씨가 노나라의 실권을 잡았습니다. 공자가 어렸을 때는 계평자季平子, 중년 때에는 계환자季桓子, 공자가 천하를 주유하다 노나라에 돌아와 만년을 보낼 때엔 계강자季康子가 실권자였습니다. 다음은 공자와 계강자가 나눈 대화입니다.

> 계강자가 [선생님에게] 물었다. "백성들이 [윗사람을] 공경하고 [주군에게] 충성하도록 서로 권하게 하려면 어떻게 하면 될까요?"
> 선생님이 말했다. "당신이 [백성들을 대할 때] 엄숙한 자세로 한다면 [백성들이 당신을] 공경하게 될 것입니다. [당신이 먼저] 부모에게 효도하고 자식에게 사랑을 베풀듯이 [백성들에게] 한다면 [백성들이 당신에게] 충성하게 될 것입니다. [당신이] 뛰어난 인물을 뽑아서 [공직에 임용하고] 무능력한 사람들은 잘 가르친다면 [백성들이] 서로 [윗사람을 공경하고 주군에게 충성하자고] 권하게 될 것입니다."
> 季康子問: "使民敬忠以勸, 如之何?" 子曰: "臨之以莊則敬, 孝慈則忠, 擧善而敎不能, 則勸."
>
> 〈위정〉 2.20

공자가 천하를 떠돌다가 68세 무렵 고국으로 돌아온 때부터 세상을 떠난 73세 무렵 사이 어느 때에, 당시 실권자였던 계강자와 이야기를 나눴을 테죠. 이렇게 다른 등장인물이 있으면 대화를 나눴던 시대 배경을 상상하면서 읽을 수 있잖습니까? 또 당시 노나라에 대한 지식을 갖고 있다면 훨씬 더 구체적으로 상상할 수 있을 테고요.

앞의 질문은 정치적 유력자라면 누구나 할 수 있습니다. 그런데 공자가 한 얘기를 뒤집어보세요. 예를 들어 이런 겁니다. 대통령이 나를 불러 물었어요. "국민여론이 안 좋은데 어떻게 하면 좋게 바꿀 수 있겠습니까?" 그러자 내가 "당신부터 잘하시면 됩니다"라고 대답한 겁니다. 그런데 과연 고대 중국의 세계에서 일개 선비가 최고의 권력자 앞에서 이렇게 말할 수 있었을까요?

2010년도에 개봉된 〈공자: 춘추전국시대〉라는 영화를 보면, 공자가 노나라 주군을 만나 '대사구大司寇'라는, 지금으로 따지면 대법원장이나 검찰총장에 해당되는 벼슬을 받는 장면이 나옵니다. 거기서 공자는 무릎을 꿇고 그 위에 손을 다소곳이 올리고 앉아 있습니다. 이 장면과 위의 공자와 계강자가 나눈 대화를 비교해 보세요. 과연 이런 대화가 가능했을까요? 대통령이 불러서 자문했는데, "너나 잘하세요"라고 말하는 건 예의에도 맞지 않을뿐더러, 내 목숨을 좌지우지할 수 있는 사람 앞에서 할 수 있는 답변이 아닙니다.

이 대화가 사실일 가능성이 없다고 말하려는 게 아닙니다. 중국 전통을 감안하면, 저자들이 없던 이야기를 마구잡이로 지어내지 않았을 거거든요. 나는 그때 있었을 법한 대화 내용 중 앞뒤 맥락을 생략하고 기록한 것이 아닐까 하고 생각합니다. 《논어》라는 텍스트의 특징이 바로 여기에 있습니다. 이 책이 같은 시대 다른 문헌들에 비해 맥락과 상황을 과감하게 생략한 문장들로 구성되어 있다는 점입니다.

《논어》 텍스트의 특징은, 이 책을 처음 만든 편집자들의 의도가 반영된 결과입니다. 그동안 우리는 《논어》 테스트가 단순한 이유는 아주 초기의 기록이고, 제자나 누군가가 직접 들은 공자의 말들을 기록한 것이며, 그 기록들 중에서 골라 모아놓았기 때문이라고 여겨왔습니다. 하지만 나는 어느 땐가의 편집자들이 특정한 의도를 갖고, 지금 우리가 보는 그런 형식으로 편집해서 만들어낸 책이라 생각합니다. 있는 그대로의 책으로 읽자는 이야기는 바로 '편집자의 시각'을 매우 중시하는 태도입니다. 우리는 역사와 상식을 통해 편집자의 상식을 추정할 수 있어요. 인간의 삶이란 닮은 부분이 많기 때문이에요.

지금까지 나는 《논어》 테스트를 기존과 다른 방식으로 볼 수 있고, 또 다르게 보자고 했습니다. 재미를 위해서 또는 새로운 이해를 위해서죠. 우리는 그간 《논어》의 주인공을 '공자'라고만 상정해 왔는데, 그 속에 등장하는 29명이나 되는 제자들의 흔적은 어떻게 해야 할까요? 그들은 분명 자기 목소리를 내고 있습니다. 앞에서도 얘기했지만 공자 혼자 말한 부분은 이 책의 약 45퍼센트밖에 해당되지 않아요. 그렇다면 우리는 그동안 나머지 약 55퍼센트에 대해서는 너무 낮춰 평가해 온 것은 아닐까요?

《논어》로 《논어》를 읽다

그러면 《논어》를 새롭게 읽는다는 것이 어떤 것인지 좀 더 구체적으로 이야기해 보겠습니다. 하지만 이 새로운 방식이라는 것이 내가 개인적으로 창안한 것은 결코 아닙니다. 철저하게 《논어》 안에서 근거와 방법을 찾으려는 시도입니다. 우리의 출발점으로 삼을 수 있는 것 가운데 하나가 바로 '공문사과孔門四科'라고 알려진 인물 구분 방식입니다.

〈표 5〉 공자의 제자들

사과(四科)	공문사과 십철(孔門四科 十哲)	십삼현인(十三賢人)
덕행	안회, 민자건, 염백우, 중궁	유약, 증삼
언어	재아, 자공	
정사	염구, 자로	자장
문학	자유, 자하	
	10명	3명

위의 표를 보면, '덕행德行·언어言語·정사政事·문학文學'이라는 표현들이 나옵니다. 후대 사람들은 이것들을 공자가 '공자학단'에서 학문을 가르칠 때 분류해 놓았던 중요한 학과의 이름이라고 해석하죠. 이 표에는 공자가 말한 것으로 추정되는, 네 가지 범주에 따라 각각 뛰어났던 학생들의 이름이 쓰여 있습니다.

덕행에 뛰어난 사람은 안회와 민자건·염백우·중궁, 언어에는 재아·자공, 정사에는 염구·자로, 문학에는 자유·자하, 총 열 명이 거명됩니다. 이들은 공자에게 직접 가르침을 받았고, 이 중 상당수가 공자가 천하를 주유하던 기간에 생명의 위협을 느끼는 상황 속에서도 함께했던 사람들입니다. 또 앞의 〈표 4〉를 보면, 이들이 《논어》에 가장 많이 등장하는 사람들이라는 걸 알 수 있습니다.

《논어》의 편집 시기는 공자 사후 그러니까 기원전 479년 이후 그리고 기원전 90년경 사마천의 《사기》 편찬 사이의 약 400년 가운데 어느 무렵으로 넓게 잡을 수 있습니다. 그런데 우리가 여러 가지 통계에서 보았듯이, 이 책의 편집자들은 왜 이런 인물들을 주인공처럼 등장시켰을까요? 이것은 역사적으로 설명이 쉽지 않은 《논어》의 특징입니다. 어쨌든 이 열 명에 유약·증삼·자장을 더해 총 13명을 '십삼현인+三賢人'이라고 부릅니다. 이들이 이 책에 가장 많이 등장하기 때문에 십삼현인이란 표현을 썼을 겁니다.

다음 〈표 6〉은 공자의 제자들이 공자와 나이 차이가 얼마나 나는지, 어느 나라 출신이며 어떤 특징이 있었는지를 보여줍니다.

공자가 30대 초에 이르기까지인 1기에는 사실 공자가 어떤 상황에 있었는지 역사적 사실만으로는 정확히 알 수 없습니다. 예수가 세례 요한에게 세례를 받기 전까지의 행적이 묘연했던 것처럼요. 여담이지만 내가 고등학생 때인 1980년대에는 《인도로 간 예수》 같은 책들이 유행했어요. 공자에 관해서도 이런 소설 같은 이야기가 많이 전해집니다.

2기는 35~36세로 시작되는데, 이유는 이렇습니다. 공자의 나이 30대에 노나라 제후가 정치적 파란 때문에 제齊나라로 망명을 갑니다. 이때 공자도 제나라로 갑니다. 제나라에서 공자는 그 나라 임금에게 벼슬을 받을 뻔했는데, 제나라 재상이었던 안영晏嬰(기원전 ?~기원전 500)이 임금을 말립니다. 그래서 공자는 벼슬을 얻지 못하고 다시 노나라로 돌아오죠. 이미 이때에도 공자에게 제자가 있던 걸로 알려졌지만, 제나라를 다녀온 뒤인 35~36세 이후에야 제자가 본격적으로 생깁니다. 공자는 노나라에서 51세에야 벼슬을 얻었는데 2년가량밖에 있지 못하고 54세가 되던 해 노나라를 떠나 천하를

〈표 6〉 공자(기원전 551~기원전 479)의 주요 제자들

기수	제자	생몰연대 (공자와 나이 차)	주요 사항
1기 (35세 이전)	안무요	기원전 545~? (-6)	노나라 사람. 공자의 외가 사람으로 안회의 아버지.
	염경	기원전 544?~?(-7)	노나라 사람. 염구와 같은 집안 사람.
	자로	기원전 542~기원전 480 (-9)	노나라와 위나라의 접경 지역인 변 지역 출신. 계씨의 가신을 지냄(기원전 498). 위나라 포읍의 재를 지냄(기원전 488). 기원전 480년 위나라 내란의 와중에 사망.
	민자건	기원전 536~ 기원전 478? (-15)	노나라 사람. 덕행으로 칭송받은 유명한 효자.
2기 (36~54세)	중궁	기원전 522~? (-29)	노나라 사람. 계씨의 가신을 지냄(기원전 497~기원전 493).
	염구	기원전 522~ 기원전 472? (-29)	노나라 사람. 계씨의 가신을 지냄(기원전 492). 염자라 불리기도 함.
	재아	기원전 522?~ 기원전 458? (-29)	노나라 사람. 공자의 삼년상에 반대하고 일년상을 주장. 자공이 공자를 성인으로 세우는 일에 찬성한 인물.
	안회	기원전 521~ 기원전 490 (-30)	노나라 사람. 공자의 인척이자 공자의 수제자로 일컬어짐. 공자가 천하를 주유하던 중 31살의 나이에 요절함.
	자공	기원전 520~? (-31)	위나라 상인 집안 출신. 위나라 신양의 읍재, 계씨의 가신을 지냄. 기원전 468년까지 노나라에 머물렀으나, 그 후 제나라에서 사망한 것으로 알려짐.
3기 (55~68세)	원헌	기원전 515~? (-36)	노나라 사람으로 공자의 가신을 지냄.
	번지	기원전 515~ 기원전 484? (-36)	노나라 사람인지 제나라 사람인지 불분명.
	자금	기원전 511~? (-40)	진나라 사람으로 자공의 문하생으로 추정.
	유약	기원전 518~ 기원전 458? (-33)	노나라 사람으로 공자와 외모가 흡사함. 자공이 공자를 성인으로 세우는 일에 지지한 인물. 《논어》에서 유자라고 지칭되기도 함.
	자하	기원전 507~? (-44)	위나라 사람. 문헌에 밝았고 거보읍의 읍재를 지냈으며, 후대에 삼진 지역의 학술에 큰 영향을 줌. 《시경》과 《춘추》를 전한 것으로 알려짐.
	자유	기원전 506?~? (-45)	오나라 사람으로 문헌에 밝았던 인물.
	증삼	기원전 505~ 기원전 432 (-46)	노나라 사람으로 그의 아버지 증점과 함께 공자의 제자인 인물. 효자로 유명했고 《효경》의 저자로 알려짐.
	자장	기원전 503~? (-48)	진나라 사람. 자로와 비슷한 기질의 인물로 보임.

주유하기 시작하는데요, 그 사이에 제자들이 꽤 많이 들어옵니다.

그런데 안회 칸을 보세요. 이 사람은 기원전 490년, 그러니까 공자보다 11년이나 먼저 죽었습니다. 그래서 《논어》에는 안회의 죽음을 가슴 아파하는 공자의 언급이 여러 번 나옵니다. 공자의 수제 자라고 알려진 그는 아무리 빨라도 공자의 나이 40 무렵이나 그 이후에 공자 문하에 들어갔으니, 10대에 공자의 제자가 된 겁니다.

공자는 "내가 무슨 말을 하면 아무런 대꾸도 하지 않는데 나가서 행동하는 걸 보면 내가 가르친 그대로 하더라"라며 안회를 칭찬해요. 이런 문장을 읽을 때 우리는 다 큰 성인成人인 안회가, 공자가 주장했던 인간다운 '인仁'이라는 가치를 흐트러짐 없이 행했던 것처럼 생각합니다. 하지만 10대의 어린 제자에게 서른 살 위의 어른은 자기 아버지 같은 사람입니다. 이런 관계이니 공자가 무엇을 알려주면 "네" 하고 좇아가기 바빴겠죠. 나이를 고려하면 공자의 칭찬은 애정을 드러낸 것에 가깝습니다.

안회가 공자학단 내부에서 두각을 나타내기 시작한 것은 공자가 노나라를 떠나 천하를 주유하던 시절, 50대 중반 이후예요. 《공자가어》의 한 일화를 보면, 공자가 위기를 겪는 동안 식량이 떨어지자 자공이 어렵사리 쌀을 구해 옵니다. 그때 안회가 밥을 지어요. 그런데 자공이 부엌을 보니까 안회가 밥을 먼저 먹고 있는 거예요. 자공은 그 사실을 공자에게 고합니다. 공자가 안회를 불러서 물으니, 안회는 "제가 밥을 짓고 있었는데, 밥 위에 흙먼지가 떨어졌습니다. 어렵게 구한 쌀로 지은 밥이니, 이 부분만 걷어 버리는 것도 너무 아깝고, 그렇다고 이 부분을 다른 사람 밥상에 올리는 것도 미안해서 제가 먹었습니다"라고 대답합니다. 이 일화 바로 뒤에 주변 사람들이 안회를 함부로 대하지 않았다는 후일담이 나옵니다. 달리 말하면, 어릴 때 제자가 된 안회가 그때까지도 공자학단 내에서 크게 대접받지 못했다는 얘깁니다.

반면, 자공은 공자가 노나라를 떠나서 서북쪽에 있는 위衛나라에 도착한 이후에 그의 제자로 들어옵니다. 〈표 6〉을 보면, 자공이 2기 맨 아래쪽에 있으며 공자와는 서른한 살 차이가 납니다. 안회랑 나이가 비슷해요. 하지만 상인 가문 출신인 자공은 안회와 다르게 머리가 굵은 후에 공자 문하로 들어온 사람입니다. 공자가 54세에 위나라로 갔으니까 여기서 31살을 빼면, 아무리 적게 잡아도 스무 살이 넘어 제자가 된 거예요. 자공은 자기 생각이 있으니, 공자에게 구체적으로 척척 질문합니다.

이처럼, 우리는 '안회는 10대에 공자학단에 들어왔으니 그 나이 아이들이라면 어떻게 행동했을까' 생각하며 《논어》를 읽어야 해요. 공자는 안회가 완벽해서가 아니라 기특해서 멋들어지게 칭찬한 겁니다. 이렇게 보면, 《논어》가 성인聖人들 사이에 있던 거창한 이야기가 아니라, 우리 주위에도 충분히 있을 법한 이야기를 기록한 것이라고 할 수 있습니다.

사제 모델, 《논어》의 이야기 양식

이제 《논어》에 어떤 대화양식들이 등장하는지 보죠. 앞에서 《논어》의 등장인물들은 '대화'를 한 게 아니라고 했습니다. 그럼 어떤 형식으로 말을 주고받은 걸까요? 대화는 영어로 dialogue죠. 이 단어를 원리원칙대로 해석하면, 'logos를 주고받는다'는 뜻으로, 동등한 시민 간의 이성적인 대화를 가리킵니다. 그런데 이 책에는 '자왈', 즉 '가르침의 선포'에 해당하는 형식이 지배적으로 나타납니다.

우리나라 초·중·고등학교에서는 아직도 "이거 외워, 받아써!" 식의 주입식 교육을 많이 하죠? 그와 같은 방식입니다. 다시 말해, 이 책은 상대방이 동의하는지 여부와 상관없이, '이것은 맞는 것이니 그대로 따르고 행해야 한다'는 선포식의 문장들로 구성되어 있습니다. 물론 2천 500년 전에 살았던 현인이 한 말이니 좋은 말씀으로 받아들일 수도 있겠지만, 오늘날에는 누가 "이렇게 하라"고 다짜고짜 시키면 기분 나쁠 수도 있어요. 우리는 자기 판단에 따라 상대방의 말을 받아들이거나 거부할 수 있습니다. 그런데 이 책의 텍스트 형식은 그렇게 이뤄지지 않았다는 거죠.

여기서 우리는 《논어》 장면의 독특한 특징을 이해할 필요가 있어요. 바로 스승과 제자라는 인간관계를 기본 모형으로 하고 있다는 점입니다. 나는 그것을 '사제師弟 모델'이라고 불러요. 이 주제를 놓고 《노자의 칼 장자의 방패》라는 책에서 간략하게 논의한 적이 있습니다. 나는 《논어》의 가장 큰 영향력이 바로 이 모델을 제시한 데서 나온다고 봅니다.

고대 중국은 씨족을 바탕으로 한 귀족사회였어요. 혈연을 바탕으로 하는 씨족사회에서 가장 중요한 인간관계는 부모와 자식 간의 부자父子관계입니다. 주周나라의 통치질서는 이 부자관계의 끈끈함을 바탕으로 결속된 군신君臣관계를 지향했어요. 이것이 봉건제封建制예요. 하지만 시간이 지나 혈연에 기반한 관계의 결속력이 약해지자 군신 간의 결속도 끊어지고, 사회는 분열되기 시작합니다.

가족의 질서를 바탕으로 한 정치 공동체는 타자를 포용하고 확장하는 데에 한계가 있는 법이죠. 이와 달리 《논어》는 '사제'관계라는 새로운 인적 관계를 중심으로 합니다. 혈연으로 이어지지 않았지만 거의 가족과 다름없는 유대관계를 지닌 새로운 모델이죠. 유학자 집단을 지칭할 때 쓰는 '유가儒家'라는 말이 바로 '가족家'과 같은 유대감을 지녔음을 보여줍니다.

사제관계는 '가르침敎'으로 맺어진 관계를 말합니다. 조선사회에서 스승은 아버지와 다름이 없었다는 점을 떠올려보세요. 이렇게 보면 '유가'라는 말은 '공자의 가르침을 공유한 가족'이란 뜻이 됩니다. 이런 관계는 혈연과 시간, 공간을 초월하는 확장성이 있어요. 21세기 사회에서도 스스로를 유학자, 즉 공자의 후예로 자처하는 사람들이 있는 것을 보면 그 유대감과 확장성은 정말 대단하다고밖에 볼 수 없어요.

나는 이 '사제 모델'을 통해 조선의 정치체제를 새롭게 볼 수도 있다고 생각해요. 동아시아 전통사회는 정치체政治體 분류에 따르면 '왕정'입니다. 현대 정치학에서는 아리스토텔레스의 분류를 기준으로 주권을 몇 명이 갖고 있느냐에 따라 정치체를 구분합니다. 한 사람이 가질 때는 군주제Monarchy, 두 사람 이상의 독특한 신분 계층이 가질 때는 귀족제Aristocracy, 다수가 갖고 있을 때는 민주제Democracy죠. 민주제는 시민권을 가진 수많은 시민들이 주권을 갖는다는 의미입니다.

조선의 정치체제는 무엇일까요? 우리는 조선을 흔히 '유교적 국가'라고 말합니다. 그런데 이 말은 무슨 뜻인가요? 도덕성을 추구하는 국가란 말인가요? 아주 애매모호합니다. 실제로 조선은 '왕조

국가'입니다. 그래서 이씨李氏 조선朝鮮이라고 하는데, 이 말을 영어로는 Lee/Yi Dynasty라고 표기하죠.

그럼 이 국가의 실제 내부 시스템은 어떻게 구축되어 있을까요? 희한하게도, 조선의 왕은 신하와 군신관계를 맺는 동시에 사제관계를 형성합니다. 조선에서 왕세자에 책봉되면 개인 교습에 해당하는 '서연書筵'을 아침부터 밤늦게까지 해야 했습니다. 사대부인 신하가 스승이 되어 유교경전을 가르쳤죠. 왕이 되어서도 거의 날마다 '경연經筵'을 통해 유교경전을 놓고 신하에게 가르침을 받아야 했습니다. 신하는《서경》과《시경詩經》등에서 문구를 따와 왕을 직접 비판합니다.《조선왕조실록》을 보면, 왕권이 약할 때 비판의 수위가 특히 높아지는 것을 여실히 확인할 수 있습니다.

다시 말해 왕과 사대부는 '정치체' 면에서 보면 군신관계이지만, '유교'라는 국가이념 면에서 보면 유학자인 스승과 제자로 맺어진 사제관계가 됩니다. 이게 조선을 건국하는 데 혁혁한 공을 세웠던 정도전이 만든 시스템이에요. 왕권이 자의적으로 발휘되면 신하들의 목숨이 위태로워집니다. 그래서 왕이 권력을 남발하지 못하도록, 즉 연합체적 성격의 정권을 유지하려고 이런 시스템을 표방한 거죠.

사극을 보면, 조선 후기 사대부들이 "조선은 사대부의 나라"라는 말을 종종 하죠. 조선이 왕조국가였음에도 이런 표현이 가능했던 이유는, 이 나라가 군신관계라는 '정政'과 사제관계라는 '교敎'가 동등하게 규율되는 연합체적 성격의 국가였기 때문입니다. 나는 그래서 조선을 '정교적政敎的 왕조국가' 또는 간단하게 '정교국가'라고 부르고 싶어요. 그런데 이런 정교국가의 모델이 바로《논어》의 이야기

양식이자 정치 이념이라는 것이 내 생각의 요지입니다.

　이 '사제 모델'이 지금 우리의 눈에는 권위주의적 인간관계의 전형으로 보일 수도 있겠지만, 사회가 엄격한 신분질서와 강력한 전제군주를 정점으로 한 군신관계로 재편되어 가던 시절에 스승과 제자로 이루어진 인격적 관계를 제시했다는 것은 결코 낮게 평가할 수 없는 부분입니다.

　이 책은 이러한 《논어》의 형식과 이념을 드러내면서 그 이야기의 속살에 다가가려는 시도입니다. 바로 '스승과 제자들이 주고받는 말'의 배경에 있는 '이야기'를 이끌어냄으로써 《논어》를 좀 더 재미있게 읽어보려는 것입니다. 또한 《논어》의 또 다른 주인공인 제자들의 삶과 개성을 읽어보려 합니다.

'대화'에서 '이야기'로

이야기로 읽는다는 것이 어떤 것인지 조금 더 설명해 보겠습니다. 이야기를 이끌어내는 사례로서 《논어》의 텍스트를 하나 살펴보겠습니다.

　　계강자가 공 선생님에게 정치政에 대해 물었다. "만약 [명령을 어기는] 무도한 사람은 죽여버리고, [당신처럼 인격을 갖춘] 훌륭한 사람과 가깝게 지낸다면 어떻겠습니까?"
　　공 선생님이 [얼굴을 똑바로 바라보며] 말했다. "당신은 정치를 하면서 어찌 사람 죽이는 방법을 쓰려고 합니까? 당신이 선한 것을 원

하면 백성들이 선해질 것입니다. 군자의 덕은 바람이고 소인이 덕은
풀입니다. 풀 위로 바람이 불면 [풀은 바람에 휩쓸려] 고개를 숙이며
[복종하게] 됩니다."

季康子問政於孔子曰: "如殺無道, 以就有道, 何如?" 孔子對曰: "子爲政, 焉用
殺? 子欲善而民善矣. 君子之德風, 小人之德草. 草上之風, 必偃." 〈안연〉 12.19

여기서 공자가 "얼굴을 똑바로 바라보며 말했다"라고 옮긴 부
분의 본래 표현은 '대왈對曰'이에요. 나는 글자의 뜻만을 번역하지
않고 앞뒤의 상황과 편집자의 의도를 드러내고자 [ ] 안에 표현들
을 더하며《논어》를 옮겼습니다. 독자 여러분이 이런 번역의 의도를
음미하면서, 더 나아가 또 다른 맥락을 상상하면서 이 책을 읽어간
다면 색다른 재미를 느낄 수 있을 거예요.

어쨌든 이 이야기를 풀어보면 이래요. 계강자는 "내가 지금 이
나라 왕은 아니어도 실권자다. 그런데 내 뜻을 따르지 않고 자기 멋
대로 내게 반격하거나 군주를 돕는다는 명분으로 나를 치려고 하는
자가 있다면 난 그를 죽이겠다. 하지만 난 사람 죽이는 거 좋아하는
나쁜 사람 아니다. 지금도 당신처럼 훌륭한 사람과 교유하고 있지
않은가?"라고 말한 겁니다. 한마디로 자기를 칭찬해 달라는 거예요.

하지만 공자는 직격탄을 날립니다. "사람 죽이는 정치가 제대
로 된 정치인가? 당신이 먼저 선을 추구하는 등 유교가 주장하는 가
르침에 합당하게 행동한다면 다른 사람들이 당신의 명령을 거스르
는 일은 없을 것이다"라고 하죠. 바로 뒤에 "군자의 덕은 바람이고
소인의 덕은 풀"이라는 유명한 구절이 나옵니다.

그런데 이 대화가 실제로 가능했을까요? 잘못했다가는 공자

자신의 목이 날아갈 수 있는 상황에서 말입니다. 물론 공자가 노나라 안에서 매우 유명했고, 그의 제자들이 계씨 가문에서 왕성하게 일을 할 때였습니다. 더군다나 공자는 가만 놔둬도 얼마 안 있으면 세상을 떠날 나이였어요. 이 때문에 계강자가 아무리 기분이 나빴더라도 공자를 함부로 하지는 않았을 겁니다. 하지만 둘이 말을 나누는 이때는 계강자가 공자를 대접하고 있는 상황인데, 공자가 실제로 이렇게 직격탄을 날릴 수 있었을지 의문이 듭니다.

　그렇다면 이 대화는 앞에서도 말했듯, 전후 상황이 많이 생략되어 있을 가능성이 높습니다. 또 여기서 계강자는 노나라 실권자로 등장하지 않습니다. 따라서 이 대화는 《논어》를 편찬한 사람들이 공자가 계강자의 권력이나 위세에 주눅 들지 않고 바른말을 하는 인물이었음을 보여주고 싶어 의도적으로 편집한 것이라 할 수 있습니다. 이처럼 《논어》의 주인공은 공자와 그의 제자들로, 계강자 같은 사람들은 엑스트라로 나옵니다. 그것도 공자가 얼마나 대단한 사람인가를 부각시키기 위한 엑스트라로요.

　물론 현실에선 불가능한 대화입니다. 공자는 계강자를 한 번이라도 만났으면 하는 게 염원이었어요. 공자는 죽기 직전까지 자기가 아무것도 이루지 못하고 죽어야 하는 것을 한탄한 게 분명합니다. 자로와 염구 등 자기 제자들은 계씨 가문에서 꽤 높은 벼슬을 얻었기 때문이죠. 만약 내가 오랫동안 학문을 연마해서 제자를 양성하고, 벼슬에 나아가 세상을 좋게 바꾸는 일을 해보고 싶어한다고 쳐요. 그런데 나에겐 기회가 주어지지 않고 제자들은 장관이나 국무총리가 되어 나한테 인사하러 옵니다. 나는 고생했다는 말을 건넬 테지만, 속으로는 몹시 부럽겠죠. 이게 공자의 만년까지 모습이었습니다.

하지만 주목해야 할 것은, 공자가 정말 이 말을 했는지가 아니라 《논어》 편집자들이 앞뒤 상황을 생략해 이 대화만 남긴 점입니다. 여기서는 공자가 계강자의 질문에 대답한 뒤의 얘기는 나오지 않습니다. 예컨대 '계강자가 재떨이를 집어던졌다' 등 불쾌해하는 반응이 나올 수 있겠지만 그런 얘기는 없습니다. 모든 정황을 종합하면 《논어》라는 텍스트는 사제 모델에 입각해 서술되며, 이는 곧 천하를 통치하는 데까지 연결됩니다.

공자는 기본적으로, 부모가 자녀를 사랑하는 마음인 '자애慈愛'와 자식이 부모를 공경하는 마음인 '효도孝道'를 다른 사람과 다른 집안에까지 확장하는 방식으로 공동체를 이루자고 주장했습니다. 그런데 내 자식, 내 부모가 아닌 사람에게 그런 마음이 들기란 쉽지 않은 일입니다. 그러나 '사제공동체'는 그 가능성을 보여줍니다. 공자학단은 혈연관계가 아닌 타인들끼리 모였지만, 공자의 영향을 받아 의기투합하며 하나의 길을 걸어나갈 수 있었다는 거죠.

결국 《논어》 편집자들은 '사제 모델에 입각한 새로운 정치적 양식을 통해 사회가 통합을 이룰 수 있다'는 점을 은연중에 드러내려고 한 겁니다. 또한 정도전이 《논어》에서 차용했던 조선의 국가 모델이기도 하고요. 제자백가 문헌 가운데 어떤 텍스트에서도 이런 방식의 모델을 찾아볼 수 없거든요.

또 다른 텍스트를 하나 보겠습니다.

계강자가 도적떼가 [창궐하지 않을까] 근심하여 공자에게 [대책을] 물었다. 선생님이 [얼굴을 바로 쳐다보며] 말했다. "만일 당신이 [값비싼 재물에] 욕심내지 않으면 [백성들에게] 상을 준다고 해도 [백성들은] 도둑질하지 않을 것입니다."

季康子患盜, 問於孔子. 孔子對曰: "苟子之不欲, 雖賞之不竊." 〈안연〉 12.18

여기서도 공자는 도적떼 창궐을 걱정하는 계강자에게 "당신이 도적질을 하니 백성들은 그러는 것 아닌가?"라고 직격탄을 날립니다. 이 또한 목숨이 달아날 수 있는 수위의 표현입니다. 이 대답이 가능하려면, 공자가 이런 말을 해도 되는 사람이라고 사회가 승인할 무렵이어야만 합니다. 아니면 《논어》가 그렇게 생각하는 사람들이 읽으려고 만든 책이어야 하겠죠.

지금까지 계강자와 공자의 대화 세 편을 봤는데, 현실의 지배자였던 계강자는 여기서 공자의 위대함을 부각하기 위한 엑스트라 급일 뿐이었죠. 이렇게 《논어》의 모든 등장인물은 사제 모델 안에 편입되어 있어요. 공자라는 스승과 그의 제자들, 또 제자들과 그들의 제자들, 심지어 현실의 실력자들마저 사제관계에 포섭됩니다. 바로 이것이 가장 중요한 편집의 효과 가운데 하나예요. 《논어》의 '대화'는 사실상 과감한 상황의 생략과 압축을 통해 그 '편집 의도'를 드러내고 있습니다. 다시 말해 우리가 《논어》의 의미를 제대로 이해하려면, 명시적인 표현 그 너머에 있는 '배경 이야기' 속에서 재구성해야 한다는 얘깁니다.

《논어》 속 인간, 개성의 발견

《논어》에는 공자가 가르치기만 하는 모습뿐 아니라 '토론'하는 것처럼 보이는 경우도 나옵니다. 《논어》에도 자기 생각과 의견을 가진 이들이 등장하죠. 예컨대 공자에게 맨날 혼나던 자로가 나중에는 공자 앞에서 자기가 생각하는 원칙을 당당하게 천명합니다. 자로는 공자에게 가르침을 받기만 했던 게 아니라 공자에게 충고하고, 때로는 공자의 개인적인 고민을 들어주기도 해요. 또 공자의 만류에도 불구하고 자기 신념에 따라 행동하다 위나라의 정치적 내란에 휩쓸렸고, 결국 소신을 지키고자 목숨을 버립니다. 이렇게 자로가 단순한 제자에서 한 사람의 독립된 인격체로 완성되어 가는 모습이 이 책에 등장합니다. 자로가 왜 《논어》 속에 그렇게 많이 등장하는지, 그것이 어떻게 가능한지는 분명 규명되어야 합니다.

　이처럼 우리는 공자의 제자들 한 사람 한 사람을 주인공으로 삼으며 이들의 목소리에 귀 기울이면서 그 속에서 인간의 다양성을 발견하고자 합니다. 이렇게 읽으면, 공자는 정말 멋진 사람으로 거듭납니다. 여러 제자와 티격태격하고 푸념하거나 좌절도 하지만, 그들에게 희망과 비전을 준 스승의 다양한 면모가 드러나거든요.

　이번에는 공자의 아킬레스건에 해당하는 한 가지 이야기를 살펴보겠습니다. 좀 길기 때문에 나누어서 이야기 전개하듯 보겠습니다. 이 부분은 나중에 재아를 다룬 편에서 다시 살필 것입니다.

　　재아가 말했다. "3년상은 1년으로도 충분합니다. [만약 공직을 맡고 있는] 군자가 3년 동안 예를 행하지 않으면 예는 분명히 망가질 것입니다. 3년 동안 음악을 듣지 않으면 음악은 분명히 사라질 것입니다. 옛 곡식이 없어지고 햇곡식이 올라오는 것과 [계절마다 바꾸어 사용하는] 불씨 얻을 나무를 바꾸는 데도 1년으로 충분합니다."

선생님이 물었다. "[부모가 돌아가신 지 얼마 되지 않았는데] 쌀밥을 먹고 비단옷을 입어도 너는 편안하냐?"

"편안합니다."

버르장머리 없는 놈! 공자는 이렇게 생각했겠죠. 그런데 이때 "편안합니다"라는 재아의 말은 논쟁을 하려는 것, 달리 말해 대드는 것으로 보입니다. 가령 이런 겁니다. 선생님이 강의를 하는데, 제자가 "선생님, 전 생각이 다른데요?"라며 자기 생각을 얘기합니다. 선생님이 "너 책 읽어왔어?"라고 물으니, 제자는 사실 책을 얼마 못 읽었지만 "네"라고 대답해요. 아니라고 하면 논쟁이 끝나버리니까요. 이어 공자가 말합니다.

"네가 편하다면 그렇게 해라. 군자는 [부모의] 거상 중에는 맛있는 음식을 먹어도 맛을 모르고, 음악을 들어도 즐거운 줄 모르고, 집에 있어도 편안하지 않다. 그래서 그렇게 하지 않는다. [그런데] 지금 너는 편하다고 하니 그렇게 하도록 해라."

재아는 기대했던 토론은 못한 채 욕만 먹고 나갑니다. 재아가 나가자 공자가 또 말을 하죠. 많은 사람이 "'뒷담화'가 작렬했다"고 평가하는 부분입니다.

재아가 나가자 선생님이 말했다. "재여(재아)는 어질지 못하구나不仁. 자식은 태어나 3년이 지나야 부모의 품을 떠난다. 3년상은 천하에 통용되는 상례다. 재여는 자기 부모에게 3년 동안 사랑을 받기는 했을까?" 〈양화〉 17.21

공자는 "재아가 부모의 사랑을 제대로 받지 못해 저런 것 아니냐"고 험담합니다. 그것도 재아가 없는 자리에서요. 이에 대해 어떤 사람은 "공자가 연민에 호소하는 오류를 범했다"고 합니다. 이 말은 재아가 아니라 재아가 나간 뒤에도 자리를 지키고 있던 제자들에게 한 얘기라는 겁니다. 후대 주석서는 이 대화와 더불어 재아가 낮잠을 자서 엄청 혼난 일화 등을 엮어서 재아가 얼마나 오만방자한 제자였는지를 보여주려고 했어요.

그런데 되짚어보면, 여기서 재아가 문제 삼은 건 '시묘살이'라는 상례의 기간입니다. 역사를 보면 시묘살이 3년을 실행했던 나라는 조선밖에 없습니다. 중국에서도 당시 귀족들은 1년상을 치렀습니다. "공직을 맡은 군자가 3년 동안 예악禮樂을 멈추면 그것이 사라질 것"이라는 재아의 말에 주목해 봅시다. 왕이 3년 동안 시묘살이하느라 국정을 돌보지 않는다면 심각한 문제가 생길 수 있어요. 《춘추春秋》에도 대부분 1년상을 했다고 나옵니다. 1년상도 12개월이 아니라, 해가 바뀌면 바로 왕위를 계승하는 방식이 통례였습니다.

재아는 이렇게 말한 겁니다. "모든 생명이 한 번 스러졌다 되살아나는 것은(이것을 《주역》에서는 '생생生生'이라고 해요) 자연의 주기에서 보면 1년을 단위로 합니다. 그러면 과거에 부모와 함께했던 삶을 정리하고 부모가 없는 새로운 삶을 살아야 하는 이 과정도 자연의 주기에 따르는 게 바람직한 것 아닙니까? 곧 상례는 1년으로 하는 것이 합리적이지 않습니까?" 만약 공자가 재아의 반문에 바로 "자식은 태어나 3년은 지나야 부모 품을 떠난다"고 대답했다면 토론으로 이어졌을 겁니다. 하지만 공자는 "너는 부모님이 돌아가셨는데, 맛있는 것 먹고 춤추고 술 마셔도 좋냐?"라고 쏘아붙입니다. 보통은 "아니요"라고 대답하겠지만, 재아는 "그렇다"고 대답합니다. 이에 대해 다산茶山은 주석서에서 "재아가 실제로 편하게 느껴서가 아니라, 공자와 계속 대화하려는 마음이 있었기 때문에 그렇게 대답한 것"이라고 합니다. 그렇게 읽을 수도 있겠죠? 나는 이같이 상식적인 독해가 필요하다고 생각합니다. 이후 공자는 재아의 뒷담화를 하죠. 덧붙이면, 이 대화는 다른 문장에 비해 지나치게 길기도 해, 후대에 삽입됐을 가능성이 높다는 혐의를 받기도 합니다.

　재아의 나이는 안회와 비슷하게 공자와 서른 살가량 차이가 납니다. 하지만 재아는 안회처럼 가르침을 받겠다고만 하지 않습니다. 재아는 '인간의 상례도 자연의 주기라는 도道의 질서에 맞추는 게 합당하지 않느냐'는 근거를 가지고 1년상을 주장했습니다. 공자도 재아가 나간 자리에서 얘기한 대로 3년상에 대한 근거가 있었어요. 공자의 이 말은 나중에 《예기禮記》에서 상례를 3년으로 규정하는 근거가 됩니다.

　여기서 주목할 점은, 재아는 정당한 근거를 가지고 반문했고 공자도 이에 근거를 가지고 대답했다는 겁니다. 이는 공자학단 내부에서 3년상이라는 공자의 주장과 이에 반하는 1년상이라는 주장이 충돌했다는 뜻이기도 합니다. 더불어 공자학단은 공자의 말에 전적으로 동조하기보다 다양한 견해를 제시한 이들로 이루어져 있었다는 것을 알 수 있습니다. 하지만 후대 주석서는 재아와 공자의 '논쟁'을 인정하지 않았죠.

이 구절과 관련해 다른 학자들과 얘기해 보면, 많은 사람들이 재아의 의견에 동의한다고 말해요. 또 개인적으로 나는 공자의 제자 중에서 재아를 가장 좋아합니다. 철학자답잖아요. 물론 《논어》의 기록들이 완전하다고 볼 수는 없습니다. 가령 안회는 말을 거의 하지 않아요. 하지만 《장자》에서는 다릅니다. 《장자》에서 공자가 "너는 집도 가난하고 신분도 미천하니, 벼슬이라도 해서 먹고살아야 하지 않겠느냐?"라고 하니, 안회는 "선생님, 전 벼슬 안 하렵니다"라고 대놓고 거절합니다. 침묵을 지키는 《논어》 속의 안회와 스스럼없이 자신의 생각을 말하는 《장자》 속의 안회는 전혀 달라요.

사마천의 《사기》에 기록된 장자莊子는 자신이 벼슬을 거부했던 사건을 자기 생애에서 가장 중요하고 극적인 일로 소개하고 있어요. 안회와 장자는 상당히 닮은꼴이라 할 수 있습니다. 실제로 존 메이크햄John Makeham은 《장자》에 묘사된 공자의 모습이 《맹자孟子》나 《순자荀子》에 나오는 모습보다 《논어》의 공자에 더 가깝다고 주장하기도 했는데, 나는 이에 전적으로 동의합니다. 더 나아가 나는 왜 그렇게 생각하는지를 좀 더 구체적으로 설명할 것입니다.

앞에서 우리는 재아와 공자가 나눈 이야기 장면을 예시로 하여, 공자가 아닌 제자의 입장에서 이야기를 재구성해 살펴보았어요. 그러면 그 장면에서 전통적인 해석과 다른 새로운 모습들이 나타납니다. 《논어》는 사제관계라는 틀 뒤에 각자의 독특한 개성을 분출하는 사람들의 이야기가 숨어 있는, 한 편의 영화와 같은 책이에요. 나의 생각에 공감이 되시나요?

2장

: '제자'에서 '주인공'으로 :
스스로의 삶을 찾아간
공자의 제자들

누구나 자기 삶의 주인공이다

《논어》에는 수많은 이야기가 숨어 있습니다. 지난 2천 200여 년 동안 각 시대의 사람들은 《논어》 속에서 나름의 이야기를 읽어내어 삶의 자양분으로 삼았습니다. 우리 또한 마찬가지입니다. 우리는 서구 열강의 침탈을 받았던 19세기와 근대화를 추구한 20세기를 거치면서 역사상 가장 커다란 삶의 변화를 겪었습니다. 그렇다면 《논어》 읽기 또한 바뀌어야 하지 않을까요?

우리가 서로를 이해하고자 할 때 취할 수 있는 가장 쉬운 방법은 입장을 바꾸어보는 거예요. 내가 그 사람의 입장이 되어 생각해보는 것이죠. 마찬가지로 《논어》를 다르게 읽는다고 할 때, 공자가 아닌 그의 제자들의 입장에서 보면 《논어》는 아주 색다르게 읽힐 수 있어요. 역사상 가장 뛰어난 《논어》 주석자로 꼽히는 주희도 이런 생각은 해보지 못했어요. 그런 생각은 현대를 사는 우리에게나 가능한 것이죠.

이제부터 공자의 제자들 각각의 삶과 생각의 흔적들을 더듬어보려고 합니다. 우리가 가장 먼저 다룰 인물은 '자로'입니다. 아마도 이 책을 펼쳐든 독자라면 자로를 모르는 분은 거의 없지 않을까 싶어요. 자로는 《논어》에 41번이나 나와, 공자 다음으로 가장 많이 등장하는 사람입니다(41쪽 참조).

그런데 '자로' 하면, 매번 야단맞고 수준이 좀 떨어진다고들 얘기해 왔어요. 물론 엄밀한 의미에서, 자로가 공자의 사상을 계승한 수제자라고 말할 수는 없습니다. 하지만 만약 자로가 공자에 필적하는 도덕적이고 엄격하고 위대한 사람이었다면 어떤 결과가 초래됐을까요?《논어》는 훨씬 재미없는 책이 됐을 겁니다.《논어》를 읽어 본 사람이라면 누구나 느끼듯이, 자로가 있었기에《논어》가 조금은 재미있는 책이 되었고, 자로라는 인물 덕택에 공자가 더 돋보일 수 있었습니다.

우리는 모두 자신을 자기 삶의 주인공이라고 생각합니다. 우리는 그간《논어》를 거의 무의식적으로 공자에 관한 기록으로만 읽으면서 제자들이 자신의 생각을 말한 부분까지 공자를 기준으로 해석하고 판단했죠. 하지만《논어》에 나오는 공자와 제자의 이야기나 제자 자신이 한 말을 그들의 관점에서 바라보면, 공자와 구별되는 그들만의 인격과 개성을 발견할 수 있습니다. 바로 이런 생각으로《논어》를 읽는 것이 이 책의 방법이자 목표입니다.

앞에서《논어》가 '대화록'이 아니라는 점을 강조했어요. 바로 《논어》의 텍스트가 논리적으로 말을 주고받는 대화와 토론이 아니라는 점을 마음에 새기며, 각각의 인물 자체에 초점을 두고 읽다 보면《논어》의 이야기는 전혀 다른 모습을 드러냅니다. 다음은 맹무백 孟武伯이 자로와 염구 같은 공자의 제자들을 거명하며 이야기를 나누는 장면입니다.

맹무백이 [선생님께] 물었다. "자로는 [선생님이 말하는] 어진 사람입니까?" 선생님이 말했다. "잘 모르겠습니다."

[맹무백이] 다시 물었다. 선생님이 [마지못해] 말했다. "자로는 전차 천 대를 동원할 수 있는 [제후의] 나라에서 국방과 그와 관련된 조세 행정을 맡길 만합니다. [하지만] 자로가 [내가 말하는] 어진 사람인지는 모르겠습니다."

[이 대답에 실망한 듯이 맹무백이 다시 물었다.] "[그렇다면] 염구는 어떻습니까?"

선생님이 말했다. "천 가구 정도의 도시로서 전차 백 대를 동원할 수 있는 대부大夫의 봉지封地에서는 도시의 행정과 조세 업무를 맡길 만합니다. [하지만] 염구가 [내가 말하는] 어진 사람인지는 모르겠습니다."

[원하던 대답을 얻지 못하자 맹무백은 끓어오르는 부아를 억누르며 다시 물었다.] "[그렇다면 일개 서생 같은] 공서화는 어떻습니까?"

[눈치를 챈 듯이] 선생님이 [찬찬히] 말했다. "예복을 차려입고서 조정에 들어가 외국 사절을 접대하는 의전을 맡길 만합니다. 하지만 [공서화 또한 내가 말하는] 어진 사람인지는 잘 모르겠습니다."

孟武伯問: "子路仁乎?" 子曰: "不知也." 又問. 子曰: "由也, 千乘之國, 可使治其賦也, 不知其仁也." "求也何如?" 子曰: "求也, 千室之邑, 百乘之家, 可使爲之宰也, 不知其仁也." "赤也何如?" 子曰: "赤也, 束帶立於朝, 可使與賓客言也, 不知其仁也."

〈공야장〉 5.8

전통적인 이해와 비교해 볼 겸, 가장 권위 있는 해석 가운데 하나로 받아들여지는 송대宋代 주희의 《논어집주》에 나오는 해석을 한 번 보겠습니다. 그는 자로에 대한 인물평을 통해 이 이야기에 접근

합니다

> 자로는 인仁을 하루에 한 번 또는 한 달에 한 번 실천하는 사람일 뿐
> 이다. [인이] 있기도 하고 없기도 하여 '있다' '없다'라고 단정할 수
> 없기에 모른다고 대답했다. (…) 자로의 재질 가운데 찾아볼 수 있는
> 점이 군무軍務에 관한 것이었기에 그렇게 말했고, 어진지는 알 수 없
> 다고 했다.
>
> 박성규 역주, 《논어집주》, 179쪽

주희는 자로를 아주 혹독하게 평가합니다. 호되게 자로를 격하
시켜요. 그런데 자로가 그렇게 격하될 만한 사람인지도 따져봐야겠
지만, 주희가 이 이야기를 해석하는 기본 골격은 우리로서는 납득하
기 어려운 전제를 깔고 있습니다. '인'이라는 어떤 경지를 설정해 놓
고 자로는 하루나 한 달에 한 번 정도 실천하는 사람이기에 어진 사
람인지 아닌지 단정할 수 없다고 말합니다. 《논어》 원문에서 공자가
"잘 모르겠다"라고 한 것을 그대로 옮긴 듯한 인상을 줍니다.

하지만 더 중요한 것은 주희가 일정한 등급을 정해 놓고 그것
을 전제로 사람을 평가하면서 이야기를 풀어가고 있다는 점입니다.
우리는 여기서 증삼과 공자가 등장하여 '충서忠恕'를 이야기하는 구
절에 대한 주희의 설명 방식도 함께 생각해 볼 수 있어요. 그 이야
기에서 공자가 "내 도는 하나로 꿰뚫어져 있다吾道一以貫之"라고 하니
증삼이 바로 알겠다고 대답해요. 공자가 나간 다음에 다른 문인들이
무슨 말이냐고 물으니, 증삼은 "충서를 말한 겁니다"라고 합니다.

이 부분을 해석할 때에도 주희는 공자, 증삼, 문인 순으로 등급
을 나누어 해석합니다. 다시 말해, 인이라는 경지에 오른 수준에 따

라 등급을 매겨놓고 이해하는 것이 주희가 《논어집주》에서 해석하는 기본 방식입니다. 하지만 이런 설정은 그야말로 봉건적인 생각으로 오늘날의 우리가 반드시 받아들일 필요는 없습니다. 주희의 뛰어난 해석들은 존중하지만 이런 해석 방식에는 동의하기 어렵습니다.

앞에 인용한 공자와 맹무백의 이야기에서도 주희는 공자가 주창한 '인'이라는, 군자가 도달해야 하는 경지를 설정하고, 이로부터 자로가 한참 떨어지는 인물이라고 혹평하면서 논의를 풀어갑니다. 사실 인이라는 경지가 올라갔다가 내려가고, 있다가도 없고 할 수 있는 것인지도 궁금합니다. 가만히 생각해 보면 주희의 해석은 알쏭달쏭한 측면이 있습니다. 과연 수학 시험지를 100에서 0점까지 채점하듯이 사람의 인격을 평가하는 것이 가능할까요?

언행, 개성의 표현

주희의 해석과 다른 해석도 얼마든지 있을 수 있습니다. 예를 들어 현대 중국의 학자인 리링 교수는 자신의 저서 《집 잃은 개》에서 이렇게 설명합니다.

중유(자로)의 나이가 가장 많고 능력이 가장 컸으며 패기 역시 가장 좋았다. (…) 공자의 생각은, 중유는 그 정도로 큰일을 해낼 능력을 가졌다는 것이다. 그러나 자로는 계환자의 가신을 맡았을 뿐 노나라 군주의 재宰(노나라 국방장관)를 지낸 적이 없다. 자로의 행정적 재능과 군사적 재능은 대단히 뛰어났기 때문에 계씨의 가신으로 머무는

것을 공자는 불만스러워했다. 리링,《집 잃은 개》1권, 255쪽

　리링은 공자가 사실 자로를 격하한 게 아니라, 그의 재능을 높이 샀기에 그가 계씨의 가신으로만 머무는 것을 아쉬워했다고 해석했습니다. 정반대의 해석입니다. 주희는 그를 등급이 떨어지는 사람으로 해석했지만, 리링은 자로를 공자가 무척 아낀 사람으로 부각시킵니다. 이런 차이는 왜 생겼을까요? 이에 대해서는 뒤에서 알아봅시다.

　어쨌든 여기서 주목해야 할 것은 이 후대 학자들이 해당 구절에 접근하는 방식입니다. 나는 주희와 리링 두 학자가 이야기를 풀어가는 방식과 다른 방식으로 이 이야기에 접근할 수 있다고 생각합니다. 이 이야기에서 말을 주고받는 두 사람은 공자와 자로가 아니라 공자와 맹무백입니다. 그런데 주희와 리링 두 사람의 해석에서는 《논어》에서 지금 등장하는 두 인물 중 한 사람인 '질문하는 사람'이 누락됐습니다. 다시 말해, 맹무백이란 인물이 왜 이런 질문을 했는지를 전제로 한 해석이 없습니다. 《논어》에서는 질문자가 자로냐, 안회냐, 자공이냐 등에 따라 공자의 답변이 판이하게 달라지는데 말이죠. 예컨대 자공은 나중에 정치적으로나 상업적으로 커다란 성공을 거두었습니다. 그래서 그 재력으로 공자학단을 후원하기도 했죠. 자공은 그런 자신만만한 사람이 흔히 보이는 모습처럼, 자신감에 차서 공자에게 도발적으로 질문하곤 합니다. 사람에 따라 질문의 내용과 방식이 다르다는 점이 《논어》에서는 아주 분명하게 드러납니다. 바로 이것이 이 책이 취하는 해석 방법 가운데 하나입니다.

　그렇다면 맹무백은 어떤 인물일까요? 그는 노나라를 실제로

쥐락펴락한 유력 가문인 계손씨·맹손씨·숙손씨 중 맹손씨 가문 사람이었죠. 또 '맹무백'이라는 이름을 풀이하면, '맹孟'은 씨족의 명칭, '무武'는 시호, '백伯'은 큰아들입니다. 다시 말해 맹무백은 노나라에서 두 번째로 유력한 가문의 장남으로서, 공자가 71세 됐을 때 이 가문의 계승자가 됩니다. 그런 맹무백이 공자에게 질문을 한 겁니다. 그는 이뿐 아니라 '효孝'에 대한 질문도 했습니다. 그의 아버지 맹의자孟懿子도 효에 대해 물은 적이 있습니다. 이에 학자들은 맹씨 집안이 강조한 덕목은 효로서, 이 맹씨 부자가 가풍과 관련된 질문을 했다고들 해석합니다.

> 맹무백이 [부모님을 모시는] 효에 대해 물었다. 선생님이 말했다. "부모님께 오직 자식이 병나지 않을까 하는 걱정만 하도록 하는 것이다."
>
> 孟武伯問孝. 子曰: "父母唯其疾之憂." 〈위정〉 2.6

이 맹무백의 시호가 '무'인 것을 보면, 그가 용맹했음을 알 수 있습니다. 이는 역사적 사실에서도 드러납니다. 기원전 484년, 공자가 68세 되던 해에 제나라가 노나라를 침공합니다. 이때 좌장군은 맹무백, 우장군은 공자의 제자인 염구가 맡습니다. 고대 중국의 군사 편제는 3군으로 구성되는데, 3군 사령관은 총사령관이고 중군은 본대이며, 좌군은 선봉부대(돌격부대), 그리고 우군은 후방부대로서 보급을 담당했습니다.

맹무백은 어린 나이에 출정해 혁혁한 공을 세웁니다. 당시의 귀족은 기본적으로 무사입니다. 그런데 맹무백은 혈기왕성한 젊은 이인 만큼 군공을 세워 이름을 드날리고 싶기도 했겠죠. 공자는 그런 그를 보면서, "당신이 그 용맹함만 믿고 전쟁터에서 적진으로 마구 돌격하다 죽으면 그것이 가장 큰 불효가 될 것이다. 그러므로 그런 식으로 용기를 뽐내려 하지 말고, 부모에게 걱정거리라고는 당신이 '병이 난다'는 것만 남겨라"라고 말한 겁니다. 과거에는 병이 나는 것을 인간의 노력으로 제어할 수 없는 운명이라 생각했습니다. 따라서 '부모가 불가피한 것 이외에 다른 걱정은 하지 않게 몸조심하라'는 뜻입니다. 이런 해석에 대해서는 이견이 없습니다.

다시 맹무백이 어진 사람과 관련해 공자에게 질문한 이야기로 돌아가봅시다. 맹무백은 왜 하필 어진 사람이 누구냐고 물으며, 자로와 염구, 공서화 순으로 예를 들었을까요? 맹무백이 이들을 언급한 순서도 중요합니다. 먼저 공자는 자로를 어진 사람이 아닌 "용기와 군정에 능한 사람"이라고 평가했죠. 《논어》를 본 이라면 누구나 자로를 공자가 주창한 '인'이라는, 인간다움과 포용력을 갖춘 사람이라고 상상하진 않을 겁니다. 특히 실제 자로를 본 사람이라면 아무도 "자로는 어진 사람입니까?"라고 질문하지 않았을 겁니다.

그런데 왜 맹무백은 이런 자로를 첫 번째 예로 언급했을까요? 사실 맹무백은 "자로처럼 용맹한 사람 어떻습니까? 당신이 말하는 인에 가깝습니까?"라고 물은 겁니다. 뒤에서 더 자세히 설명하겠지만, 당시 알려진 인은 오늘날 우리가 알고 있는 도덕적 품성이 아닌 '귀족다움'을 의미했습니다. 즉, 공자가 바로 그 인을 강조하니까 귀족이었던 맹무백은 자기가 인을 갖춘 사람이라고 공자에게 인정받고 싶었던 겁니다. 하지만 공자는 자로가 어진 사람이 아니라고 대답합니다. 이는 곧 "당신이 훌륭한 용사의 자질을 가졌는지는 모르겠으나, 인은 갖추지 못했다"라는 겁니다.

유력한 가문의 수장이었던 맹무백은 체면상 물러서지 않고 염구를 예로 들어 다시 묻습니다. 아니라고 했으면 알아서 멈춰야 하는데, 거듭 물은 것은 인정해 달라고 보채는 거죠. 공자는 이때도 잘 모르겠다며 발뺌합니다. 그러자 맹무백은 "공서화처럼 서생 같은 자가 인을 갖춘 사람입니까?"라고 쏘아붙입니다. 공서화는 공자가 만년에 얻은 나이가 한참 어린 제자로, 서생 같은 인물입니다. 그러자 공자는 맹무백의 기분을 누그러뜨려줘야 하겠구나 싶어서 "공서화도 멀다"라고 대답합니다. '인'에 대한 자신의 새로운 신념을 말하되 맹무백을 무시하고 싶지는 않았던 것이죠.

짧은 물음이지만, 어떤 화자가 어떻게 왜 물었는가와 관련해서 읽어보니 주희와 리링이 했던 해석과는 내용이 딴판입니다. 나는 이들과 다르게, 맹무백이라는 인물이 공자와 이야기를 나누는 상황에 먼저 주목해야 한다고 생각합니다. 이렇게 《논어》는 이야기에 등장하는 화자들의 개성을 드러내는 측면에서 읽을 때 훨씬 쉽고 합리적으로 이해할 수 있는 점이 많습니다. 그리고 이 관점을 취할 때 우리는 《논어》 곳곳에 등장하는 수많은 사람들의 개성을 아주 분명하게 확인할 수 있습니다.

시대마다 다른 《논어》가 있다

비슷한 것 같지만 다른 이야기가 있습니다. 노나라 최고 실권 가문의 수장인 계강자가 공자에게 질문하고 공자가 대답한 내용입니다.

계강자가 물었다. "자로에게 행정업무를 맡아보게 할 만합니까?"

선생님이 [기분 좋게] 말했다. "자로는 결단력이 있습니다. 행정업무를 맡기는 데에 무슨 어려움이 있겠습니까?"

[그러자 이번에는 계강자가 이렇게] 말했다. "자공은 행정업무를 맡아보게 할 만합니까?"

선생님이 [다시 기분 좋게] 말했다. "자공은 상황 파악이 빠릅니다. 행정업무를 맡기는 데 무슨 어려움이 있겠습니까?"

[그러자 계강자가 다시 이렇게] 말했다. "염구는 행정업무를 맡아보게 할 만합니까?"

선생님이 [이번에도 기분 좋게] 말했다. "염구는 다재다능합니다. 행정업무를 맡기는 데 무슨 어려움이 있겠습니까?"

季康子問: "仲由可使從政也與?" 子曰: "由也果, 於從政乎何有?" 曰: "賜也, 可使從政也與?" 曰: "賜也達, 於從政乎何有?" 曰: "求也, 可使從政也與?" 曰: "求也藝, 於從政乎何有."

〈옹야〉 6.8

언뜻 보면 앞서 본 맹무백과 공자가 나눈 이야기와 비슷하지만, 근본적으로 다른 이야기입니다. 계강자는 공자의 제자들에게 행정업무를 맡길 만하냐고 구체적으로 물어봅니다. 그는 거명한 사람들을 쓸 생각이 있었습니다. 실제로 이 세 사람은 모두 계씨의 가신으로 발탁돼 그 업무를 담당했습니다. 반면 맹씨 가문은 공자의 제자를 중용한 적이 없습니다. 맹씨 가문은 증삼을 후원한 가문이 아니었을까 하는 추정은 가능합니다. 이는 나중에 다시 이야기하겠습니다.

이런 사실에 비춰보면, 맹무백은 공자에게 인정받고자 그를 떠본 데 지나지 않습니다. 그리고 당시에 '인'은 공자 혼자만 생각하고 말하던 개념이 아니에요. 맹무백은 '인'을 달리 이해하고 있었던 거예요.

본래 이 '인'의 첫 번째 의미는 '용맹스러움'입니다. 당대와 관련한 다른 문헌에도 인은 그런 뜻으로 표현됩니다. 여기서 더 나아가 인은 '포용력'을 뜻하기도 합니다. 참고로 앞에서 얘기했지만 당시 귀족들은 무사였습니다. 영역자들은 《춘추좌씨전春秋左氏傳》에 나오는 '사士'를 '기사knight'라고 번역하기도 합니다. 이 계급 이상의 사람들이 지향했기에 인은 기본적으로 '귀족다움'을 말하기도 합니다. 《논어》를 보면 공자의 제자들도 인을 이런 뜻으로 이해한 흔적들이 나타납니다. 특히 자로가 그랬고 맹무백도 마찬가지였던 것입니다. 요컨대, 맹무백은 자기가 상당히 용맹하고 부하들을 감쌀 줄 아는 지도력도 있으니, 공자가 얘기하는 인에 가까운 것 아닐까 싶어서 공자에게 넌지시 물어본 것입니다. 하지만 공자는 그에 대응하지 않았습니다.

지금까지 살펴본 바에 따르면, 《논어》에는 있는 그대로 읽는 명시적 독해를 해서는 안 되는 문장들이 있습니다. 《논어》의 구절은 긴 이야기가 압축되고 생략된 것일 수도, 누군가의 숨겨진 시선에서 기록된 이야기일 수도 있기 때문입니다. 이런 것들이 명확하게 밝혀지지 않은 상태에서 고정된 해석을 하는 것은 오히려 《논어》를 읽는 데 걸림돌이 될 수 있습니다. 곧 '이 이야기는 어떤 상황에서 나온 것일까?'라고 상상하는 것이 《논어》를 재미나면서 동시에 새롭게 읽는 방법입니다. 여러 학자들이 《논어》 해석과 관련해 이룬 업적을 바탕으로 새롭게 상황을 설정해 나갈 수 있다면, 이 책은 좀 더 재미있어질 겁니다. 공자에만 초점을 맞추다 보니 나머지 상황에 대한 재구성이 누락된 부분이 꽤 많았다는 점을 염두에 두는 거죠.

주희의 주석이 역사상 가장 뛰어난 해석임은 분명합니다. 주희 이전의 주석을 '고주古注', 이후의 주석을 '신주新注'라고 합니다. 송나라 때 학자들이 의리義理적으로 해석했던 방식을 신주라고 하는데, 신주의 대표주자가 주희입니다. 고주는 짧고 간단한 데 반해, 주희의 주석은 논리적이고 함축적이며, 핵심을 찌르는 경우가 많습니다.

그런데 주의해야 할 점은, 주희는 《논어》에 등장하는 인물들, 특히 그의 제자들을 서열화하고 있다는 겁니다. 이는 주희를 포함한 송나라 학자들이 사용한 방식입니다. 이 서열화에는 '학學을 통해 누구나 성인이 될 수 있다'는 당대의 사고가 반영되어 있습니다. 성인은 도덕적인 의미에 그치는 게 아니라, 황제에 준하는 자격이었습니다. 성聖의 뜻을 감안하면, 성인은 단王 위에서 수많은 사람들의 이야기口에 귀耳를 기울이는 사람을 말합니다. 이는 바로 '천하를 다스리는 자'라는 의미가 되었고, 한漢대 이후 유학자들은 현실의 왕을 성인이 되게 하자는 것을 모토로 삼았습니다.

이와 달리, 송대의 리理학자들은 '왕이 아니더라도 누구나 자신의 위치에서 성인이 될 수 있다'고 생각했습니다. 이들은 나도 성인이 될 수 있다는 사고를 바탕으로, 맹자를 '아성亞聖', 안회를 '복성復聖'이라는 식으로 공자의 제자들을 비롯해 관련 인물 각각에게 성인의 인격을 부여하기도 합니다. 이는 곧 반드시 벼슬에 나아가지 않아도 자기수양을 통해 세상을 변화시킬 수 있다는, 사대부들의 새로운 시대적 사명으로 연결됩니다. 그와 같은 주희의 《논어》 해석의 사상사적 의미는 높게 평가할 수 있어요. 하지만 그가 당대의 문제의

식으로 공자의 제자들을 서열화한 것은, 오늘날의 독자에겐 그들의 개성을 제대로 읽어낼 수 없게 만드는 장애로 작용하기도 합니다.

개념에서 이야기로, 《논어》를 읽는 새로운 눈

자로는 이러한 개성 있는 인물 가운데 단연 으뜸입니다.《논어》의 주인공들 가운데 가장 유명한 인물이기도 한 자로는 실제로 어떤 사람이었을까요? 자로와 관련해 〈선진〉편에 나오는, 짧지만 재미있는 이야기 한 편을 재구성해서 읽어보겠습니다. 〈선진〉편에는 《논어》에 등장하는 공자의 제자들 대부분이 나오므로, 이 편 하나만 읽어도 다양한 제자의 목소리를 확인할 수 있어요.

그럼, 자로의 이야기를 하나 보겠습니다.

> [외출했다가 돌아와 방문 앞에서 거문고를 타는 자로를 보고] 선생님이 말했다. "자로가 어찌 내 방문 앞에서 거문고를 타느냐?" [공자가 이 말을 한 뒤] 문인들이 자로를 공손하게 대하지 않았다. [이 상황을 지켜본] 선생님이 [여러 사람이 모인 자리에서] 말했다. "자로는 승당升堂한 [제자]다. 아직 입실入室한 것은 아니지만 말이다. [그러니 그에 마땅하게 대우해 주어야 하지 않겠는가.]"
>
> 子曰: "由之瑟奚爲於丘之門?" 門人不敬子路. 子曰: "由也升堂矣, 未入於室也."
>
> 〈선진〉 11.15

여기서 '승당升堂'과 '입실入室'은 공자학단 내부의 위계를 보여주는 용어들입니다. 공자학단에서는 공자가 전체 학생 앞에서 강의를 한 것이 아니었습니다. 《논어》를 읽다 보면 자연스레 알 수 있는데, 이 학단에는 방 안에 들어와 공자에게 직접 가르침을 받으며 그와 이야기를 나눌 수 있는 제자가 있었습니다. 이렇게 공자와 직접 이야기를 나누는 제자들은, 각각 자신의 제자를 거느린 스승이기도 했습니다. 제자의 문하생들은 자기 스승이 최고라고 생각했던 모양입니다. 〈자한〉편과 〈자장〉편을 보면 문하생들끼리 서로 질문하고 비판하는 장면을 볼 수 있습니다.

자로의 일화를 다시 보겠습니다. 자로는 무인武人이고 야인野人이었어요. 이 산적 두목 같은 사람이 거문고를 타는 모습을 한번 상상해 봅시다. 영화 〈라스트 사무라이〉에서 톰 크루즈가 산속에서 사무라이들과 함께 종일 무예를 연마하는 장면을 떠올리면 당시 중국 사士계급의 생활을 유추해 내기가 조금 쉽지 않을까 싶습니다. 그런데 우락부락하고 흉터가 있는 거인이 거문고를 탄다고 하면, 어떻습니까? 멋있기보다는 매우 어색하겠죠.

자로는 공자와 처음 만났을 때, 공자가 무엇을 좋아하느냐고 묻자 "나는 긴 칼을 좋아합니다"라고 대답한 사람입니다. 평생 칼로 먹고살았던 사람이 칼을 버리고 거문고를 연주하고 있는 겁니다. 이는 자로가 공자학단에서 중시한 예악 중 악을 습득하기 위해 자기를 바꿔나갔다는 점을 보여줍니다. 공자보다 아홉 살 어린 자로는 20대 초반의 나이로 공자학단 주변을 기웃기웃하며 한참이나 간을 본 다음에야 제자로 들어갔습니다. 결국 이 장면은 자로가 근본적인 변신을 시도하는 하나의 출발점을 보여주는 겁니다.

그런데 자로는 왜 하필 공자의 방문 앞에서 거문고를 연주했을까요? 아마도 자로는 평소에 공자의 다른 제자들이 공자의 방 안에서 거문고를 타는 것을 보면서, 자기도 그 안에서 폼 나게 연주하고 싶었던 것 같아요. 그래서 공자가 외출한 틈을 타서 한번 타본 거죠. 그런데 그 시간을 못 맞춘 겁니다. 고등학생 때도 야간자율학습을 한 번도 빼먹지 않았던 학생이 한 번 땡땡이치면 꼭 선생님한테 들키잖아요. 이 상황과 비슷하지 않을까 싶습니다. 즉, 자로는 학규를 위반한 겁니다. 그래서 공자가 "자로가 그럴 등급이 아닌데 벌써 내 방 앞에서 거문고를 연주하느냐?"라고 한 거죠. 제자들은 자로가 공자에게 혼났으니 자로에게 공손하지 않은 거고요.

이를 본 공자가 다시 "자로는 나와 한방에서 공부하는 학생은 아니지만, 이미 방문 앞 툇마루까지 올라와 공부하는 2등급에 오른 사람이다. 그러니 함부로 대하지 마라"고 내부 분위기를 정리한 겁니다. 이는 리링이 소개한 공자학단의 내부 구조를 바탕으로 재구성한 이야기입니다. 요컨대 이 이야기는 공자학단에 오늘날의 학년에 해당하는 등급이 존재했다는 것을 알려줍니다. 또한 제자들의 관계를 세심하게 정리하는 부분에서 자로에 대한 공자의 애정을 확인할 수 있습니다.

자로와 관련한 다른 일화를 하나 보겠습니다.

자로가 귀신鬼神 섬기는 일에 대해 물었다. 선생님이 말했다. "사람을 섬기는 일도 아직 제대로 하지 못하면서 어떻게 귀신 섬기는 일을 제대로 할 수 있겠는가?" [그러자 자로는 다시 질문을 바꿔] 감히 죽음에 관해 물었다. [그러자 선생님이] 말했다. "삶도 아직 모르는데 어찌 죽음을 알겠는가?"

季路問事鬼神. 子曰: "未能事人, 焉能事鬼?" 敢問死. 曰: "未知生, 焉知死?"

〈선진〉 11.12

이에 대해 전통 주석을 대표할 만한 주희의 《논어집주》에서는 이렇게 설명합니다.

> 귀신 섬김이나 죽음은 모두 절실한 질문이다. (…) 이승과 저승, 시작과 마침은 처음부터 두 이치가 없다. 다만 배움은 순서가 있고, 단계를 뛰어넘으면 안 되므로 공자가 깨우쳐주었다.
>
> 박성규 옮김, 《논어집주》, 427쪽

주희는 자로가 아직 삶과 죽음, 귀신과 관련해 가르침을 받을 정도로 수준이 높은 사람이 아니라고 해석합니다. 앞에서 보았던 것과 같이 제자를 등급화하여 해석하는 것이죠. 이런 해석은 쉽게 받아들여지지 않는다는 한계를 갖습니다. 그래서 나는 과거의 주석보다 현대 학자들의 해석이 더 유용할 때가 많다고 생각합니다. 하지만 종종 현대 학자의 해석이라도 조심해야 할 점들이 있습니다.

그런 경우 가운데 하나가 20세기 중국의 계몽철학자 리쩌허우李澤厚의 《논어금독論語今讀》과 같은 해석 방식입니다. 그는 《논어금독》에서 이렇게 설명합니다.

> 이 장은 아주 유명하고 해설도 풍부하다. 결론적으로 실용이성을 충분히 드러낸 것이지 무익하고 무용한 사변과 토론을 행한 것이 아니다.
>
> 임옥균 옮김, 《논어금독》, 500쪽

여기서 '실용이성實用理性'은 서양의 논리적 이성과 견주어 중국 철학이 가진 현실과 유리되지 않는 실제적 차원의 이성이라는, 리쩌 허우가 만든 고유 용어입니다. 즉 리쩌허우는 이 해석에 서양의 형이상학적·존재론적 사고에 대한 비판을 담아낸 겁니다. 물론 이것은 20세기의 철학적 사유를 드러내는 하나의 자료임은 분명하고, 리쩌허우의 철학을 파악하는 데에도 유용합니다.

하지만 주희와 리쩌허우 두 사람의 해석은《논어》의 본래 맥락과는 무관합니다. 이런 식의 단정 짓는 해석은,《논어》를 독해하는 데 오히려 걸림돌이 됩니다. 그들의 말이 틀렸다는 게 아닙니다. 학자들마다 말을 건네고자 하는 대상이 달랐기에 이런 내용의 해석이 도출됐을 뿐인 거죠.《논어》를 통해 리쩌허우는 현대 학자들과 서양인, 그리고 현대인들에게, 주희는 당대 학자들과 사람들에게 이야기를 하려는 것이었습니다.

하지만 나는 '자로가 이것을 왜 물었는지, 또 무엇을 물은 것인지'라는 물음을 바탕으로 이 구절을 읽어야 한다고 생각합니다. 자로는 죽음이라는 개념을 물어본 것이 아닙니다. 그보다는 "군자라면, 죽음에 임하는 태도가 어때야 합니까?"라는 물음에 가까운 것으로 보입니다. 공자는 자로가 그의 과감한 성격 탓에 빨리 죽지 않을까 늘 걱정했습니다. 그래서 귀신, 즉 조상신을 섬기는 일은 공자학단에서 예와 관련된 아주 중요한 내용이었음에도, 오히려 사람 섬기는 일로 화제를 돌린 것 같습니다. 삶에 대한 생각을 놓치지 말라는 차원에서 삶과 관련해서 대답한 거죠. 물론 이 해석도 맞다고 단정할 수 없습니다. 우리는 자로에 대해 잘 모릅니다. 그런데 어떻게 단언할 수 있겠습니까? 이처럼 우리는 그동안《논어》의 개별 상황을 단정할 수 없음에도 그렇게 읽어왔습니다. 하지만 우리는 끊임없이 시도할 수 있을 뿐이라는 것을 솔직하게 인정해야 합니다.

이와 관련해 자로가 죽음에 임한 마지막 자세로 유명해진 이야기 하나가 있습니다.《춘추좌씨전》에 나오는 이야기입니다. 자로는 자기가 섬겼던 주군을 위해서 목숨을 걸고 싸웁니다. 그러다 갓의 끈이 끊어지자, "군자는 죽는 순간조차도 갓이 벗겨져 흐트러져선 안 된다君子死, 冠不免"고 소리치며 갓 끈을 당당하게 묶고 다시 싸우다가 장렬히 전사합니다. 이런 모습을 참고하면, 자로가 죽음과 관련해 어떤 고민을 했는가가 조금 더 분명해집니다.

나는 지금껏 많은 사람들이 해석해 온 방식대로 자로의 성품이 거칠거나 덜떨어졌다고 평가한 것을 반박하려는 게 아닙니다. 해석의 방향 자체를 전혀 다른 곳으로 향하고자 하는 거예요. 자로가 공자와 만나면서 그의 인생이 어떻게 극적으로 변화했는가, 또 그가 공자에게 끼친 영향은 없는가에 초점을 맞춰 그의 삶을 재구성해 보려고 합니다.

2부

: 자로와 안회 :

"운명이여, 안녕!"

운명이 있고, 숙명이 있다. 운명은 스스로 바꾸고 만드는 명이다.

자로는 산적의 칼을 버리고 협객의 칼을 휘두름으로써 스스로의 운명을 개척한 사나이였다.

이에 비해 숙명은 바뀌지 않고 선택할 수 없다. 안회는 비천한 출신 때문에 고뇌했고

젊은 나이에 요절했지만, 그의 고결한 정신은 숙명과의 화해를 통해

새로운 삶으로 가는 길을 개척했다.

3장

:자로:
운명을 바꾼 만남과
의로운 죽음

공자와의 만남, 자로의 운명을 바꾸다

이번 장에서는 '자로子路'라는 인물에 대해 구체적으로 살펴보겠습니다. '유가儒家' 하면 보통 인仁과 의義를 떠올리죠. 하지만 자로를 대표하는 표제어는 '용기勇'입니다. 물론 용맹함만을 추구하던 자로는 공자를 만나 '의리義', 즉 정의감을 갖추게 되며 자기의 삶을 극적으로 변화시킵니다. 아마도 공자의 제자 가운데 삶의 변화가 가장 컸던 인물일 것입니다. 그래서 이번 이야기의 제목을 '운명을 바꾼 만남과 의로운 죽음'이라고 했습니다.

자로의 본래 이름은 중유仲由(기원전 543~기원전 480)입니다. 중은 성이고 유는 이름이에요. 자로는 그의 자字이고, 계로季路라고 불리기도 했습니다. 그는 변卞 땅, 지금의 산둥성 쓰수이현泗水縣 추안린泉林 사람이었습니다. 이 변은 노나라 서북 변경이자 위나라와의 접경지대에 있던 지역이에요.

자로를 이야기할 때마다 등장하는 표현이 '도盜'예요. 흔히 도둑놈이라고 해석하는데, 사실 이 도는 국가의 관할 밖에 있던 치외법권 지역을 의미합니다. 이는 역사학자 이성규 교수가 밝혀낸 것으로, 이젠 잘 알려져 있는 이야기입니다. 조선시대의 임꺽정을 떠올려보면 좋을 것 같아요. 당시 사회는 오늘날처럼 모든 사람이 주민

등록증을 갖고 국가에 소속되어 있지 않았어요. 아마도 자로는 이렇게 야인으로 살면서 '도盜'라 불리던 한 무리의 지도자쯤이었던 것으로 여겨집니다.

그런데 자로와 공자가 처음 만났을 때의 장면은 좀 극적입니다. 사마천의 《사기》〈중니제자열전〉에 소개된 이야기를 읽어보겠습니다. 여러 가지 번역본이 있지만, 도올 선생님의 번역이 그 묘미를 살렸다고 보기에 소개하겠습니다.

> 자로는 본성이 야인 기질이 있어 거칠었다. 용감하고 힘쓰는 일을 좋아하였다. 그 심지가 강직하고 직설적으로 치받기를 좋아했다. 수탉의 꼬리를 머리에 꽂고 산돼지 가죽으로 만든 주머니를 허리에 찼다. 그리곤 공자를 업신여기며 공자를 때리려고까지 하였다. 공자는 자로를 예로써 대하며 살살 달래어 인도하였다. 후에 자로는 유복儒服을 입고, 폐백을 드려 맹세하고 문인들을 통해 제자가 되기를 청하였다.
>
> 김용옥, 《논어한글역주》 1권, 170쪽

공자를 처음 만난 자로의 행색을 보면, 수탉의 꼬리를 머리에 꽂았고, 허리에는 가죽으로 만든 주머니를 차고 있습니다. 영락없는 산적, 즉 도盜 집단의 두목이라는 것이 바로 연상되죠. 그런 자로가 공자를 때리려고까지 합니다. 여기에 생략되어 있는 이야기가 있지 않을까 추측할 수도 있어요. 둘이 처음 만났을 때 어떤 상황이었는지가 구체적으로 서술되어 있지 않거든요.

아마도 자로가 길을 가던 공자에게 '물건 좀 나눠 씁시다' 하며 그의 짐을 강탈하려 했을 것 같아요. 그러자 공자가 자로를 한 방에

거꾸러뜨린 거죠. 공자도 2미터에 가까운 구척九尺 장신에, 완력이 만만찮은 사람이었습니다. 공자의 아버지는 전쟁이 일어났을 때 성문이 내려오는 것을 어깨로 받아쳐서 자기 부하 장병들을 살린 사람이에요.

이후에 자로는 공자의 제자가 되기를 희망합니다. 그것도 당당하게 제자가 되겠다고 뜻을 밝힌 게 아니라, 여러 차례 정황을 살피다가 공자에게 예물을 보내면서 자기를 받아달라고 요청합니다. 야인野人으로서, 산적 무리의 수장으로 살던 사람이 대번에 공자에게 "아이고, 형님" 하며 그 문하로 들어가기는 어려웠겠죠.

《공자가어》의 이야기는 자로의 그런 성질을 극명하게 보여줍니다. 이 부분도 도올 선생님의 번역문으로 소개해 보겠습니다.

자로가 처음 공자를 만났다. 공자가 말했다. "당신은 무엇을 좋아하는가?"

자로가 대답했다. "나는 긴 칼을 좋아한다."

공자가 말했다. "그것을 물은 게 아니다. 단지 그대가 잘하는 것에 학문을 더한다면 아무도 그대를 따를 수 없다는 것을 말하고 싶었다."

자로가 말했다. "학문이라는 게 도대체 무슨 도움이 되는가?"

공자가 말했다. "임금에게 간언해 주는 신하가 없으면 실정하고, 무사는 가르쳐주는 친구가 없으면 귀가 먹게 된다. 미친 말을 몰 때에는 채찍을 잠시도 놓을 수 없고, 활을 당길 때에는 두 번 당길 수 없다. 나무는 목수의 먹줄이 닿아야 곧아지고 사람은 비판을 받아야 비로소 성인이 된다. 배움을 얻고 물음을 중요시하는 사람이 된다면 그 이상 바랄 것이 무엇이 있겠는가? 인仁을 어지럽히고 선비를 미워하면 사회와 마찰을 일으켜 감옥에 가게 된다. 그러니 군자라면 학문하시 않을 수 없다."

자로가 말했다. "남산에 푸른 대나무가 있는데 휘어잡지 않아도 스스로 곧고, 그것을 잘라 화살로 쓰면 가죽 과녁을 뚫어버린다. 이렇게 생각해 본다면 배울 게 무엇이 있겠는가?"

공자가 말했다. "그 대나무 밑동을 잘 다듬어 깃털을 달고 그 앞머리는 쇠촉을 달아 날카롭게 연마한다면 그 가죽을 뚫는 것이 더 깊지 않겠는가?"

이에 자로가 무릎 꿇고 두 번 절하였다. "삼가 가르침을 받겠습니다."

김용옥, 《논어한글역주》 1권, 172쪽

"칼을 좋아한다"는 말은 자로가 무인武人이었음을 상징적으로 드러냅니다. 그래서인지 자로가 공자에게 물었던 질문 가운데에는 용기와 관련된 게 많습니다. 《중용中庸》에는 자로가 용기와 관련한 이야기를 하자, 공자가 북방과 남방의 용기를 구분하며 진정한 용기가 무엇인지에 대해 장황하게 가르침을 주는 장면이 나오기도 합니다.

이렇게 앞선 두 인용문의 예화들은 자로가 거친 사람이었다고 공통적으로 증언합니다. 이런 자로에 대한 평가는 《논어》를 해석할 때 다음과 같이 전개됩니다.

선생님이 [자로에게] 말했다. "자로야, 내가 네가 안다는 것에 대해 가르쳐주겠다! 아는 것에 대해 안다고 하고, 모르는 것은 모른다고 하는 것, 이것이야말로 진짜 앎이다."

子曰: "由! 誨女知之乎? 知之爲知之, 不知爲不知, 是知也." 〈위정〉 2.17

어떤 주석자는 이 구절을 놓고 공자가 자로를 호되게 야단쳤다고 해석하기도 하는데요, 나는 이 이야기에는 앞뒤 맥락이 없어 그렇게 단정할 수는 없다고 봅니다. 이에 대해 주희는 이렇게 해석합니다.

자로는 용기를 드러내는 것을 좋아하여 모르는 것을 안다고 우기는 경우가 있었을 것이다. 그래서 공자가 그에게 알려준 것이다.

박성규 옮김, 《논어집주》, 85쪽

그런데 과연 그렇게 해석할 수 있을까요? 여기서 '지知'라는 용어는 오늘날 우리가 아는 지적인 능력이나 활동의 뜻으로 쓰인 것이 아닙니다. 당시 유가 학단에서는 '지'를 '판단력'에 가까운 의미로 사용했습니다. 예컨대 맹자가 말하는 사단四端에서는 '지'를 시비지심是非之心, 즉 옳고 그름을 가릴 줄 아는 마음이라고 표현하는데, 이렇게 보면 지식knowledge보다 옳고 그름을 분별하는 판단력judgement에 가깝습니다.

'지'라는 글자의 이런 쓰임새에 비춰보면, 아는 것이 적어서 문제가 되었던 것은 너무 빨리 판단했다는 것이고, 그 때문에 자로는 공자에게 질책받았다고 볼 수 있습니다. 즉, 이 구절에서 공자가 말하는 진짜 앎은, 신중하게 판단한 뒤 실행하라는 메시지로 해석하는 것이 더욱 합당해 보입니다. 야인 기질이 있는 용감한 의리의 사나이를 상상한다면 훨씬 쉽게 이해할 수 있을 것입니다.

이렇게 다혈질 성격에 거칠기만 했던 자로가 점차 공자를 조심스럽게 대하며, 진심으로 공자를 따라 배우고자 애쓰는 인물로 변모합니다. 이와 관련해서 놀라운 이야기가 있습니다.

> 자로는 [선생님께 가르침을] 들은 것이 있는데 아직 [스스로 만족할 만큼 그 가르침을] 실행할 수 없으면, 혹시나 [또 다른 가르침을] 듣게 될까 걱정하였다.
>
> 子路有聞, 未之能行, 唯恐有聞. 　　　　　　　　　〈공야장〉 5.15

많은 사람들이 이 구절을 보며 "자로는 들으면 바로 그것을 하려고 노력했던 사람"라고 이야기합니다. 《논어》에 여러 제자가 등장하는 이야기 장면에서 자로는 항상 가장 먼저 말을 꺼내는 사람으로 나옵니다. 다른 사람이 말하는 중에 갑자기 끼어들어 말하는 경우도 있습니다. 이런 구절들은 자로가 아는 체하기 좋아하거나 맥락없이 스스로를 드러내기 좋아하는 사람이라고 평하는 근거가 되기도 합니다.

하지만 자로가 공자와 아홉 살밖에 차이가 나지 않는 비교적 나이 많은 제자였다는 사실을 떠올려보세요. 자로는 공자가 30대 초반에 제자를 처음으로 받기 시작한 무렵에 20대의 나이로 공자 문하에 들어온 1기 제자입니다. 같은 1기 제자들 중에 《논어》에 자주 등장하는 인물은 없습니다. 동아시아에서 나이는 예나 지금이나 사람의 관계를 정하는 아주 중요한 기준입니다.

우리가 잘 아는 안회, 자공, 염구 등은 모두 자로보다 나중에 공자 문하에 들어온 사람들입니다. 그러니 자로의 선배는 거의 없었다고 봐도 무방하겠죠. 따라서 서열상 자로가 다른 제자들보다 먼저 이야기하는 것은 당연한 행동이었다고 볼 수 있습니다. 다시 말해 초기의 거친 성격에 근거하여 자로를 비하할 까닭은 없습니다. 오히려 공자와 자로가 어떤 관계였을까를 생각하며, 이야기의 상황 속에서 읽어야 좀 더 정확하게 맥락을 파악할 수 있어요.

나는 자로가 거칠고 어리석은 사람이라고 단정 짓고 그런 편견에 의거해 해석하는 것에 동의하지 않습니다. 이 책에서는 자로가 공자를 만난 이후 어떻게 변화되어 나가는가에 초점을 맞춰 그의 삶을 살펴보려고 합니다. 그 과정에서 우리는 극적인 삶의 변화를 이루어낸 한 개성 있는 인물을 조우하게 됩니다.

변화, 진정한 용기를 배우다

《논어》에는 안회와 자로가 함께 등장하여 공자와 이야기를 주고받는 장면이 나옵니다.

> 안회와 자로가 [선생님을 옆에서] 모시고 있었다. 선생님이 말했다. "각자 자신의 포부를 말해 보는 게 어떠냐?"
> 자로가 [기다렸다는 듯 먼저] 말했다. "바라건대 저는 수레와 말 그리고 가벼운 갖옷이 있으면 그것을 친구들과 함께 쓰겠습니다. 그것이 낡아 다 해지더라도 아까워하지 않을 것입니다."
> 안회가 [자로의 눈치를 보며 조심스럽게] 말했다. "바라건대 잘한 것이 있어도 자랑하지 않고 성과를 내세우지 않겠습니다."

자로가 [뻘쭘한 듯이 이번에는 선생님께] 말했다. "바라건대 선생님의 뜻은 어떠한지 듣고 싶습니다."

선생님이 말했다. "나이 든 사람에게는 집안에서 편안하게 해드리고, 친구지간에는 신의를 가지고 사귀며, 나이 어린 사람에게는 [나이 많은 사람답게] 포용해 주고 싶구나."

顔淵季路侍. 子曰: "盍各言爾志?" 子路曰: "願車馬, 衣輕裘, 與朋友共. 敝之而無憾." 顔淵曰: "願無伐善, 無施勞." 子路曰: "願聞子之志." 子曰: "老者安之, 朋友信之, 少者懷之." 〈공야장〉 5.27

이 구절을 두고 많은 사람들이 "역시 안회는 공자의 수제자답다"고 합니다. 하지만 이 구절은 충분히 다르게 읽을 수 있습니다. 우선 자로가 안회와 함께 공자를 모시고 있는 상황은, 자로가 공자 학단에서 제1 제자의 반열에 올랐다는 사실을 암시합니다. 안회도 마찬가지로 성장했음을 보여주고요. 그런데 안회는 자로의 눈치를 보며 자신의 의견을 밝힙니다. 그도 그럴 것이, 안회는 자로보다 스무 살 넘게 어렸기 때문입니다. 그러자 자로는 뻘쭘해하며 공자의 생각을 직접적으로 묻습니다. 공자와 나이 차이가 얼마 안 나니까 이렇게 질문할 수 있었겠죠.

공자의 답변을 봅시다. 대부분 이 답변을 공자가 일반적인 경우에 비춰 얘기했다고 해석하는 것과 달리, 우리는 공자가 왜 이렇게 말했는지를 이 상황 속에서 풀이해 보자고요. 여기서 나이 든 사람은 공자, 친구는 자로와 함께 공부하는 동문들, 나이 어린 사람은 안회처럼 자로보다 나이가 어린 제자로 보자는 겁니다. 아마 공자보다 늦게 여러 젊은 제자들이 들어오자 자로가 그들을 거칠게 대했던 모양입니다. 그러니 공자는 자로에게 너무 거칠게 굴지 말고, 자기 학단 제자들을 좀 품어주라고 얘기한 거죠. 이런 해석이 더 합당하지 않을까 싶습니다. 우리는 《논어》에 등장하는 이야기들을 너무 확대해서 해석하는 경향이 있습니다. 수십 명의 학생, 그것도 나이와 출신지, 신분과 개성이 제각각인 공자의 제자들을 모두 성인이라고 전제하고 이상적인 대화의 상황을 가정합니다. 그래서 그들이 나눈 이야기들을 세계와 사회에 관한 거창한 이야기로만 해석하는 듯해요.

나는 이러한 해석들이 좀 지나치다고 생각합니다. 우리가 성장하면서 겪었던 학교 생활, 고등학교와 대학 생활을 떠올려보세요. 공자학단도 크게 다르지 않았을 것 같지 않나요? 이런 가정하에 자로가 이 구절에서 어떤 답변을 했는지 다시 보세요. 서두에서 언급했듯, 자로는 산적 수령이었습니다. 그랬던 자로가 "수레와 말, 가죽옷을 친구들과 나눠 쓴다"는 말을 했습니다. 수령이었을 당시에는 어림도 없었을 일이죠. 이는 자로가 공자학단에 들어와 도盜 집단의 우두머리 기질에서 벗어나 공자학단의 구성원으로 변모한 모습을 단적으로 보여줍니다. 자로가 공자학단의 한 사람으로서 자기 위계에 맞는 행동을 하고, 같이 공부하는 제자들과 더불어 살아간다는 학단의 이념을 공유하기 시작했음을 보여주는 중요한 단서죠.

또 다른 이야기 장면을 하나 보겠습니다.

선생님이 [자로에게 들으란 듯이] 안연(안회)에게 말했다. "[관직에] 써준다면 나아가 [도를] 행하고, [군주에게서] 버려지더라도 [초야에 묻혀 도를] 간직할 줄 아는 사람은 아마도 안회 너와 나뿐일 것이다!" [옆에서 듣고 있던] 자로가 말했다. "[그렇다면] 선생님께서 삼군을 이끄신다면 누구와 함께하시겠습니까?" 선생님이 말했다. "맨손으로 호랑이를 때려잡으려 하고 맨몸으로 강을 건너다가 죽더라도 후회하지 않을 사람과는 함께하지 않을 것이다. [이윽고 주변의 제자들을 돌아보면서] 나는 반드시 일을 하면서 조심스럽게 행동하고, 계획을 세워 성공하려는 사람과 함께할 것이다."

子謂顏淵曰: "用之則行, 舍之則藏, 唯我與爾有是夫!" 子路曰: "子行三軍, 則誰與?" 子曰: "暴虎馮河, 死而無悔者, 吾不與也. 必也臨事而懼, 好謀而成者也."

〈술이〉 7.11

공자는 처음에 안회를 특정해서 칭찬합니다. 사실 이 상황은 자로에게 할 말을 우회적으로 말했을 가능성이 높습니다. 중고등학교 선생님들이 그런 장치를 많이 쓰잖아요. 여러 사람 앞에서 한 사람만을 보고 얘기하지만, 사실 나머지에게도 잘 들으라는 화법 말이에요. 기분이 나빠진 자로는 "군대의 총사령관이 된다면 누구와 함께하겠느냐"고 화제를 바꿔 공자에게 질문합니다. 속으로는 당연히 자기일 것이라고 생각했겠죠. 하지만 공자의 답변은 그의 바람과는 어긋납니다.

안핑 친Annping Chin에 따르면, 맨 마지막에서 공자가 한 답변은 자로를 특정해 가르친 것이 아닙니다. 여기서 공자는 군무軍務에 종사하는 사람이라면 누구에게나 요구되는 일반적인 원칙을 말한 것이라는 겁니다. 그래서 안핑 친은 이 이야기에서 공자가 안회를 칭찬한 앞부분과 자로가 질문한 뒷부분을 나눠서 봐야 한다고 주장합니다.[Confucius, trans. Annping Chin, *The Anelects (Lunyu)*, 101쪽]

이 이야기를 참고하면, 공자는 자로가 중시한 '용기'가 죽음을 재촉할 수 있으므로 그에게 용기 이외의 다른 덕목도 갖춰야 함을 알려주고자 그렇게 답변한 것이 아닐까요? 자로는 공자학단에 들어 갔어도 기질이 무사에 가까웠던 것으로 보입니다. 이는 염구를 비롯한 공자학단의 초창기 제자의 상당수가 그런 인물들이었다는 점과도 엮어서 봐야 할 부분입니다.

자로는 공자가 총사령관인 군대에서 선봉장에 서기를 바랐습니다. 하지만 공자는 진짜 용기가 무엇인지 가르칩니다. 요컨대 칼에는 눈이 있어야 한다고, 다시 말해 권력이나 무력에는 방향이 있어야 한다고 말합니다. 똑같은 칼이어도 강도의 손에 들어가면 생명을 앗아가는 칼이, 의사의 손에서는 생명을 살리는 칼이 되죠. 물론 무력은 자기를 지키기 위해서뿐 아니라, 사士계급이라면 당연히 필요한 능력입니다. 공자는 무력 자체를 부정한 게 아니라 눈이 먼 칼을 경계한 거죠. 칼에는 바로 의義의 눈이 있어야 한다는 것을 강조했던 겁니다. 이것이 공자가 자로에게 준 가장 큰 가르침 아니었을까요?

> 자로가 [자신이 늘 자랑스러워하는 용기에 대해서] 말했다. "[선생님이 말씀하시는] 군자는 용기를 숭상합니까?" 선생님이 말했다. "군자는 의義를 최고로 생각한다. 군자에게 용기만 있고 의가 없다면 난亂을 일으킬 것이다. [또한 군자와 달리] 소인에게 용기만 있고 의가 없다면 도적질도 마다하지 않을 것이다."
>
> 子路曰: "君子尚勇乎?" 子曰: "君子義以爲上. 君子有勇而無義爲亂, 小人有勇而無義爲盜."
>
> 〈양화〉 7.23

오늘날 우리는 이 이야기와 같은 사건을 흔히 목격하곤 합니다. 대통령이나 나라의 지도자로 뽑힌 사람들이 국민과 국가를 위한 직무는 뒷전이고 온갖 부정부패에, 국민을 억압하는 독재를 저지르는 일들이 많지 않습니까? 우리는 칼이 정의를 지키기보다 다른 사람의 생명과 재물을 앗아갔던 역사를 기억합니다.

사실 권력이 칼을 통해 유지된다면, 그것은 권력이 아니라 '폭력'이라 불려야 마땅하죠. 공자는 그래서 사士의 세계에서 칼을 최대한 배제하려고 했습니다. '문文'이 그것을 대표하는 표현이라는 사실을 우리는 의미심장하게 받아들여야 합니다. 오늘날에는 그 문을 '정치는 설득을 통해 이뤄져야 한다'고 풀이할 수 있습니다. 설득을 포기한 정치는 이미 정치가 아니죠.

자로는 분명 용기 있는 사람이었습니다. 하지만 그는 싸워서 이기는 것이 용기라고 생각했는지도 모릅니다. 그래서 공자는 자로의 용기에 정의를 불어넣고자 했던 겁니다. '무엇을 위해 칼을 휘둘러야 하는가'를 자로 스스로 생각하게 유도하고 싶었던 거죠. 공자의 이런 노력은 자로의 내면에 커다란 변화를 불러일으킨 모양입니다. 자로는 거문고를 연주하기도 하고, 공자의 가르침을 부지런히 따르고자 합니다. 공자도 차츰 자로를 인정하기 시작해요.

선생님이 말했다. "낡고 해진 온포縕袍를 입고서 [값비싸고 귀한] 여우 가죽 옷을 입은 사람과 나란히 서 있어도 부끄러워하지 않을 사람은 아마도 자로뿐일 것이다. [그래서] '원망도 없고 탐내지도 않으니, 그 또한 좋지 않으냐'라고 하지 않더냐?" 자로는 죽을 때까지 이 말을 외우고 다니려고 했다. [그것을 본] 선생님이 말씀하셨다. "이 정도의 도리로 어찌 충분하다고 할 수 있겠느냐?"

子曰: "衣敝縕袍, 與衣狐貉者立, 而不恥者, 其由也與? '不忮不求, 何用不臧?'"

子路終身誦之. 子曰: "是道也, 何足以臧?"　　　　　　　　〈자한〉9.27

　　여기서 공자는 허름한 옷을 입은 자로가 값비싼 옷을 입은 사람 옆에 서 있어도 부끄러워하지 않을 것이라고 말합니다. 이는 자로가 얼마나 소탈한 사람이었는가를 보여줍니다. 또 자로가 원망도 없고 탐내지도 않는 인물이라는 칭찬도 덧붙입니다. 그런데 자로는 자신의 용기를 통해 명예를 얻고 싶어했던, 일종의 군인정신이 투철한 사람이었습니다. 그럼 이 이야기는 자로가 외적인 명예보다 자존감과 자부심을 확고히 다져나가기 시작했음을 드러낸 것으로 볼 수 있지 않을까요?

　　그런데 자로는 공자의 말을 외우려고 합니다. 사실 이런 사소한 표현들도 우리는 눈여겨봐야 합니다. 이때만 해도 공자학단의 교육 방식은 구전과 암기였습니다. 또 《논어》에서 말하는 '학學'이 본래는 '아버지와 스승이 어떻게 말하고 행동하는가를 보고 따라 하며 익힌다'는 의미입니다. 즉, 선생이 교과서이자 본보기였죠. 자로가 자신의 말을 암기하고 익히려는 모습을 본 공자는 그 정도 도리로는 충분하지 않다고 또 한마디합니다. 자로에게 '너는 한 단계 더 진일보할 수 있다'고 끊임없이 고무하고 격려하는 것이지요.

　　자로는 계속 성장해 갔지만, 공자가 이끄는 대로의 모습은 아니었습니다. 실제로 자기 스승을 꼭 빼닮은 제자는 현대사회에서도 잘 나오지 않죠. 철학사에서도 자기 스승을 비판하고 극복하는 것이 철학자의 미덕입니다. 우리는 《논어》를 읽을 때, 제자들이 마치 공자를 표준으로 삼아 그대로 따라 하며 살려고 했을 것이라고 생각합니다. 물론 그런 사람들이 없는 것은 아니었습니다.

하지만 시대와 상황은 늘 변합니다. 더욱이 어느 정도 인격이 형성된 나이 든 사람들끼리 가르침을 주고받는데, 그 삶이 똑같아질 수는 없겠죠. 《논어》에 등장하는 주인공들이 공자와 똑같은 삶을 지향했다고만 상상해서는 안 된다는 얘기입니다. 오히려 《논어》에서는 제자들 각자가 스승과의 만남을 통해 자기 자신을 더욱 잘 이해하고 자기만의 개성을 실현해 나갑니다.

속내를 털어놓는 친구가 되다

어쨌든 자로는 독립된 인격을 가진 사람으로 성장했고, 공자는 이런 자로에게 칭찬을 아끼지 않습니다. 그런 칭찬 가운데 대표적인 사례 하나를 보겠습니다.

> 선생님이 말했다. "[재판을 할 때] 한쪽의 말만 듣고도 [제대로] 판결을 내릴 수 있는 사람은 아마도 자로일 것이다!" 또 자로는 약속을 하면 지키지 않고 묵히는 일이 없다.
>
> 子曰: "片言可以折獄者, 其由也與?" 子路無宿諾. 〈안연〉 12.12

공자는 자로에게 격찬을 아끼지 않습니다. 자로에 대한 믿음이 굉장했던 거죠. 《성서》에 등장하는 솔로몬의 재판처럼 자로의 판결이 매우 명쾌하고 단호했을 것이라는 칭찬입니다. 공자가 자로를 정사政事에 걸출한 제자로 거명했던 것도 아마 이와 통하는 이야기일 것입니다. 재판에서 한쪽의 말만 듣고도 제대로 된 판결을 내렸다, 믿기 어려운 일이지만 어쨌든 그 정도로 훌륭하다는 칭찬의 의미로 받아들이면 되겠지요.

그런데 이 구절은 전체가 공자가 한 말로 해석하기도 하나, 앞의 재판과 관련된 문장만 공자가 한 말이고 자로가 약속을 잘 지킨다는 말은 나중에 따로 첨부된 것이라고 보는 해석도 있습니다. 이런 해석을 받아들인다면, 이 기록은 어떤 사람이 공자가 자로를 칭찬한 말을 알고 있었고, 그 말에 따라 자로의 행태를 살펴보았더니 '자로가 약속을 잘 지키는 사람이더라'라는 취지로 문장을 추가한 결과물이라는 이야기가 됩니다.

기록자의 시선이 어떻게 개입됐는지까지 추측하며 《논어》를 읽어야 함을 깨닫게 하는 대목입니다. 《논어》는 선생의 말이나 대화를 즉석에서 속기사가 기록하듯 남긴 기록이 아니라는 점을 생각해야 합니다. 《논어》의 말들은 여러 사건을 압축한 것이거나, 말과 말 사이에 시간적 간격이 있는 경우도 많습니다. 이런 점들을 염두에 두며 차분히 읽어야 합니다.

다시 자로에 관한 이야기로 돌아가겠습니다. 자로의 다음 질문을 보면 알 수 있듯이 야인이었던 자로는 공자를 만나 또 다른 삶을 추구하기 시작합니다. 《논어》를 읽을 때 누가 어떤 주제로 질문하는가도 매우 중요합니다. 이 점은 앞으로 계속 확인할 수 있을 것입니다.

자로가 군자에 대해 묻자 선생님이 말했다. "공경하는 마음으로 자신을 수양하여라." [자로가] 말했다. "그렇게 하면 끝입니까?" [공자가] 말했다. "사신을 수양하여 다른 사람을 편안하게 해주어라." [자로가] 말했다. "그렇게 하면 끝입니까?" [공자가] 말했다. "자신을 수양하여 백성을 편안하게 해주어라. 자신을 수양하여 백성을 편안하게 해주는 것은 요임금이나 순임금도 어렵게 생각하셨던 것이다."

子路問君子. 子曰: "脩己以敬." 曰: "如斯而已乎?" 曰: "脩己以安人." 曰: "如斯而已乎?" 曰: "脩己以安百姓. 脩己以安百姓, 堯舜其猶病諸!"　　　　〈헌문〉14.42

나는 이 구절이 자로가 '군자'라는 공자의 궁극적 관심에 동참하겠다는 의지를 표명한 상황이라고 해석합니다. 그런데 공자는 자로에게 무언가를 하나씩 쌓아올리듯, 한마디씩 얹어줍니다. 달리 말하면 공자가 무슨 위대하고 절대적인 인격배양 프로그램으로 자로를 가르친 것이 아니라, 자로가 무인 기질을 털어내고 자신과 동행할 수 있게 한 걸음씩 맞춰주었다는 이야기입니다.

자로는 20대에 30대였던 공자의 문하생이 된 뒤, 공자보다 2년 먼저 죽기까지 그와 수십 년의 세월을 함께합니다. 이런 자로를, 그동안 우리가 읽어온 것처럼 그저 거칠고 나대는 사람으로만 평가할 수 있을지 의문입니다. 자로는 신의가 두텁고 끈기와 열정이 있었어요. 더군다나 그는 공자와 생사를 넘나드는 위기를 수없이 넘긴 사람입니다. 그렇다면 이런 자로는 공자에게 어떤 사람이었을까요?

이와 관련해 중요한 이야기가 있습니다. 공자도 '외도'를 했다는 거예요. 공자는 분명 주나라 봉건제를 신봉하며 군주에 대한 예를 절대 어길 수 없다는 신념을 갖고 있었습니다. 그런데 그런 공자가 모반행위를 한 사람들에게 두 번이나 초빙받았고, 그에 응하려고 했습니다. 후대 학자들은 공자가 결국 가지 않았다는 것을 강조하지만, '가려고 했다'는 사실이 더 중요하죠. 그렇다고 공자가 자기 신념을 저버리는 나쁜 사람이라고 할 수는 없습니다. 공자는 세상을 바꾸겠다는 원대한 포부와 희망을 갖고 살았지만 나이가 들어서도 기회를 얻지 못했어요. 마지막 지푸라기라도 잡고 싶은 심정일 때, 유혹을 당한 겁니다. 한 번은 50대에, 다른 한 번은 68세에 노나라로 돌아오기 얼마 전에요.

> 공산불요公山弗擾가 비읍에서 반란을 일으키고 나서 초청하자 선생님께서 가시려 했다. 자로가 불쾌해하면서 말했다. "가실 곳이 없으면 그만두실 것이지, 왜 하필 공산씨에게 가려 하십니까?" 선생님이 말했다. "나를 부르는 자가 어찌 까닭이 없겠느냐? 만약 나를 쓰려는 자가 있다면 나는 그곳을 동주로 만들어놓겠다."
>
> 公山弗擾以費畔, 召, 子欲往. 子路不說, 曰: "末之也已, 何必公山氏之之也." 子曰: "夫召我者而豈徒哉? 如有用我者, 吾其爲東周乎?"   〈양화〉 17.5

많은 학자들이 공자가 "동주로 만들어놓겠다"고 한 것을 "내가 주나라처럼 융성하게 만들 수 있다"라고 해석합니다. 이것이 일반적인 해석이에요. 그런데 이 구절에 대한 가장 재미난 해석은 다산 정약용丁若鏞의 것입니다. 그것이 실제로 공자의 의도였는지 아닌지는 모르겠지만, 《논어》의 해석에 주석자의 처지와 뜻이 어떻게 개입되는지를 보여주는 사례로서 잠시 소개해 보겠습니다.

다산은 공자의 그 말을 '임시정부를 세우겠다' 뜻으로 해석합니다. 즉, 공자가 비읍으로 가서 공산씨와 함께하면서 노나라 군주를 그곳으로 모셔온 뒤 다시 정세를 변화시켜 잃어버린 규권을 되찾으려는 포부를 피력한 것이라는 얘깁니다. 당시 계씨 등의 세 가문에 의해 노나라가 좌지우지되는 상황에서 이들을 한꺼번에 몰아낼 수 없으니, 일종의 혁명정부를 건설하여 정세를 바꾸겠다는 뜻이라는 것이죠.

그런데 다산은 이 이야기가 들어 있는《논어고금주論語古今註》를 귀양살이를 하면서 집필했습니다. 당시 조정은 노론老論이 꽉 쥐고 있었죠. 결국 더 이상 출사出仕의 기회가 없다는 것을 알고 있는 다산은 현 정부가 아니라 그런 임시정부라도 생긴다면 거기에 동참해 자신도 뜻을 이루겠다는 포부를 은연중에 밝힌 겁니다. 이처럼 대부분 주석자들은 자기의 꿈과 희망을 주석에 투영하곤 합니다.

또 다른 이야기가 있습니다. 이때에도 공자는 가려고 했으나 자로가 말려서 가지 않습니다.

> 필힐佛肸의 초빙에 선생님이 가려고 하자 자로가 말했다. "예전에 저는 선생님께 이런 말씀을 들었습니다. '제 몸으로 직접 나쁜 짓을 한 사람에게 군자는 가지 않는다.' 필힐이 중모읍에서 반란을 일으켰는데도 선생님께서는 가시려고 하는데, 어떻게 그럴 수 있습니까?" 선생님이 말했다. "그래. 그런 말을 했었지. 그런데 견고한 것은 아무리 갈아도 닳지 않는다고 말하지 않았더냐. 흰 것은 아무리 물을 들여도 검어지지 않는다고 말하지 않았더냐. 내가 무슨 조롱박이냐? 어찌 매달아놓기만 하고 먹지 않는 것일 수 있겠느냐?"
>
> 佛肸召, 子欲往. 子路曰: "昔者由也聞諸夫子曰: '親於其身爲不善者, 君子不入也.' 佛肸以中牟畔, 子之往也, 如之何!" 子曰: "然. 有是言也. 不曰堅乎, 磨而不

磷; 不曰白乎, 涅而不緇. 吾豈匏瓜也哉? 焉能繫而不食?"　　　　〈양화〉 17.7

공자는 자기 신세를 한탄하고 있습니다. 우리가 잘 아는 사자성어이기도 한 근묵자흑近墨者黑은 불가능하다고도 합니다. 먹을 가까이하면 검게 된다, 하지만 나는 그렇지 않다, 내 신념은 변할 리 없다는 말을 하고 싶었던 것 같아요. 리쩌허우는 이와 관련해 재미난 해석을 내놓습니다. "공자는 제자들에게는 늘 원칙을 강조했지만, 본인이 행동할 때는 융통성을 발휘했다"고요.

그런데 이 두 일화에서 공자는 다른 제자들 말고 자로에게만 이야기하고 있습니다. 그리고《논어》에 기록된, 공자의 일생에서 가장 두드러진 오점으로 남은 사건에서도 공자는 오로지 자로하고만 이야기를 나눕니다.

> 선생님이 [당시 염문을 수없이 뿌리던 위나라 영공의 부인] 남자南子를 만났다. [이 일을 알게 된] 자로가 달가워하지 않았다. 그러자 선생님이 맹세하며 말했다. "내가 부적절한 짓을 했다면 하늘이 싫어할 것이다. 하늘이 싫어할 것이야."
>
> 子見南子, 子路不說. 夫子矢之曰: "予所否者, 天厭之! 天厭之!"　　〈옹야〉 6.28

내가 '이 일을 알게 된'이라고 문장을 삽입한 이유는, 공자가 자로에게 얘기하지 않고 갔다 왔을 것 같아서입니다. 여기서 '염지厭之'란 표현은 '혐오하다' '싫증내다' 등의 뜻입니다. '부적절한'이란 표현은 미국의 대통령이었던 빌 클린턴이 스캔들이 일어나자 모니카 르윈스키와의 관계를 설명하며 썼던 표현에서 따왔습니다.

우리는 앞의 세 장면을 통해서, '자로가 공자의 제자이면서 동시에 그의 유일한 벗이었다'는 것을 알 수 있습니다. 공자는 14년 동안이나 여기저기를 떠돌아다녔음에도 자리를 못 잡은 사람입니다. 그 한탄이라도 해야겠는데, 나이 어린 제자들에게 하기는 어려웠겠죠. 그러니까 연배 차이가 얼마 안 나는 데다 산전수전 다 겪은 자로에게 자신의 내밀한 속내를 내비친 겁니다. 불같은 성격의 자로는 공자가 바른길을 가도록 성을 낸 거고요. 누구에게나 친구는 필요합니다. 성인聖人에게도 친구가 필요하죠. 어쩌면 성인이 인간다운 면을 드러내기에 그 성인됨이 더 빛나는 것이 아닐까 싶어요. 이런 이야기들로 미루어보면, 자로는 단순한 제자가 아니라 공자의 한탄을 들어주며 그를 붙잡아주던 친구였던 것 같습니다.

후대 유학자들은 앞의 세 일화를 모두 공자의 지울 수 없는 실수로 치부합니다. 그런데 공자의 이야기를 들은 이가 자로였죠. 아마 후대 학자들은 '자로가 발설하지 않았으면 누가 이 이야기를 알았을까'라고 속으로 자로를 욕하며 이 부분을 지우려고 했을지도 모르겠습니다. 하지만 경經의 내용은 함부로 지울 수 없죠. 그렇다면 《논어》를 편찬한 공자학단 사람들은 왜 이 이야기들을 굳이 남겼을까요? 어쩌면 이것이 공자에게 흠이 되지 않는다고 판단해서 그런 것 아닐까요?

영원으로 통하는 의로운 죽음

자로가, 공자가 만나는 걸 달가워하지 않았던 여인인 위나라 영공靈

公의 부인 남자南子는 자로의 죽음과도 관련이 있습니다. 이 여인에 겐 괴외蒯聵라는 아들이 있었습니다. 그런데 이 여인이 얼마나 바람 기가 심했는지, 아들이 참다 못해 자기 엄마를 죽이려다가 발각되어 도망을 가요. 그 후 영공이 죽고, 괴외의 아들인 출공出公이 왕위를 계승합니다. 괴외 입장에선 자기가 상속자인데 자기 아들이 왕이 됐 으니 화가 많이 났을 겁니다.

괴외는 출공을 쫓아내고 왕이 되고자 별의별 음모를 다 꾸밉 니다. 그 과정에 출공의 편에 서 있던 공회孔悝를 협박하려고 합니다. 공회는 공자가 현인이라고 지칭한 공문자孔文子의 아들이에요. 그런 데 당시 이 공회를 주군으로 모시고 있던 사람이 자로였습니다. 자 로는 공회가 위험에 처해 있다는 사실을 알고 바로 달려갑니다. 그 리고 공회를 구출하려다가 결국 비장한 최후를 맞이합니다.《춘추좌 씨전》은 이렇게 기술하고 있어요.

> 괴외가 석기와 우염을 내려보내 자로를 대적하게 했다. 이에 두 사람
> 이 창으로 자로를 공격하다가 마침 자로가 쓰고 있는 관의 끈을 끊
> 게 되었다. 그러자 자로가 말했다. "군자는 죽더라도 관을 벗을 수 없
> 다." 그리고는 다시 관의 끈을 묶은 뒤 분전하다가 죽었다.
>
> 신동준 옮김,《춘추좌전》 3권, 522쪽

여기서는 자로의 말을 "군자는 관이 흐트러진 상태에서 죽을 수는 없다", 즉 똑바로 의관을 갖춘 상태에서 죽겠다는 뜻으로 해석 할 수 있습니다. 영화 〈공자〉에서도 자로는 무릎을 꿇고 갓 끈을 맨 상태에서 죽습니다. 공자는 늘 자로의 용맹한 기질이 죽음을 앞당기

지 않을까 걱정했죠. 그런데 마지막으로 살펴볼 문장은 자로가 공자에게 가르침을 받기만 한 것이 아니라, 결국 자신만의 삶의 원칙과 사상을 수립했다는 것을 보여줍니다.

> 자로가 성숙한 사람에 대해 물었다. 선생님이 말했다. "장무중臧武仲의 지혜와 공작公綽의 무욕과 변장자卞莊子의 용기와 염구의 재능에 예악으로 꾸민다면 성숙한 사람이라고 할 만하다." [그러자 자로가 동의하지 않는다며 이렇게] 말했다. "오늘날의 성숙한 사람이 왜 꼭 그래야 합니까? [제가 생각하기에 성숙한 사람이란] 이익을 보면 의를 생각하고, 위험을 보면 목숨을 내놓으며, 오랫동안 어려운 상황에 있어도 평소의 [자신이 했던] 말을 잊지 않으면 성숙한 사람이라 할 만합니다."
>
> 子路問成人. 子曰: "若臧武仲之知, 公綽之不欲, 卞莊子之勇, 冉求之藝, 文之以禮樂, 亦可以爲成人矣." 曰: "今之成人者何必然? 見利思義, 見危授命, 久要不忘平生之言, 亦可以爲成人矣." 〈헌문〉14.12

여기서 '성인成人'은 흔히 말하는 어른으로서의 성인adult을 말하는 게 아닙니다. 보통 '완성된 사람'이라는 뜻으로 해석하며, 영어로는 '완벽한 인간perfect man'이라고 번역하기도 합니다. 하지만 나는 '성숙한 사람'이라고 번역했습니다. 맥락을 보면 이 번역이 더 적절하다고 생각해요.

그런데 이 이야기 장면에서 중요한 것은 성인의 뜻이 아니라 자로의 태도입니다. 자로는 성인과 관련한 자기 소신을 공자 앞에서 떳떳이 밝힙니다. 내가 자로를 살펴보고자 했던 이유는 이 마지막 구절을 소개하기 위해서입니다. 이는 자로가 죽을 때까지 자신의 개성을 잃지 않았고, 자신만의 원칙과 신념을 갖고 스스로의 삶을 살았다는 것을 보여줍니다. 자로가 공자를 만남으로써 야인에서 군자로 인격의 변화를 겪었으나 그가 도달한 인격은 공자가 추구했던 것과 같으면서 달랐다는 것입니다.

따라서 《논어》가 단일한 가치가 아닌 다양한 인물들의 색채를 품고 있다면 그것들을 일일이 읽어줄 필요가 있다고 생각합니다. 유학에 '정통正統'은 없다는 뜻입니다. 정통을 세우는 것이 아닌, 사람들의 다양성을 조화롭게 엮어나가는 것이 진짜 지혜이고 지식이며 철학 아닐까요? 하나의 기준을 놓고 그에 맞지 않는 것이라면 기성의 칼날로 무조건 쳐내는 것이 아니라, 다양한 사람들을 품어나갈 수 있는 '모둠살이'의 길을 모색해 나가자는 겁니다.

우리는 지금까지 《논어》를 너무 권위적인 방식으로 독해해 왔습니다. 공자의 인격을 완성체로 보여주면서, 그 성인됨을 닮으라고 강요하는 무리한 해석을 해왔어요. 전통사회에서는 그런 독해가 필요했을지라도 오늘날에까지 그렇게 읽으라고 말할 수는 없겠죠.

요컨대 자로는 거칠기만 했던 것이 아니라 용기와 의리를 하나로 연결하려 했고, 그것을 자신의 죽음으로써 증명하려고 했던 인물이었습니다. 또 공자와 거의 한평생을 같이하며 공자가 흔들릴 때마다 버팀목이 되어주어 그를 영원한 사표師表로 만든 사람이었습니다. 그렇다면 우리는 자로를 '공자를 통해 자기다운 사람으로 살아간 사람'이었다고 기억하는 편이 좋지 않을까 싶습니다. 나아가 자로의 일생은 우리 모두에게 '자기다운 사람으로 살라'는 교훈이 되기도 하겠죠.

4장

: 자로에서 안회로 :
공자와 또 다른 세계

유랑하는 영혼, 탈속을 꿈꾸다

앞 장에서 자로에 대한 이야기를 살펴보았습니다. 자로는 나서기 좋아하고 용기만을 숭상하여 늘 공자에게 꾸지람만 들었고, 다른 제자들에게도 비웃음을 샀던 사람으로 흔히 알려져 있죠. 하지만 실제로 자로와 관련한 기록을 보면, 자로는 공자 문하에 들어가 공자와는 다른 자신만의 가치관을 갖고 삶을 개척해 나갔어요.

그런데 '어떤 사람이 공자를 만나 독자적인 인격을 세웠다'라는 가설은 자로에게뿐 아니라 공자의 제자 모두에게 적용해야 합니다. 그 근거로 한 가지 예를 들겠습니다. 공자와 관련해 나온 책 중에 타이완의 역사학자 왕찌앤원王建文이 펴낸《공자, 최후의 20년: 유랑하는 군자에 관하여》가 있습니다. 이 책은 공자가 자신이 원한 현실적 지위를 얻지 못한 것은 물론, 자기 사상의 정통 계승자를 갖지 못했다는 점에서 완벽하게 실패한 사람이라고 얘기합니다.

그런데 공자의 기라성 같은 제자들 가운데 그의 사상을 그대로 계승한 사람이 없었다는 이야기는, 뒤집어보면 이 제자들이 모두 '독자적 신념과 생각을 가진 개인'이었다는 사실을 의미합니다. 물론 공자에 필적하는 사상가라고까지 할 수는 없겠으나, 우리는 그들이 적어도 공자가 주장한 것과는 다른, 자기 삶의 원칙을 발견하고 그것에 따라 살아갔다는 것을 알 수 있습니다.

　자로와 관련해 한 가지 더 살펴볼 부분이 있어요. 《논어》에는 세상을 등지고 숨어 사는 사람들과 접촉한 이야기가 몇 장면 나옵니다. 그런데 출신이 야인이어서 그랬는지 이런 이야기들이 나올 때마다 등장하는 인물이 자로예요. 그리고 나중에 쓰인 《장자》에서는 안회가 주요 등장인물로 나오고요. 숨어 사는 사람들과의 연결고리에 자로와 안회가 일정한 역할을 한다는 것이죠.

　그중에 대표적인 것이 공자가 초나라 광인 접여接輿와 만난 이야기입니다. '접여'는 '공자가 타고 지나가던 수레輿 옆을 스치며 지나간接 사람'이라는 뜻입니다. 접여는 "봉황이여, 봉황이여, 어찌 덕이 시들었는가. 지나간 것은 탓할 수 없고, 오는 것을 좇을 수 없네. 그만두어라, 그만둬. 지금 정치에 종사하는 사람은 위험하도다."《미자》18.5)라고 하면서 지나갑니다.

　이 말을 들은 공자가 수레를 멈추고 접여와 대화하려고 합니다. 하지만 접여가 쏜살같이 가버려서 이야기를 나눌 수 없었어요. 접여의 말은 공자를 비난하는 건지 측은해하는 건지 분명치 않아요. 하지만 정치에 종사하는 삶이란 헛되고 쓸데없는 짓이라는 의미는 분명하지요. 접여와 같은 사람을 이른바 은자隱者라고 합니다.

　14년이란 긴 세월 동안 천하를 떠돌면서 공자가 수많은 사람들을 만나는 것은 어쩌면 당연한 일이에요. 이런 이야기들이 《논어》에 몇 차례 등장하기 때문에 학자들은 공자가 당시의 숨어 사는 사람, 즉 은자들과도 모종의 관계가 있었다고 주장합니다. 그런데 《논어》에서 그런 이야기가 나올 때마다 자로가 등장하는 것이 단순한 우연은 아닌 듯해요.

공자와 그를 따르던 제자들이 모두 똑같은 꿈을 가졌던 것은 아니에요. 자공이나 염구처럼 현실적 지향이 강했던 사람들은 정치 무대에 나가기를 바랐어요. 당시의 표현으로 한다면 '천하'를 다스리는 일이죠. 이와 달리 안회와 몇몇 사람들은 현실을 떠나 조용하게 개인적인 삶을 추구한 것처럼 보여요.

《장자》에서는 스스로의 삶을 누리며 살아가는 세계를 '천하'와 구분하여 '강호江湖'라고 부릅니다. 《장자》는 바로 이런 강호의 세계를 살아가는 지혜를 담은 책이라고 할 수 있어요. 이런 점 때문에 나는 《노자의 칼 장자의 방패》라는 책에서 《논어》에서 《장자》로 이어지는 중요한 사상적 갈래가 있다고 주장한 바 있어요.

《장자》에서 본격적으로 전개되는 이 사상적 갈래는 《맹자》나 《순자》에는 없는 것입니다. 모름지기 사士라면 뛰어난 군주를 만나 세상을 바르게 다스리는 일에 삶을 불태워야 한다는 생각을 바꾸어, 인간으로서 소박하게 자신의 삶을 누리는 게 더 잘 사는 것이라 생각한 사람들이 펴낸 책이 《장자》예요. 우리가 오늘날 '노닒'이라고 번역하는 '유遊'의 전통이 그것입니다.

세속적인 성공이 나를 행복하게 만드는 것이 아니라 내가 원하는 삶을 사는 것이 진정으로 행복한 삶이라 생각한 사람들이 옛날에도 있었어요. 이런 사람들의 삶에 대한 태도를 우리는 '탈속적脫俗的'이라고 합니다. 속된 야망이란 한갓된 것이기에 세속의 때를 벗고 숨어 사는 것이 더 자유롭고 고상한 삶이라는 태도지요.

그런데 자로와 안회가 이런 탈속적 삶을 대하는 태도는 서로 달랐어요. 안회는 탈속을 추구하는 사람으로 《장자》에 등장합니다. 그의 이런 면모는 나중에 14장에서 다루게 될 중요한 주제예요. 하지만 자로는 탈속의 삶을 긍정차지 않아요. 살면서 버릴 수 없는 가치와 규범이 있다는 태도를 견지하지요. 그럼 이제《논어》에 등장하는 이야기로 돌아가도록 하겠습니다.

스쳐간 인연, 또 다른 삶의 가능성

이런 탈속적 세계와 관련해 비슷한 이야기 두 가지가《논어》에 나옵니다. 그런데 재미있게도, 여기서는 공자가 직접 나서지 않고 자로를 매개로 이야기가 전개됩니다. 먼저 장저長沮와 걸익桀溺이라는 은자와의 일화를 소개해 보겠습니다.

> 장저와 걸익이 같이 쟁기질하며 밭을 갈고 있는데, 공 선생님이 그곳을 지나다가 자로를 시켜 그들에게 나루터[가 어딘지]를 묻게 했다.
> 장저가 말했다. "저기 [수레에서] 고삐를 잡고 있는 사람은 누구요?"
> 자로가 말했다. "공구孔丘라는 분입니다."
> [장저가 확인하듯 물었다.] "노나라의 그 공구라는 [사람] 말이오?"
> [자로가 다시 말했다.] "그렇습니다."
> [장저는 별로 말하고 싶지 않다는 듯이 퉁명스럽게] "그 사람은 나루터를 알고 있을 것이오."
> [장저가 대답할 기미가 보이지 않자] 자로는 걸익에게 [나루터가 어디냐고] 물었다.
> 걸익이 말했다. "당신은 누구시오?" [자로가 말했다.] "중유라고 합니다."

[그러자 걸익이 다시 확인하듯 물었다.] "노나라 공구의 제자 말이오?" 자로가 대답했다. "그렇습니다." [걸익이 갑자기 들으란 듯이 한소리했다.] [물결이] 도도하게 흐르듯이 온 세상이 모두 이와 같은데, 누가 그것을 바꾸겠소? 당신은 [공구와 같이] 사람을 피하는 선비를 따르지 말고, 차라리 [우리처럼 초야에 묻혀] 세상을 피하는 선비를 따르는 것이 어떻겠소?" 이렇게 말하고는 [나루터에 대해서는 말하지 않고] 씨앗 덮는 일을 계속했다. 자로가 가서 [공자에게 그들과 나눈 대화를 그대로] 알렸다.

선생님이 실망한 듯 말했다. "[사람이] 새나 짐승과 함께 무리를 이루어 살 수는 없는 법이다. 내가 [여기 나를 따르는] 이 사람들과 함께하지 않고 누구와 함께한다는 말인가? 세상에 도道가 있다면 내가 [세상을] 바꾸려 하는 일에 관여치 않았을 것이다."

長沮桀溺耦而耕, 孔子過之, 使子路問津焉. 長沮曰: "夫執輿者爲誰?" 子路曰: "爲孔丘." 曰: "是魯孔丘與?" 曰: "是也." 曰: "是知津矣." 問於桀溺, 桀溺曰: "子爲誰?" 曰: "爲仲由." 曰: "是魯孔丘之徒與?" 對曰: "然." 曰: "滔滔者天下皆是也, 而誰以易之? 且而與其從辟人之士也, 豈若從辟世之士哉?" 耰而不輟. 子路行以告. 夫子憮然曰: "鳥獸不可與同群, 吾非斯人之徒與而誰與? 天下有道, 丘不與易也."

〈미자〉 18.6

왕찌앤원은 《공자, 최후의 20년: 유랑하는 군자에 관하여》에서 공자가 물은 '나루터'가 공자 자신이 꿈꾼 이상향으로 가는 항구나 문이라고 은유적으로 해석하기도 합니다. 또 이 이야기는 《장자》에 실려 있어도 전혀 이상하게 느껴지지 않을 메시지를 담고 있어요. 우리는 이와 비슷한 양식의 이야기들을 《장자》에서 쉽게 발견할 수 있어요.

그런데 이 이야기는 두 가지를 암시합니다. 먼저, 인간이 진정 행복하기 위해서는 세상을 피해서는 안 된다는 점입니다. 공자의 마지막 말을 다시 보세요. 공자는 사람이 "새나 짐승과 함께 무리를 이루어 살 수는 없는 법이다"라고 말합니다. 나는 사실 이 부분 때문에, 노자보다 공자가 한 수 위라고 생각해요.

많은 사람들이 현실에 지치면 세상을 피하려고 하죠. 하지만 세상을 피해서 산골짜기로 들어가는 순간, 삶도 사라질뿐더러 행복도 사라집니다. 기쁨만을 누리기 위해 슬픔과 고통을 피해서 사는 것은 인간다운 삶의 방식이 아닙니다. 공자도 이렇게 생각했고 동양철학의 기조 자체가 그래요. 진정한 행복은 희로애락喜怒哀樂을 제대로 느끼는 것에서부터 출발합니다.

사실 인간은 가까운 사람이 죽는 것을 피할 수 없으니 어떻게 살아도 슬픔을 느낄 수밖에 없어요. 사람은 웃을 줄도, 울 줄도 알아야 합니다. 그렇지 않으면 감정의 문이 닫혀버려요. 하지만 스트레스를 극심하게 받거나 우울증에 걸리면 오로지 한 가지 감정만 느끼게 되죠. 슬픔이 섞인 분노의 감정.《장자》에는 이 세상에서 가장 불쌍한 사람을 '마음이 죽은 사람心死'이라고 얘기합니다. 마음이 죽었다는 것은 감정을 제대로 느끼지 못한다는 것으로, 결국 그 슬픔이 섞인 분노의 감정만을 가진 사람을 말하겠죠.

희로애락은 '칠정七情'을 네 가지 말로 축약해 표현한 것인데, 나는 동양철학의 '정情'은 '살아 있음의 표현'이라고 생각해요. 감정을 느낄 때 내가 살아 있음을 알게 되죠. 사람이 행복하려면 희로애락을 느껴야, 즉 다채로운 감정이 발현돼야 합니다. 그러기 위해서는, 곧 행복하기 위해서는 세상 속에서 인간과 함께하며 싸우기도 하고 화해하기도 해야 한다는 겁니다. 공자의 메시지는, 결국 사람이 행복하게 살려면 슬프고 고통스럽다고 해서 세상을 피해서는 안 된다는 얘기입니다.

두 번째로, 이 이야기는 당시 지식인들이 현실에 대한 공통의 문제의식에서 출발해 서로 다른 방향으로 해결책을 모색해 나간 것을 암시합니다. 걸익과 장저는 "공자가 사람을 피한다"고 말했죠. 이는 '공자가 자신의 뜻을 실현시킬 수 있는 군주를 찾아다니지만 그런 사람은 없다'라는 뜻으로 해석할 수 있습니다. 당시 지식인들에게 현실의 문제를 어떻게 해결하는가는 절체절명의 과제였습니다.

공자와 은자들의 관계를 보여주는 한 가지 일화가 또 있는데요, 여기서는 주인공이 자로입니다. 어느 날 자로는 공자와 유랑하던 중에 하조장인荷篠丈人이란 인물을 만납니다.

자로가 [공자와 그 일행을] 따르다가 뒤처지게 되었는데 우연히 한 노인을 만났다. 그는 김 매는 도구를 메고 있었다. 자로가 [그에게] 말했다. "당신은 우리 선생님을 보지 못하셨습니까?"
노인이 말했다. "사지로 부지런히 힘쓰지 않고, 오곡조차 분간하지 못하는 사람을 어찌 선생이라 할 수 있소?"
[노인은] 지팡이를 세워놓고 김을 매기 시작했다. 자로는 두 손을 맞잡고 [가만히] 서 있었다. [한동안 김을 매던 노인이 여전히 서 있는 자로를 보더니] 자로에게 하룻밤 자고 가라며 권했다. [그러고는 자기 집으로 데려가] 닭을 잡고 기장밥을 해서 먹인 뒤에, 두 아들을 [자로에게] 소개했다.

이튿날 자로는 길을 떠나왔고 [공자를 만나자] 이 일을 그대로 알렸다.

선생님이 말했다. "은자로구나!" [그러고는] 자로에게 돌아가서 [답례로 인사를 드리도록] 뵙게 했다. 자로가 [노인의 집에] 도착했는데 [노인은] 나가고 없었다.

자로가 말했다. "벼슬하지 않는 것은 의義를 무시하는 것이다. 장유長幼의 예절은 폐하지 못하면서 군신君臣의 의는 왜 폐하려고 하는가? 자기 몸을 깨끗이 하려고 중대한 인륜을 어지럽힌 꼴이다. 군자가 벼슬하는 것은 그 의를 실행하려는 것이다. 도가 시행되지 않는 것은 이미 알고 있는 일이다."

子路從而後, 遇丈人, 以杖荷蓧. 子路問曰: "子見夫子乎?" 丈人曰: "四體不勤, 五穀不分. 孰爲夫子?" 植其杖而芸. 子路拱而立. 止子路宿, 殺雞爲黍而食之, 見其二子焉. 明日, 子路行以告. 子曰: "隱者也." 使子路反見之. 至則行矣. 子路曰: "不仕無義. 長幼之節, 不可廢也; 君臣之義, 如之何其廢之? 欲潔其身, 而亂大倫. 君子之仕也, 行其義也. 道之不行, 已知之矣." 〈미자〉 18.7

우리는 이 이야기를 통해 '하조장인'이란 노인이 세상을 등지고 초야에 묻혀 논밭을 갈고 사는 사람임을 알 수 있습니다. 이러한 은자들은 공자를 이런 식으로 비판합니다. "벼슬살이하는 것은 세상을 바꾼다고 나갔지만 결국 군주의 노예가 되는 것일 뿐이니, 세상을 바꾸지 못할 바에야 내 한 몸이라도 깨끗이 해야 한다"고요.

그런데 이야기의 노인은 자기 자식들을 자로에게 인사시킵니다. 자로는 이 모습을 보고, "어른과 아이 사이의 예절은 지키면서 왜 군주와 신하 간의 의리는 버려야 한다고 하는가? 이는 모순이 아닌가?"라고 비판합니다. 그러고는 분명히 이야기합니다. "도가 실행 되는 것, 즉 현실이 변혁되는 것이 아니라 세상을 바꾸기 위해 노력 하는 사실 자체가 중요한 것이다." 이 목소리는 공자학단이 현실인 식에서 실천으로 나아가는 여러 가지 길 가운데서 하나의 길로 중요 한 선택을 한 것을 보여줍니다.

그런데 《논어》에 등장하는 모든 사람들이 이와 똑같은 길을 선 택한 것은 아닙니다. 출사, 즉 벼슬을 해서 세상에 나아가 세상을 바 로잡느냐 아니면 물러나 스스로의 도를 지키며 사느냐 하는 문제는 《논어》에서 결정된 문제가 아닙니다. 왜냐하면 우리는 안회와 원헌 原憲을 통해 《장자》라는 또 다른 삶의 세계로 이어지는 전통을 확인 할 수 있기 때문입니다.

안회는 정말 공자의 수제자일까?

공자학단과 은자들이 서로 노선을 달리하게 되는 분기점은, 안회를 통해 잘 드러납니다. 안회는 《논어》에서 등장 횟수로 보면 두 번째 인 자공에 이어 세 번째로 중요한 인물입니다. 하지만 대부분 공자 의 언급을 통해서만 간접적으로 등장하지, 직접 말한 내용은 별로 없습니다. 모두 21회나 등장하는 안회가 화자話者, 즉 말을 하는 경우 는 겨우 5회에 지나지 않습니다.

왜 그런 것일까요? 《논어》에서 20회 이상이나 출연하는 제자 들은 몇 명 되지 않습니다. 자로가 41회로 가장 많고, 자공이 38회, 그다음이 안회입니다. 그리고 바로 뒤를 이어 자장과 자하가 20회

씩 등장하고 염구가 16회, 증삼이 14회입니다. 하지만 안회가 실제로 등장하는 횟수는 5회로 보아도 무방합니다. 왜냐하면 그는 말하지 않고 늘 침묵하거든요. 오히려 안회에 대한 이야기는 대개 공자의 이야기라고 봐야 합니다.

그래서 보통 공자의 수제자라고 불리는 안회가 진짜 수제자인지는 확인할 방법이 없습니다. 사실 안회는 공자의 수제자가 될 수 없습니다. 공자는 끝까지 출사해서 세상을 바꾸고 싶어했지만, 안회는 공자가 벼슬을 권하는데도 거절한 사람입니다. 이 이야기는《논어》에는 안 나오고《장자》에 나오죠. 그런데 안회는 왜 21번이나 이 책에 등장할까요? 혹시 공자의 말 속에 남아 있기 때문 아닐까요?

달리 말하면,《논어》기록자들은 안회가 직접 한 이야기를 좋아하지 않았다는 겁니다.《논어》는 벼슬길을 마다하고 세상을 등지는 논리를 거부한 책입니다. 공자를 포함한 그의 제자들 대부분이 출사하기를 원했어요. 하지만 안회나 민자건 등 공자가 출중하다고 칭찬한 사람들은 벼슬길에 나아가길 거부했습니다. 이 거부한 이들의 목소리를 담은 것은《장자》였습니다.

《장자》는 공자 계열에 속하면서도 다른 노선을 취한 경우, 즉《논어》내부의 좌파에 해당한다고 볼 수 있습니다.《장자》에는 초나라 왕이 장자를 재상으로 발탁하려 하자 장자가 "나는 나라를 가진 제후들의 허수아비로 이용만 당하다 죽고 싶지 않다. 돌아가라"고 선언한 이야기가 나옵니다.

《논어》와《장자》가 갈라지는 지점은 이렇습니다. 현실이 '개판'이란 공통의 문제의식에서, 전자는 '선비라면 세상을 바꾸기 위해 힘써야 한다'로, 후자는 '어차피 안 될 거, 내 한 몸이라도 깨끗이 살아야 한다'로 노선을 달리하는 거죠. 이런 이야기가 2천 년 동안 정설이었습니다. 우리가 흔히 아는 《논어》는 유가, 《장자》는 도가로서 서로 다른 책'이라는 인식은 한나라 때의 문헌 분류 방식에서 비롯된 엉뚱한 소리입니다.

《논어》와 공자학단의 목적은 출사해서 세상을 바로잡는 것이었습니다. 실제로 공자 문하에 있던 제자들 다수가 벼슬에 나아갔고, 공자 사후에도 여러 나라에서 벼슬을 했습니다. 예컨대 자하는 위나라에 가서 왕의 조언자가 됐고, 그 문하에는 당대에 이름을 날린 서문표西門豹 같은 인물이 포함되어 있습니다.

하지만 우리가 이제 살펴볼 안회는 달랐습니다. 탈속적인 면모가 짙었습니다. 안회가 《논어》에서 드러내는 가장 중요한 특징은 그가 말을 하지 않는다는 것입니다. 도대체 왜 그는 침묵했을까요?

《논어》에서 안회와 관련된 이야기들은 대체로 공자가 안회를 추억하는 이야기들입니다. 특히 안회가 죽었을 때 했던 말들이 많이 나옵니다. 다음은 공자가 안회와 대화한 장면을 회고하는 이야기 가운데 하나입니다.

> 선생님이 말했다. "내가 안회와 함께 하루 종일 이야기를 나누었는데 단 한 번도 [내 뜻과] 다른 말을 하지 않아 마치 바보처럼 느껴졌다. [그런데 그가] 방을 나간 뒤 [안회의] 평소 생활을 살펴보니 [나와 이야기했던 것을] 제대로 실천하고 있었다. 안회는 결코 바보가 아니었던 것이다."
>
> 子曰: "吾與回言終日, 不違如愚. 退而省其私, 亦足以發. 回也, 不愚."
>
> 〈위정〉 2.9

여기서 사람들은 안회가 공자가 생각한 인仁의 경지를 완벽하게 구현했다고 이해하기 쉽습니다. 그런데 안회는 10대의 나이에 공자 문하에 입문해 서른한 살의 나이로 요절한 사람입니다. 10대라면 그렇게 많은 나이라 보기 어렵습니다. 스물을 넘긴 장성한 나이에 공자의 제자가 되었던 자로나 자공과는 분명 다릅니다. 다시 말해 자신보다 나이 많은 어른이 시키는 대로 따라 하는 나이라는 거죠.

더구나 안회는 죽을 때까지 공자학단, 즉 학교에서 살았습니다. 학교 안에서 선생님은 거짓말을 하지 말라고, 어른을 보면 인사하라고 가르치죠. 안회는 그것을 따랐을 뿐입니다. 그게 정말 그렇게 대단한 것이었을까요? 이렇게 이해해야 그 연령대에 맞습니다. 안회는 그래서 공자의 말 한마디 한마디를 그대로 실천했을 뿐입니다. 물론 그것은 너무도 어렵고 힘겨운 일이었습니다.

또 다른 이야기를 보겠습니다. 이번에도 공자가 안회를 칭찬합니다.

선생님이 말했다. "참으로 훌륭하구나. 안회는! [소박한] 대그릇에 밥 한 그릇 담아 먹고 [작은] 표주박에 물 담아 마시며 누추한 마을에 살고 있다. [아마] 다른 사람이라면 그런 불우한 삶을 견디지 못할 것이다. [그런데] 안회는 오히려 그런 생활의 즐거움을 바꾸려 들지 않는다. 참으로 훌륭하구나, 안회야!"
子曰: "賢哉, 回也! 一簞食, 一瓢飮, 在陋巷. 人不堪其憂, 回也不改其樂. 賢哉, 回也!"

〈옹야〉 6.11

비싸다고 다 좋은 것만은 아닙니다. 값비싼 술과 안주를 먹는 것만이 좋다고 할 수는 없습니다. 내가 대학생 때는 돈이 없다 보니 늘 김치찌개에 소주를 마시며 몇 시간을 친구들과 어울렸습니다. 또 어떤 때에는 포장마차에서 잔술을 사 마시고, 주인 아주머니랑 친해져 다른 손님이 남긴 안주를 얻어먹은 적도 있습니다. 그 속에서도 행복을 느낄 수 있었죠.

사실 대다수 사람들이 안회처럼 살고 있습니다. 물론 애초부터 안회가 백프로 스스로 원해서 앞의 이야기처럼 소박하게 살았다고 말할 수는 없습니다. 안회는 자신에게 주어진 현실을 비관하지 않았다는 편이 적당할 것 같아요. 그리고 이는 '좌절된 욕망'에서 비롯됐다고 볼 수 있습니다. 안회는 벼슬하기를 처음부터 거부했던 것이 아니라 그렇게 될 수밖에 없는 운명을 타고났던 것입니다. 이것이 안회의 슬픈 현실입니다.

이와 관련해 소개할 이야기는 《논어》가 아니라 《장자》〈양왕讓王〉편에 등장합니다. '양왕讓王'은 왕위를 양보한다는 뜻이에요. 그런데 누가 실제로 왕위를 양보하겠습니까? 실제로는 불가능한데 왕이 될 것을 권유받은 자가 필요 없다며 거절한 것을 나타낸 역설적 표현이에요. 현실에서 어떤 권력자가 조건 없이 권력을 그냥 내어줄 리는 만무하죠. 지금 우리에게도 일어나지 않는 것처럼 당시에도 있을 수 없는 일입니다. 다만 이야기를 통해 어떤 메시지를 주려고 하는 것이죠.

안회, 벼슬을 거부하다

《장자》〈양왕〉편에서 안회는 벼슬에 나아가라는 공자의 권유를 거부합니다. 먼저 그 이야기부터 살펴보겠습니다. 여러 가지 번역이 있지만 안병주, 전호근 두 분의 번역을 소개하겠습니다.

> 공자가 안회에게 말했다. "회야! 이리 오너라. 너는 집은 가난하고 지위는 낮다. 어디 벼슬 한번 해보는 것이 어떻겠느냐?家貧居卑, 胡不仕乎"
>
> 안회가 대답하여 말했다. "저는 벼슬하기를 원치 않습니다. 저는 성곽 밖에 50무畝(사방 100보의 전답 단위)의 밭이 있는데, 족히 죽 정도는 먹을 수 있으며 또 성곽 안에 있는 10무의 밭으로는 [뽕나무와 삼을 심어서] 견사絹紗와 삼베옷을 충분히 만들 수 있습니다. 또 거문고를 타면서 스스로 즐겁게 할 수 있으며 선생님에게서 배운 도道로 족히 스스로 즐길 수 있습니다. 저는 벼슬살이하기를 원치 않습니다."
>
> 공자가 초연히 얼굴빛을 바꾸고서 말했다. "좋다. 너의 생각은! 나는 듣건대 '만족할 줄 아는 사람은 이해관계로 자기를 괴롭히지 아니하고 자득함을 잘 살펴 아는 사람은 외물外物을 잃어도 두려워하지 아니하고, 행위가 내면에서 잘 닦여진 사람은 지위가 없어도 부끄러워하지 않는다知足者不以利自累也, 審自得者失之而不懼, 行修於內者無位而不怍'고 하였다. 내가 이 말을 중얼거리며 외워온 지 오래되었는데, 이제 너의 말을 듣고 난 뒤에야 비로소 그 말을 실천한 사람을 직접 보게 되었으니, 이것이 내가 얻은 것이다."
>
> 안병주·전호근 옮김, 《역주 장자》 3권, 122~23쪽

이 이야기는 우리에게 안회에 대해 많은 생각을 하게 합니다. 같은 책인 《장자》〈인간세편人間世篇〉에서는 안회가 위나라의 왕을 바로잡겠다고 나섰거든요. 그러니까 벼슬을 하고 싶다는 것이고 세상에 나아가 도를 펼치겠다는 포부를 밝힌 겁니다. 그러나 공자가 그러다가 죽는다며 말려요.

이와 달리 〈양왕〉편에서는 공자가 안회에게 벼슬을 권합니다. 안회는 딱 부러지게 거절합니다. 그런데 그 이유가 낮은 신분과 출신 때문이에요. 안회는 무당巫 출신의 천민이었거든요. 여기서 우리는 안회가 느낀 삶의 어려움이 어디에서 비롯됐는가를 알 수 있습니다. 현대사회에서도 개인들은 헌법에 보장된 권리를 동등하게 누릴 수 있다지만, 그것은 명목상 주어지는 기회의 평등에 불과하죠. 학원에 가려면 몇 시간이 걸리는 두메산골에 사는 학생이 고액 과외를 받은 학생을 제치고 좋은 대학에 진학하기는 상대적으로 어려운 일인 것처럼요.

더군다나 공자와 안회가 살았던 당시는 신분제 사회였어요. 공자 문하에는 다양한 사람들이 있었다고 하는데, 이에 따르면 거기엔 사대부 신분의 자제도, 신분이 비천한 사람도 있었어요. 따라서 학단 안의 제자들이 대등하게 지내기는 불가능했을 겁니다. 신분제가 폐지된 지 얼마 되지 않은 일제강점기에도 양반 출신과 천민 출신의 갈등은 여전히 있었습니다. 오늘날엔 경제력이 그런 차별을 만들기도 합니다. 그러니 신분제가 있던 당시엔 더더구나 동문수학하는 제자라는 이유만으로 서로 다른 신분끼리 평등하게 지냈을 리는 만무합니다.

이 이야기에서 안회는 벼슬을 하지 않겠다고 말합니다. 그런데 예를 들어봅시다. 미국의 명문대에서 박사학위를 딴 사람이 함께 일해 보겠느냐는 어느 대기업의 제의에 '아니요'라고 대답하는 것과, 가정 형편상 대학을 나오지 못한 사람이 대기업에 원서를 넣어보라는 제의를 받고 '아니요'라고 답하는 것은 전혀 다른 겁니다. 안회는 후자에 가까운 상황입니다. 안회가 벼슬을 거부한 이유는, 단순히 인격이 고매해서가 아닌 거죠. 엄청난 좌절을 겪은 뒤에 현실을 받아들일 수밖에 없는 조건에서 획득한 긍정적인 마음 때문이에요. 안회는 실제로 공자학단 내부에서 가난과 비천한 신분, 학단 내 인간관계, 공자의 높은 기대에 부응코자 하는 의지 등 여러 요인으로 큰 스트레스를 받다가 오늘날로 치면 과로사로 추정되는 죽음을 맞이합니다. 이 부분은 다음 장에서 더 자세히 설명하겠습니다.

다시 공자의 답변을 보세요. 이 말은 "네가 너의 처지를 감안해 그런 삶을 선택했다면 난 너를 믿고 인정해 주겠다. 그것도 삶의 한 방식일 수 있다"라고 해석될 수 있습니다. 황당한 주석이 아닙니다. 안회도 공자도 우리도 모두 인간이에요. 같은 인간이기에 다른 시대를 살더라도 많은 것을 서로 이해할 수 있습니다. 또 우리는 여러 자료를 통해서 고대 중국이 어떤 세계인지도 구체적으로 상상할 수 있습니다. 오늘날 신분 차이가 없는 한국사회에서도 경제적·사회적 차이가 클진대 신분제가 있던 당시는 어땠겠습니까? 《논어》를 보면 제자들 사이에서 갈등이 있었음을 확인할 수 있습니다.

그런데 왜 《논어》에는 누가 될 수도 있는데 사람들끼리 갈등하는 기록이 남아 있을까요? 이 기적과 같은 일이 가능했던 것은 《논어》 편찬자들에게 그것이 하등 중요한 문제가 아니었기 때문입니다. 공자의 제자 가운데 어떤 이들은 전국시대까지만 해도 독자적인 '자

子'에 해당했습니다. '자'는 스승 또는 스승이 남긴 책을 뜻하는 용어예요. 《논어》에 '증자왈曾子曰' 등의 표현이 등장하는 것은 증자를 중심으로 한 학파가 있었다는 증거입니다. 증삼의 제자들은 자신의 스승의 말을 받아 적으며 배웠겠죠.

그런데 어떻게 증자 등의 이야기가 《논어》에 삽입될 수 있었을까요? 여러 요인이 있겠지만, 먼저 그들이 공자의 제자였기에 가능했겠죠. 두 번째로, 《논어》가 편집된 시기는 한나라 초기로서 유학이 탄압받던 시절, 아마도 초기 공자학단의 정신으로 돌아가자는 정서가 팽배했을 때입니다. 서로 다른 스승을 모시고 생각과 입장이 다른 학파가 아니라, 우리 모두가 공자라는 큰 스승의 제자라는 의식이 다시 등장했다는 뜻입니다. 세 번째로 분서갱유焚書坑儒가 일어났습니다. 책을 불태우고 유학자를 생매장하는 끔찍한 사태가 벌어진 거죠. 또 항우項羽가 궁실에 불을 질러서 국가문서 보관실이 잿더미로 변하며 상당히 많은 문헌이 유실됐죠. 그래서 당대 유학자들이 공자에 대한 기록을 최대한 모아서 《논어》를 편찬하지 않았을까 생각합니다. 그것도 초기의 기록들로 추정되는 것으로 말이에요.

이와 같이 추정하는 것은 공자와 초기 제자들이 《논어》의 중심에 들어서 있기 때문이에요. 즉, 이른바 학파의식이 처음 만들어지던 한나라 초기에 유학자들은 자신들을 하나로 묶을 수 있는 끈을 공자를 중심으로 한 초기 학단의 모습에서 찾았다고 볼 수 있습니다. 기독교가 부패했다고 비판받을 때마다 초대 교회로 돌아가자며 스스로를 갱신하려 했던 논리와 유사하지 않을까 싶어요.

우린 지금까지의 이야기들을 통해 몇 가지를 읽어낼 수 있습니다. 우선 자로가 공자학단 내에서 이른바 재야在野와 연결하는 모종의 고리 역할을 했던 인물이라는 점입니다. 이 점에서 자로가 야인 출신인 점은 특기할 만합니다. 이와 함께 공자학단은 야인의 삶을 부정했다는 점을 확인했습니다. 반면 공자학단에 속했지만 야인의 세계로 넘어가려고 했던 인물이 있었죠. 학단 내부에서 다양한 요인으로 따돌림을 당했던 안회가 바로 그 사람입니다. 나는 안회가 침묵하는 이유가 그런 배경에서 비롯되었다고 생각합니다.

5장

: 안회 :
침묵하는 지식인의 현실과 고뇌

요절한 안회는 어떻게 성인이 되었는가?

앞 장에서는 안회가 진짜 공자의 수제자일까 의심했습니다. 적어도 《논어》의 큰 줄기에서 보면 수제자가 아니라고 판단하는 것이 맞지 않을까 싶어요.

여담이지만 오늘날의 학자들은 안회라는 사람을 어떻게 생각할까요? 언젠가 지인들에게 《논어》에 등장하는 인물 중 가장 매력적인 사람이 누구냐고 물어본 적이 있어요. 많은 사람들이 돈도 많고 말도 잘하고 현실적으로 출세한 자공이 좋다고 하더군요. 간혹 자로가, 또 재아가 좋다고 한 사람들도 있었어요. 하지만 안회가 좋다고 한 사람은 아무도 없었습니다. 답답하거든요. 《논어》 속에서 안회는 바른생활 사나이나 모범생 같은 면모만 보여요.

안연顏淵(기원전 521~기원전 490)의 이름은 회回이고, 자字는 자연自淵 또는 안연, 존칭해서 안자顏子라고도 합니다. 공자는 안회를 매우 아꼈어요. 왜 그랬을까요? 이 이유와 관련한 여러 학자들의 주장 가운데 '안회가 공자의 친척이었기 때문에'가 가장 합당해 보입니다.

안회라는 이름을 보면, 천민이었던 공자의 어머니 안징재顏徵在와 성이 같아요. 안회는 공자의 친척이었던 거죠. 더구나 안회는 공자보다 서른 살이나 어렸어요. 조카뻘 되는 친척이 거예요. 한번 생각해 보세요. 예를 들어, 내가 30대 후반의 초등학교 선생님인데, 조카뻘인 친척 아이가 내가 맡은 학급의 학생이 됐어요. 갓난아기 때부터 그 아이를 봐왔다고 하면 뭘 해도 예쁘겠죠. 그와 함께 당시가 씨족사회였다는 점을 감안하면, 공자가 그를 아끼는 이유를 충분히 이해할 수 있을 겁니다.

안회는 29세에 머리가 하얗게 세었고, 31세에 요절했습니다. 이에 대해 한나라 때 학자 왕충王充은 "안회가 너무 노력하다 보니 온몸의 기운이 다 빠져나가 죽었다"라고 했어요. 매일 24시간 초긴장상태 속에서 노력하며 살았던 인간이었기에 왕충이 그런 표현을 썼겠죠. 그래서 나는 안회라는 인물을 생각하면 안타깝기 그지없습니다. 더욱이 그를 생각할 때마다 조선 후기의 박제가朴齊家, 이덕무李德懋 등 서얼 출신의 학인學人들이 떠올라요.

안회는 628년 당나라 때 선사先師로 추존된 이후 739년 연공兗公, 1009년 송나라 때 연국공兗國公, 1330년 원나라 때 연국복성兗國復聖公, 1530년 명나라 때 복성復聖으로 추봉되었습니다. 그런데 안회뿐 아니라 공자의 제자들은 다 성인聖人의 반열에 올랐어요. 그들이 그만큼 뛰어났기 때문이 아니라, 후대 학자들의 역사적·현실적 필요와 요구에 따라 그렇게 된 것이었습니다.

우리는 보통 주자학朱子學으로 대표되는 신유학新儒學을 보수적이고 답답한 학문이라 생각하죠. 그런데 과연 그렇기만 할까요? 한나라에서 당나라까지 이어진 유학의 기본 정신은 '현실의 왕을 성인으로 만들자'였습니다. 하지만 송나라에 들어서서 유학은 학문적 체계가 잡히고, 다른 사상의 가르침도 유입됩니다. 불교에서는 '모든 인간은 불성을 타고났기에, 각자가 깨달음을 통해서 부처가 될 수 있다'는 것을 수련의 목적으로 삼았어요. 이 생각이 신유학에도 크게 영향을 끼쳐, 신유학자들은 현실의 왕이 아니라 '내가 성인이 될 수 있다'는 생각을 갖게 됩니다.

이는 사실 파격적인 사조였어요. 고대 중국에서의 성인은 바로 '왕자가 될 자격'이란 뜻이었습니다. 그리고 성인이 됐다는 것은, '덕德'을 이루었다는 뜻입니다. 여기서 덕은 오늘날 우리가 알고 있는 '윤리적 미덕'이 아닙니다. 예컨대《도덕경道德經》의 제목에서 '도덕'은 우주의 질서가 움직이는 길道을 따르면 덕이 생기고, 끝내는 천하를 다스리는 제왕이자 성인이 된다는 의미입니다. 그래서 현대 학자들 대부분은《도덕경》이 말하는 '덕'은 '제왕이 될 수 있는 힘'을 의미한다고 해석해요.

송나라 때 이르면 사대부들이 새로운 자각을 하게 됩니다. '현실의 왕이 아니어도 학문을 통해서 성인이 될 수 있다'라고요. 이는 '내가 사는 지역은 내가 교화한다'는 생각으로 전개됩니다. 왕권 중심 체제로부터의 일탈을 의미하는 거죠. 이어 송나라 신유학자들은 '향약鄕約'운동을 시작합니다.

향약은 한 지역에 사는 백성들과 함께 사회를 운영하는 기본 규칙을 정하고 지켜나가며 인간다운 삶을 영위하자는 일종의 사회화 프로그램이었어요. 그 지역에 거주하는 신유학자들이 주도했죠. 즉, 나도 성인이 될 수 있다는 정신을 바탕으로 향약 등을 통해 모든 지역을 유교적 사회로 재편하고자 했던 것이 주자학자·신유학자들의 모토였습니다.

물론 모든 신유학자들이 똑같은 생각을 갖고 있진 않았겠죠.

실제로 송대 신유학자들은 이 주제를 놓고 격렬한 논쟁을 벌였습니다. 논쟁은 다름 아닌 이 장의 주인공인 안회를 둘러싸고 이뤄졌습니다. 신유학자들은 '안회가 과연 성인이 될 수 있을까?'를 놓고 갈렸어요. 이때 '안 된다'라는 쪽에는 왕권을 신성하게 생각한 사람들이 있었고, '된다'라는 쪽에는 지역에 기반을 둔 사대부의 새로운 사명을 받아들이려는 사람들이 있었어요.

사문의식, 인간의 주체적 자각을 열다

그래서 '사문斯文'이란 말이 이 당시를 특징짓는 표현이라고 할 수 있어요. 하버드대학의 피터 볼Peter K. Bol이 쓴 《사문, 당송 중국의 지적 변천 This Culture of Ours : Intellectual Transitions in T'ang and Sung China》이라는 책의 제목은 바로 이러한 시대정신을 표현한 것입니다. 이때의 사문이란 말이 바로 공자의 특정 정신을 지칭하는 말이기도 하기 때문인데, 송대 유학자들은 이를 계승하고자 했지요.

한 번은 공자가 광匡 땅에서 죽을 위기에 처한 적이 있어요. 그때 공자가 이렇게 말합니다. "하늘이 이 문화斯文를 없애지 않으려고 할진대 광 땅 사람들이 나를 어찌할 수 있겠느냐?" 여기서 보면, 인간이 실현할 문화의 담지자가 누구라는 건가요? 황제가 아닌 공자입니다. 이는 곧 사대부가 담지자란 뜻이죠. 이 '사문의식'은 사대부가 주체가 되어 이 세계를 문명화한다는 데 바탕을 둡니다.

여기서 '문명화'는 '이 세계에 인간으로서 성취해야 할 인간다운 무늬文가 밝게明 빛나도록 만든다'라는 뜻이에요. 물질적인 발달에 초점을 둔 '시빌라이제이션civilization'이 아닙니다. 각각의 인간들이 문화화enculturation를 통해 예절을 갖추고 다른 사람을 배려하며, 그 인간다운 모양새가 서로에게 반짝반짝 빛나는 세계를 만들고자 한 노력을 말하는 겁니다.

문명화라는 게 거창한 말이 아닙니다. 《총, 균, 쇠》로 유명한 재레드 다이아몬드Jared Diamond의 역작 《어제까지의 세계》의 내용을 예로 들어보죠. 이 책에 따르면, 동남아시아 쪽 수많은 군도에서는 일부 지역 사람들이 오랫동안 문명을 접하지 않은 상태로 남아 있었습니다. 그래서 저자를 포함한 많은 인류학자들이 해당 지역 사람들을 1960년대까지 연구했는데, 저자는 1960년대 후반에 문명이 이 사람들에게 끼친 놀라운 변화를 목격합니다. 몇십 년 전만 해도 자신들의 거주지역을 벗어났을 때 타자를 만나면 적대감과 경계심을 드러냈던 이들이 이제는 국제공항에서 타자를 만나도 전혀 개의치 않고 자기 일을 보더라는 겁니다. 이는 문명이 몇십 년이라는 짧은 기간에 인간을 얼마나 획기적으로 변화시킬 수 있는지를 보여주는 예입니다.

이런 사례를 통해 보면, 결국 문명화는 '인간이 나와 다른 사람에게 적대감을 드러내지 않고 나와 똑같은 인간으로 그를 대하는 태도를 갖추는 것'이라고 볼 수 있습니다. 나는 이것이 인간이 성취해낸 가장 큰 진보이자 20세기가 이뤄낸 최대 기적이라고 생각합니다. 단순히 우주선을 쏘고, 스마트폰을 쓰고 SNS를 즐기는 게 진보가 아니에요. 인간이 비행기에서 내린 피부색이 다르고 언어가 통하지 않는 사람을 경계하지 않고 심지어 친절하게 웃으며 그에게 말을 건네는 것, 이 변화가 진정한 의미의 진보입니다. 동시에 이것이 신유학자들이 주창한 '인간다운 무늬人文'의 완성이라는 거죠.

바로 이러한 문명화를 황제가 아니라 사대부인 신유학자들이 주체가 되어 이뤄내고자 한 학문이 주자학입니다. 많은 사람들이 이 학문을 정치적으로 보수라는 식으로만 치부해 왔지만, 이처럼 유학은 역사 속에서 발전해 왔습니다. 이런 점은 우리가 충분히 인정해 줘야 해요. 그 자각을 바탕으로 세워진 나라가 조선이었다는 것도 함께 기억할 필요가 있겠죠.

송나라 사대부들이 안회에게 복성, 맹자에게 아성亞聖 등의 시호를 붙이면서 이들을 성인으로 받든 것은 종교화·보수화 작업이 아니라, '나도 성인이 될 수 있다'는 강력한 메시지를 구현하기 위해서였던 거죠. 그래서 나는 주자학의 인식 변화는 '동양에서 일어난 최초의 시민적 자각'이라고 봅니다. 사대부들이 보편적 지성에 입각해 공통의 언어와 지식을 바탕으로 토론과 합의를 통해 사회적 문제를 해결해 나갔다는 게 근대 서양에서 발흥한 시민사회와 비슷한 패턴을 보입니다. 근대의 서구와는 달리 신분제란 한계 속에 갇혀 있었지만, 적어도 문명이라는 척도를 중심으로 인간을 평등하게 대하고자 한 의식이 피어났음은 서양사가 보여준 모습과 유사합니다.

안회가 죽자 공자가 통곡하다

다시 안회의 이야기로 돌아오죠. 공자는 안회에게 애착을 참 많이 느꼈나 봅니다. 먼저 공자가 안회를 부지런하다고 칭찬한 구절을 봅시다.

선생님이 말했다. "설명해 주면 게으름 피우지 않고 익힐 사람은 안회가 아닐까?"

子曰: "語之而不惰者, 其回也與!"　　　　　　　　　　〈자한〉 9.20

그럴 수밖에 없었겠죠. 안회는 신분도 낮고 나이도 한참 어리니 선생님이 시키는 대로 따랐을 겁니다.

또 공자는 안회가 언제나 발전했다고 칭찬하기도 해요.

선생님이 안연에 대해 말했다. "아깝구나! 나는 그가 앞으로 나아가는 것은 보았어도, 그가 멈추는 것을 보지 못했다."

子謂顔淵, 曰: "惜乎! 吾見其進也, 未見其止也."　　　　〈자한〉 9.21

사실 '성적' 등의 기준을 배제하면 모든 10대 청소년들은 적어도 스무 살까지 다방면으로 발전합니다. 큰 병이나 장애가 있지 않는 이상 퇴보할 수가 없어요. 다시 말해 안회는 스펀지가 물을 빨아들이듯 공자의 가르침을 쏙쏙 흡수할 나이였던 겁니다. 그것이 공자의 눈에는 안회가 진전을 거듭하는 것으로 비쳤던 거고요. 이와 달리 자로는 머리가 굵은 20대에 공자의 제자로 들어갔죠. 자기 세계관이 이미 형성되어 있었어요. 공자의 눈에는 시키는 대로 따라오지 않는 자로가 발전이 없는 것처럼 보였겠죠.

더군다나 안회는 공자의 인척이었어요. 그 뜻을 거스르기가 더 어려웠을 겁니다. 다른 사람들도 안회가 스승의 인척이란 사실을 알았을 테니 안회는 스승에게 누가 되지 않도록 언행을 더욱 똑바르게 하려 했겠죠. 예컨대 목사님 자녀들이 항상 건실하게 보여야 한다는 압박감을 느끼는 것과 비슷하지 않았을까 싶습니다.

안회는 언제나 공자를 가까이에서 수행한 초기 제자들 가운데 한 사람이었습니다. 간혹 공자와 떨어져 있어도 마음만은 그의 옆에 있었어요. 한 번은 공자 일행이 여행 중 극한 어려움에 처했습니다. 그때 안회가 뒤처져 있다가 나중에 합류하자 공자가 반가워하면서 "네가 죽은 줄로만 알았다"고 해요. 그러자 안회는 천연스레 "선생님께서 이렇게 버젓이 살아 계신데, 어찌 감히 먼저 죽을 수 있겠습니까?"〈선진〉 11.22)라고 말합니다. 안회의 목소리는 이럴 때 나와요. 이런 이야기 말고 자기의 주장을 꿋꿋이 밝힌 사례는 별로 없어요.

그런 안회가 요절하자, 공자는 탄식합니다.

> 안연이 죽었다. 선생님이 말했다. "아, 하늘이 나를 죽이는구나! 하늘이 나를 죽이는구나!"
>
> 顏淵死. 子曰: "噫! 天喪予! 天喪予!"　　　　　　　　　　〈선진〉 11.9

많은 사람들이 이 말을 공자 입장에서 "내가 정말 아끼던 제자가 죽었다"라고 읽는데, 사실 "내 조카가 죽었다"라고 읽는 게 맞다고 생각해요. 조카가 어린아이였을 적부터 봐왔으니 얼마나 슬프겠어요. 공자는 심지어 통곡까지 합니다.

> 안연이 죽자 선생님이 곡을 하시는데 통곡을 하셨다. [모시고 있던] 제자가 말했다. "선생님 통곡을 하시는군요." [선생님이] 말했다. "내가 통곡한다고? 이 사람을 위해 통곡하지 않으면 누구를 위해 통곡하겠느냐?"

顔淵死, 子哭之慟. 從者曰: "子慟矣." 曰: "有慟乎? 非夫人之爲慟而誰爲!"

〈선진〉 11.10

제자들은 '이분이 통곡할 분이 아닌데'란 생각을 한 거 같아요. 제자들이 굳이 물으니 공자는 자기 심경을 구체적으로 밝히고 있습니다.

다음은 좀 안타까운 이야기예요. 우리가 안회에 대해 더 많은 것을 추정할 수 있게 하기도 합니다.

안연이 죽자 문인들이 후하게 장사를 지내려고 했다. 선생님이 말했다. "안 된다." 문인들이 후하게 장사를 지내자 선생님이 말했다. "안회는 나를 아버지처럼 대했지만, 나는 아들처럼 대하지 못했다. 나 때문이 아니라 저 제자들 때문이다."

顔淵死, 門人欲厚葬之, 子曰: "不可." 門人厚葬之. 子曰: "回也視予猶父也, 予不得視猶子也. 非我也, 夫二三子也."

〈선진〉 11.11

공자는 안회가 자신을 아버지처럼 대했다고 느꼈어요. 하지만 자신은 "제자들 때문에 안회를 아들처럼 대할 수 없었다"고 말합니다. 자신은 안회를 아들처럼 생각했으나, 제자들이 혹시나 스승이 안회를 편애한다며 그에게 해코지라도 할까 봐 행동으로 표현할 수 없었다는 거예요. 얼마나 가슴 아픈 이야기입니까? 신분이 미천한 안회를 편애해서 특별하게 대하면 제자들에게 오해를 받을 수밖에 없었던 거예요. 그 오해는 따돌림으로 이어지겠죠. 공자는 내내 그 부분을 걱정하고 있었던 겁니다.

더 나아가 공자가 그토록 통탄한 것은 안회가 얼마나 처절하게 살았는지를 알고 있었기 때문 아니었을까요? 아마도 안회가 공자의 다른 제자들처럼 평범하게 살았다면 공자가 그렇게까지 애통해하지는 않았을 거예요.

공자가 안회에게 극기복례를 말한 까닭

다음은 안회가 살아 있을 때 공자가 그에게 준 가르침의 내용이에요. 교과서에도 실리는 유명한 구절이에요.

> 안연이 [공자가 가장 높이 생각하는] 인仁에 대해 물었다. 선생님이 말했다. "자기를 이기고 예를 회복하는 것이 인이다. 일단 자기를 이기고 예를 회복하면, 세상 사람이 모두 인에 귀의할 것이다. 인의 실천이 자기로 말미암는 것이지 다른 사람으로 말미암는 것이겠느냐?"
> 안연이 다시 물었다. "좀 더 구체적으로 실천의 지침을 말씀해 주시겠습니까?" 선생님이 말했다. "예가 아니면 보지 말고, 예가 아니면 듣지 말고, 예가 아니면 말하지 말고, 예가 아니면 움직이지 말아라."
> 안연이 말했다. "제가 비록 명민하지는 못하지만, 그 말씀을 받들겠습니다."
> 顔淵問仁. 子曰: "克己復禮爲仁. 一日克己復禮, 天下歸仁焉. 爲仁由己, 而由人乎哉?" 顔淵曰: "請問其目." 子曰: "非禮勿視, 非禮勿聽, 非禮勿言, 非禮勿動."
> 顔淵曰: "回雖不敏, 請事斯語矣." 〈안연〉 12.1

"자기를 이기고 예를 회복하는 것이 인이다." 이 말에 대해서는 여러 해석이 있지만, "너의 욕심을 버리고 사회가 요구하는 예를 따르는 것이 인을 행하는 것이다"라는 의미로 보는 것이 현대의 일반적인 이해일 거예요. 이런 이해는 《논어》 속에서 보편적인 의미를 발견하려는 관심에서 온 거예요. 이와 달리 나는 이 말을 안회의 처지에 맞춘 공자의 처방이라 보고 싶어요.

공자가 상당히 열린 사람이라는 것은 분명하지만, 인류에 대한 보편적 자각을 가졌던 사람은 아니었던 것 같아요. 플라톤이나 아리스토텔레스가 노예제도를 인정했던 것과 같은 역사적 한계는 분명 공자에게도 있었던 것이죠. 공자는 노나라에 살면서 자기 학단 내에서 자기 제자들을 가르쳤어요. 그렇다면 각 제자들에게 맞는 방식의 가르침을 줬겠죠. 학단 내부에서 자신들끼리 잘 알아들을 수 있는 용어로 생각을 펼쳤던 겁니다.

따라서 "인의 실천이 자기로 말미암는 것이지 다른 사람으로 말미암는 것이겠느냐?"는 곧 "다른 사람이 너에게 예의로 대하지 않더라도 네가 먼저 예의를 잃어선 안 된다"로 읽어야 합니다. 안회는 천민이었고 나이가 어렸기 때문입니다. 주변 제자들이 안회에게 불손하고 무례하게 대했을 가능성이 높아요.

한편, 공자는 다른 제자가 인에 대해 물었을 때 "다른 사람을 사랑하라"(〈안연〉 12.22)고, 안회에게 한 답변과는 다르게 말했습니다. 즉, 공자는 질문자의 처지와 상황에 따라 같은 질문에도 답변을 다르게 한 겁니다. 여기서도 안회의 처지에 맞춰 자기 가르침을 전한 거죠. 그런데 안회가 다시 구체적으로 말해 달라고 합니다. 공자는 거의 잠자는 순간마저도 예의에 어긋나지 말라는 식으로 대답해요.

공자는 왜 그렇게 예를 강조했을까요?

우리는 예의의 본질이 '인간다움'에 있다고 생각하지만, 고대 신분제 사회에서 예란 귀족이 자기를 드러내는 특수한 방식, 곧 그들의 전유물이었습니다. 다시 말해 고대사회의 예와 현대사회의 예는 다른 의미를 지닙니다. 고대사회에서 '예를 모른다'는 것은 다른 사람에게 피해를 끼치는 차원에서 무례하다는 얘기가 아니에요. '귀족과 다르다'로 봐야 합니다.

예컨대 영화나 책에서 서양 중세 이후에 귀족들이 식사를 하는 장면을 보면 식탁에 요리에 따라 달리 쓰는 나이프랑 포크 등 여러 개가 주르륵 놓여 있죠. 그런데 귀족이 아닌 누군가 그런 식으로 식사를 처음 해본다면, 식사법을 몰라서 요리에 맞지 않은 도구를 쓸 수도 있겠죠. 그런 모습을 본 귀족들은 '무례하다'고 할 거예요. 사실 음식은 아무 포크나 나이프, 정 안 되면 손으로 먹을 수도 있는데, 왜 '예의 없다'라고 할까요?

이와 관련해 재미난 이야기를 두 가지 소개할게요. 책에서 본 이야기인데, 오래되어 어떤 책인지는 기억나지 않습니다. 19세기에 중국의 한 외교사절이 영국을 방문해 그 나라 인사들과 식사를 하게 됐습니다. 그런데 영국에서는 식사 전에 하인이 가져다주는 작은 그릇에 담긴 물로 간단하게 손을 씻었습니다. 그런데 그런 영국의 식사예절을 몰랐던 중국 사절은 그 그릇을 들고 물을 벌컥벌컥 마셨습니다. 그 모습을 본 영국 인사들은 어쩔 수 없이 자기들도 그릇의 물을 다 마셨다고 합니다. 중국 사절이 물을 다 마신 뒤에 물의 본래 용도를 알려주는 것은 결례니까요.

또 영국과 청淸나라가 외교를 시작할 때의 일입니다. 영국의 외교관이 중국에 갔습니다. 당시에는 중국 황제에게 머리를 땅에 찧으며 고두叩頭를 하는 게 예였잖아요. 사대 질서의 상징적인 의례 가운데 하나입니다. 그런데 영국 외교관은 "내가 한 국가를 대표하는 사절인 만큼 고두를 할 수는 없다"고 주장하며 중국 측과 몇 개월 동안 실랑이를 벌였습니다. 그는 끝까지 황제 앞에서 고두를 하지 않았어요. 예는 이렇게 보편적이기보다 한 나라, 또는 한 지역의 신분과 질서를 표현하는 중요한 형식입니다.

그런데 공자는 안회에게 상대방이 예로 대하지 않더라도 누구보다도 완벽하게 예를 익히고 실천하라고 가르칩니다. 공자는 안회가 그렇게 행동해야만 다른 사람들에게 대접받을 수 있다고 생각한 겁니다. 예컨대 선교사에게 어릴 때부터 영어는 물론 서양의 예절을 두루 배운 한 동양의 이방인이 서양 귀족들과 식사를 하게 됐다고 상상해 보세요. 그런데 귀족들은 그를 놀리려고 식사 도구를 가장 복잡하게 쓰는 요리를 내놓았습니다. 하지만 그 동양인은 능숙하게 도구를 사용해 요리를 먹으며 농담까지 던집니다. 그러면 아마 귀족들은 그 사람이 동양에서 만만찮은 지위에 있던, 배운 사람이라 여기며 자신들의 멤버로 받아줄 겁니다. 이런 현상을 '동화同化'라고 합니다.

이 '동화'라는 말은 오늘날 커다란 논란이 되는 정체성과 다문화에 관련된 책에 나오는 용어예요. 미국의 고등학교나 대학교에서는 흑인 학생들과 백인 학생들이 따로 밥을 먹는 분위기가 여전히 남아 있습니다. 그런데 만약 한 흑인 학생이 백인 학생들이 모인 식탁에 앉으면, 그 흑인 학생은 백인 학생들과 어울리며 그들을 닮게 되고 그런 면에서 백인이 됩니다. 그 학생은 백인 학생들의 사회에 동화된 거죠.

하지만 이 흑인 학생은 이로 인해 또 다른 따돌림을 감수해야 합니다. 왜냐하면 흑인 친구들이 "넌 그냥 백인 해라"라며 그를 싫어하기 때문이죠. 이렇게 여전히 인종차별이 자리한 미국에서 동화는 인종 간의 갈등을 보여주는 중요한 현상 가운데 하나라고 합니다. 바로 이러한 동화를 영어 그대로 보면 '패스pass'입니다. 한마디로 넘어가는 것이죠. 나는 공자가 안회에게 철저한 예의를 강조했던 것에 이런 의미가 있었을 것이라고 생각해요.

고대 중국 사회에서 귀족의 예를 익힌다는 행위는 신분을 넘어서 그 사회로 편입할 수 있는Pass 것이었습니다. 팔켄하우젠Lothar von Falkenhausen 같은 고고학자와 역사학자 등에 따르면, 당시의 예는 상당 부분이 그때 새롭게 등장한 귀족들이 자신들의 정체성을 확보하고자 주장한 것이라고 합니다《고고학 증거로 본 공자시대 중국사회》). 당시 사회에서 예는《예기禮記》에서 언급한 것처럼 '구별別'의 의미가 컸습니다.

이렇게 본다면, 공자가 왜 안회에게 '극기복례위인克己復禮爲人'을 강조했는지 알 수 있습니다. 공자는 그에게 '귀족다움'을 더 완벽하게 갖추도록 유도한 겁니다. 비록 신분은 미천하지만 일거수일투족을 예에 입각해서 한다면 다른 사람들에게 대접받을 수 있다는 거죠. 초역사적으로 보는 것보다 이런 식으로 공자학단 내부를 파악하는 게 맞습니다.

비루하게 살았던 안회가 잘나갔던 자공과 격돌하는 일화도 있습니다.《공자가어》〈재액在厄〉편에 전하는 일화에 따르면, 공자 일행은 천하 주유 중에 진陳나라와 채蔡나라 사이에서 커다란 위기를 겪습니다. 식량이 떨어져 7일이나 굶주릴 때 안회가 자공이 어렵게 구해 온 쌀로 밥을 짓습니다. 그런데 자공이 안회가 밥을 몰래 먹는 것을 보게 되죠. 자공이 공자에게 "어진 사람과 청렴한 선비도 곤궁에 빠지면 절개를 바꿉니까?" 하고 묻자 공자는 그럴 리 없다고 합니다. 자공이 안회가 밥을 지으며 먼저 먹은 일을 알리자, 공자는 안회를 불러 그런 사실이 있었는지 확인합니다. 그러자 안회는 "아까 밥을 지을 때 지붕에서 먼지가 떨어져 그대로 두자니 깨끗하지 못하고, 버리자니 곡식이 아까워 제가 떠서 한 덩어리 먹었습니다"라고 합니다. 이 일 이후 다른 제자들은 안회를 존중하고 그를 따르기 시작했다고 합니다.

그런데 가만히 보면 비교적 초기 제자였던 안회가 왜 밥을 해야 했을까요? 또 자공은 그런 안회를 왜 지켜보았던 것일까요? 이 이야기 속에서 자공이 등장하는 이유는 무엇일까요?

안회의 도, 《장자》로 이어지다

자공은 공자가 54세에 노나라를 떠나 위나라에 있을 때 20대의 나이로 제자가 된 사람입니다. 그는 신분이 높진 않았지만 상인 집안의 자제였어요. 자공은 공자 사후에 상업에서도 성공해, 오늘날로 따지면 경제인 열전인 《사기》〈화식열전貨殖列傳〉에도 나옵니다. 〈중니제자열전〉에도 자공이 얼마나 뛰어난 외교적 활약상을 보였는지 기록되어 있습니다.

자공은 돈도 많고 능력도 출중하니 자신감이 대단했겠죠. 자공은 공자에게 "부유한데 교만하지 않으면 어떻겠습니까?"라는 질문도 해요. 자기 얘기를 하는 거죠. 공자는 "예를 좋아하는 사람만 못하다"라고 일침을 줍니다만, 자공을 인정하고 자존심을 살려주면서 이야기합니다. 이는 안회의 경우와는 다르죠.

바로 그런 자공과 안회는 어떤 관계였을까요?

> 선생님이 자공에게 말했다. "너와 안회 두 사람 중에 누가 더 낫다고 생각하느냐?" [자공이] 대답하여 말했다. "제가 어찌 감히 안회를 바라보겠습니까? 안회는 [선생님께] 한 가지 [가르침을] 들으면 [그것으로] 열 가지 이해하지만, 저는 한 가지 [가르침을] 들으면 [그것으로 겨우] 둘 정도를 이해할 뿐입니다." 선생님이 [다소 미안한 듯이] 이렇게 말했다. "[그래, 네가 안회만은] 못하지. [그런데] 너나 나나 [모두 안회보다] 못할 거야."
>
> 子謂子貢曰: "女與回也孰愈?" 對曰: "賜也何敢望回. 回也聞一以知十, 賜也聞一以知二." 子曰: "弗如也! 吾與女弗如也." 〈공야장〉 5.9

사실 생각해 보면 공자가 이런 식으로 묻는 것은 실례예요. 만약 요즘의 학교에서 선생님이 한 학생을 불러, "너랑 네 친구랑 둘 중에 누가 더 낫냐?"라고 묻는다면, 불려간 학생은 당연히 기분 나쁘겠죠. 당시에도 마찬가지였을 겁니다. 흔히 말하듯이 자공과 안회의 도의 성취를 등급으로 나누려는 것일까요? 그건 쉽게 이해가 되지 않습니다. 그런데도 공자는 왜 이런 질문을 했을까요?

언급한 대로 자공은 상인 가문 출신으로 자부심이 크고 능력이 출중했는데, 특히 말을 잘해 주변 사람들에게 인기가 많았습니다.

스승인 공자도 자공을 대접하는 분위기였어요. 자공은 어깨에 힘이 들어갔겠죠. 그런데 그런 자공이 보기에 공자가 안회를 몹시 아끼는 게 의아했을 거예요.

나는 그래서 공자가 그 분위기를 정리하고자 "네가 안회보다 낫다고 생각하느냐"라고 질문한 것이라 생각합니다. 눈치 빠른 자공은 자신이 안회만 못하다고 대답한 거고요. 공자의 맞장구는 자공을 위로해 주는 겁니다. '내 의도를 네가 파악했으니 나도 너의 기분에 맞춰주겠다'는 의미로, 공자는 자신도 안회보다 못하다며 자공과 자기를 같은 수준으로 언급합니다.

요컨대 이 이야기는 공자가, 안회로 대표되는 기존의 비교적 신분이 낮은 제자 무리와 자공을 따르는 제자 무리의 관계를 이어주기 위해 노력한 것을 보여준다고 해석할 수 있습니다. 갈등 요소를 없앰으로써 제자들끼리 서로 존중하고 함께 앞으로 나아갈 수 있는 발판을 마련하기 위함이었겠죠.

이 안회를 잘 보여주는 공자의 말이 있어요. "노여움을 다른 사람에게 옮기지 않고, 잘못을 되풀이하지 않는다不遷怒 不貳過."(《옹야》 6.3) 가만 생각해 보면 이건 보통 사람이라면 어림없는 일이에요. 일상에서 우리는 화가 나면 종종 엉뚱한 사람에게 화풀이를 하기도 하고 늘 비슷한 실수를 반복하죠. 이런 일을 전혀 하지 않는다는 것은 초인적인 노력을 하고 있다는 겁니다. 그런데 안회는 왜 이렇게 살려고 했을까요? 그럴 수밖에 없는 이유가 있었겠죠.

안회는 신분도 미천하고 가난했습니다. 또 공자의 친인척이라는 이유로 주변 사람들에게도 따가운 시선을 받았습니다. 그래도 안회는 아버지같이 존경하는 공자에게 실망을 주고 싶지 않았을 겁니다. 그래서 피나는 노력을 했고, 끝내 공자학단 사람들에게 인정받기에 이릅니다. 물론 그 인정은 공자학단 내부로만 한정됐지, 사회적 차원에서는 아니었어요.

안회는 31세로 요절했습니다. 죽음의 원인에 관한 기록이 남아 있지 않아 확실하진 않지만 극심한 스트레스로 인한 과로사나 심장 돌연사가 아닐까 싶어요. 특히 신분관계에서 오는 스트레스는 말로 표현할 수 없을 만큼 극심했을 거예요.

《논어》에서 자로와 안회를 만날 때마다 나는 운명과 숙명이라는 말을 떠올립니다. 운명은 스스로 만드는 것이라 하고, 숙명은 피할 수 없는 것이라 하죠. 자로는 공자를 만나 스스로의 운명을 바꾼 사람이라 할 수 있어요. 하지만 안회는 운명을 바꿀 수는 없었어요. 다만 그는 숙명을 받아들였을 뿐이에요. 조선시대의 서얼들에게 느껴지는 애잔함이 안회에게서 느껴지는 이유예요.

근대의 시민계급은 불합리한 제도를 바꾸고, 사회를 변혁함으로써 숙명조차 바꿀 수 있다고 믿었어요. 그래서 신분이 사라지고, 차별이 극복되는 엄청난 사회적 변화가 일어난 것이죠. 우리는 그 결과로 이루어진 세상에 살고 있습니다. 하지만 안회가 바꿀 수 있는 것은 자신의 운명이 아니라 마음뿐이었어요. 그래서 안회 하면 우리는 '안빈낙도安貧樂道', 가난하더라도 걱정 없이 편안하고 스스로의 삶을 즐기는 인생을 살라는 말을 떠올려요. 그런 정신은 《장자》를 통해 수많은 지식인들에게 영향을 주는 메시지로 이어집니다.

3부

: 성인과 자공 :

"메멘토 모리,
죽은 자를 기억하라"

《논어》는 공자를 주인공으로 하는 한 편의 영화와 같다.

하지만 주인공은 연출자와 작가의 대본을 통해 완성된다.

공자가 영화의 주인공이라면, 자공은 각본을 쓰고 연출한 감독이다.

자공이 있었기에 우리는 공자가 주연한 영화 《논어》를 볼 수 있는 것이다.

자공은 메가폰을 잡고 이렇게 외친다. 죽은 자를 기억하라.

그 속에 의미 있는 삶의 길이 있다.

6장

:지공1 :
흐르는 강물처럼

《논어》 탄생의 기원

지금부터 살펴볼 사람은 《논어》의 가장 중요한 주인공, 공자보다 더 출중하다는 평가를 받았던 인물, '자공'입니다. 자로가 있었기에 《논어》가 조금은 재미난 책이 되었고, 안회가 있었기에 공자가 조금은 덜 외로웠다면, 자공은 공자가 역사 속에서 존재할 수 있도록 만들어준 인물입니다. 나는 개인적으로 《논어》의 기원도 자공으로부터 비롯된 것이 아닐까 생각합니다. 바로 이 생각을 전하는 것이 이 책을 쓰게 된 중요한 이유 가운데 하나입니다.

나는 자공이라는 인물을 세 가지 측면에서 살피고자 합니다. 먼저 6장의 제목을 '흐르는 강물처럼'이라고 정했는데, 이는 공자와 자공 두 사람의 관계를 비유한 표현입니다. '장강의 앞 물결은 뒷 물결에 밀려서 흐른다'란 말이 있죠. 바로 이 의미를 담고 싶었습니다. 이어서 7장의 제목은 '세상으로 통하는 문'이라고 지었는데, 공자가 세상과 통할 수 있게 한 문의 역할을 자공이 했다는 뜻입니다.

마지막으로 8장의 제목은 '유가의 진정한 설계자'라고 노골적으로 붙였습니다. 자공이 유가를 실질적으로 설계했고 꾸려나갔다는 뜻입니다. 이는 대체로 인정받는 역사적 사실이지만 그 의미와 기여를 조명하는 데에는 충분치 않았기 때문에, 그간의 논의에 더해 새롭게 살펴보고자 하는 겁니다. 단지 그가 나중에 크게 성공했고, 뛰어난 족적을 남겼다는 것 말고 그가 공자를 만나서 어떤 인생의 변화를 겪었고, 그 결과 공자와 그 학단에서 자공이 어떤 역할을 하고 어떤 흔적을 남겼는가 하는 점을 《논어》를 근거로 추정해 본 것입니다.

자공이 '유가의 진정한 설계자'란 말에는 두 가지 의미가 있습니다. 첫째, 자공이 유가를 세웠고 실질적으로 유지될 수 있도록 경제적 후원을 했으며, 그것이 후대에 이른바 유가儒家라는 사상적 집단을 형성하는 데 커다란 기여를 했다는 점입니다. 둘째, 자공이 공자 사후 공자를 성인화聖人化한 것은 물론, 6년간의 시묘살이를 했다는 것입니다. 우리는 이 두 가지가 실제로 어떤 의미를 갖는가를 따져볼 것입니다.

시묘살이 6년 동안 자공은 무엇을 했을까요? 나는 이 기간 동안 자공이 공자의 언행을 모아 기록하는 초기 작업의 터를 닦았다고 추정합니다. 1장에서 살펴본 《논어》와 관련한 통계자료가 보여주듯, 《논어》를 증삼과 그의 문하생들이 편찬했다는 기존의 학설로는 설명되지 않는 측면들이 너무나 많습니다.

자공이 공자학단을 떠나면서 학단은 여러 분파로 나뉘었고 그간의 기록들까지 흩어졌지만, 나중에 《논어》를 편찬할 수 있는 원재료들을 형성한 시기가 바로 자공이 시묘살이하던 6년의 기간이라고 생각합니다. 《논어》 속 일부 문장들에서는 학단 사람들이 흩어지기 전에 공자의 이야기를 어떻게든 기록하려 한 흔적이 보이기도 합니다. 더욱 중요한 것은 이 경험이 여러 분파에서 기록을 모으고 보전하는 전통을 만들었다는 점입니다.

물론 이런 이야기는 결정적 증거가 없기 때문에 추정이라 말할 수밖에 없어요. 하지만 그동안 학계에서 《논어》가 편찬된 과정을 《논어》 외적인 증거를 중심으로 논의한 것과 달리 이 책에서는 《논어》 안에 있는 증거를 가지고 좀 더 구체적으로 추정해 보았습니다. 물론 이러한 추론과 추정은 철저하게 《논어》에 바탕을 두고 이루어진 것입니다. 달리 말해 《논어》로 《논어》를 해석하는 것입니다. 같은 추정이라 해도 그 자체에 함축된 맥락과 역사적 조명을 통한 해석이 후대에 성립된 문헌을 근거로 해석하는 것보다 더 타당할 것입니다.

공자가 대화한 유일한 제자

그러면 자공은 《논어》에서 어떤 모습으로 등장할까요? 그야말로 당당했습니다. 먼저, 자로나 안회와 달리 질문의 주제가 다양했고, 이야기하는 방식도 달랐습니다. 《논어》에서 가장 먼저 자공이 등장하는 장은 〈학이〉편 15장입니다. 두 사람의 이야기 장면을 보겠습니다.

> 자공이 [조심스럽게 공자에게] 말했다. "가난하지만 [있는 자에게] 아첨하지 않고, 부유하지만 [없는 자에게] 뽐내지 않는 [사람이라면] 어떻겠습니까?" 선생님이 말했다. "괜찮다. [그러나 그런 사람은] 가난하지만 [그런 처지와 상관없이 스스로의 도를] 즐길 줄 알고, 부유하지만 [각각의 상황에 적절하게 맞추어 행할 수 있는] 예를 좋아하는 사람만은 못하다." [예상했던 말을 듣지 못했지만] 자공은 [선생님의 의도를 알아채고 자신이 노력하고 있다는 뜻을 보이고

자] 이렇게 말했다. "[전해 오는] 시詩에 보면 '[뼈나 뿔, 상아나 옥돌 등을 다듬을 때 조심스럽게] 자르는 듯 [부드럽게] 가는 듯하고, [곱게] 쪼는 듯 다듬는 듯하다'라는 [표현이 있는데] 바로 이런 것을 두고 한 말이로군요!" [자공이 알아들은 것을 보고] 선생님이 [대견해하며 이렇게] 말했다. "자공아! 이제야 비로소 네가 나와 함께 시를 논할 만하구나. 지난 일을 알려주니 앞으로 할 일을 아는구나!"

子貢曰: "貧而無諂, 富而無驕, 何如?" 子曰: "可也. 未若貧而樂, 富而好禮者也." 子貢曰: "詩云: '如切如磋, 如琢如磨.' 其斯之謂與?" 子曰: "賜也, 始可與言詩已矣! 告諸往而知來者."　　　　　　　　　　　　　　　　　　〈학이〉 1.15

어떻습니까? "가난하지만 있는 자에게 아첨하지 않고, 부유하지만 없는 자에게 뽐내지 않는 사람"은 누구를 가리키는 걸까요? 이 시대의 사람들은 막연하고 추상적으로 어떤 가공의 인물을 염두에 두며 말하지 않습니다. 현실의 구체적인 누군가를 생각하며 이런 식의 표현을 쓰는 것이 이 시대 대화의 특징입니다. 그렇다면 아마도 자공이 자기 자신을 우회적으로 표현한 것 아닐까요? 또 질문의 주제 역시 자로가 용기를, 안회가 예를 물었던 것과는 사뭇 다릅니다.

이렇게 《논어》 속 사람들은 오늘날 철학과나 윤리학과에서처럼 어떤 텍스트를 위주로 질문하는 것이 아니라, 전부 자신의 실존적 관심과 경험을 바탕에 두고 공자에게 물었습니다. 자공은 성공한 상인 집안의 자제였습니다. '가난하지만 아첨하지 않는 사람'은 그저 대구가 필요해 넣은 말이고, '부유하지만 뽐내지 않는 사람'이 실제 자기 모습인 거죠. 한마디로 자기 괜찮은 사람 아니냐며 공자한테 칭찬해 달라는 거예요.

이에 공자는 예를 강조합니다. 예는 '그 상황에 적절한, 그 사람에게 합당한 행위'라는 의미를 가집니다. 자기가 아무리 지위를 뽐내려 하지 않더라도 어떤 상황에서는 그렇게 해야만 할 때도 있어요. 그러니 공자는 "네가 어떤 마음으로 어떻게 행동하겠다는 것을 내세울 게 아니라, 상황이 요구하는 행위를 수행하는 편이 더 바람직하지 않겠냐"며, 이는 학습하고 도야해야 할 것이라는 가르침을 주죠.

이런 공자의 답변에 눈치 빠른 자공은 자신이 노력하겠다는 취지의 이야기로 화제를 싹 바꿉니다. 공자도 자공이 잘난 체하지 않고 도야하겠다는 차원에서 말한 것임을 알아채곤 대견해합니다. 이 일화에서만 보더라도 자공은 공자와 이야기를 나눌 때 "네, 알겠습니다" 하며 공자에게 무조건 복종하지 않고, 자연스럽게 화제를 바꾸어 말합니다. 공자도 자공을 충분히 존중해 주면서 이야기하고요. 이것이 자공과 공자가 나눴던 이야기들의 대체적인 모양새입니다. 어쩌면 자공은 공자와 진정한 의미에서 '대화'를 나누었던 제자라고 말할 수도 있겠습니다.

한편, 자공이 처음 질문에서 대비시키는 두 사람은 안회와 자공으로 볼 수 있어요. "부유하지만 뽐내지 않는 사람"이 자공 자신을 빗댄 말이라면, 이에 대비된 "가난하지만 아첨하지 않는 사람"은 안회를 빗댄 말이죠. 우리는 자공이 공자 일행에 합류한 지 얼마 안 되어 이미 오래전부터 공자 문하에 있었던 안회와 갈등했던 이야기를 살폈습니다. 둘은 한 살 차이로 동갑내기나 마찬가지였죠. 우리는 앞서 공자가 자공에게 안회와 자공을 비교하는 질문을 던져 대결 양상으로 치달은 학단 내부의 분위기를 잡으려 했던 것을 확인했습니다. 나는 공자의 이런 모습을 통해 공자가 어쩌면 자공은 안회를, 안회는 자공을 닮았으면 하는 바람을 갖지 않았을까 추정합니다.

'절차탁마'를 말하다

앞의 예화에 '여절여차如切如磋, 여탁여마如琢如磨'라는 시구가 나오죠? 줄여서 '절차탁마切磋琢磨'라고도 하는데, 조심스럽지만 성실하게 옥돌을 갈듯이 스스로를 도야한다는 뜻으로 쓰이는 말이에요. 그런데 이 대화에서 이 사자성어의 의미를 곱씹어보는 것에만 그쳐서는 안 됩니다. 또 다른 것을 눈여겨봐야 하는데, 바로 자공이 '시'에 나오는 표현을 인용하며 논의한다는 것입니다. 공자가 "시 삼백 편" (〈위정〉 2.2)이라고 한 말은 공자학단에서 시를 묶었다는, 그러니까 책으로 엮었다는 점을 여실히 보여주는데, 자공이 여기서 그 '시'에 나오는 한 표현을 인용한 겁니다. 그래서 많은 학자들이 공자학단의 기초 교재 중 하나가 《시경詩經》이라고 이야기해요. 그렇다면 자공은 구전 전통에 속했던 안회나 자로와 달리 문헌 전통에 익숙했던 사람이라고 해석할 수 있습니다.

20대에 입문한 자공은 집안 배경도 좋고, 똑똑했습니다. 더군다나 자공은 자부심이 대단한 사람이었습니다. 다른 어떤 제자와 견주어도 그의 독특한, 너무 잘난 사람들이 종종 보이는, 잘난 체하는 이야기 장면들도 등장합니다. 아마 어쩌면 당시 공자의 제자들 가운데에서도 자공을 부러운 눈으로 보거나 시기했던 사람들이 있었을 거라는 상상이 가능하죠.

다음의 이야기는 바로 그런 일면을 잘 보여줍니다.

> 자공이 [자신을] 다른 사람과 비교했다. 선생님이 말했다. "자공아,
> [스스로를] 뛰어나다고 생각하느냐? 나는 그럴 틈조차 없다."
>
> 子貢方人. 子曰: "賜也賢乎哉? 夫我則不暇." 〈헌문〉 14.29

자부심이 있는 사람이 아닌 이상 보통은 남 앞에서 다른 사람
과 자신을 비교하지는 않죠. 그런 자공에게 공자는 "다른 사람과 스
스로를 비교하지 마라"고 한마디합니다. 자공이 같은 학단 안의 제
자들과 자신을 비교하는 것은, 다른 제자들에게 자공이 잘난 체하
는 것으로 비칠 수 있었겠죠. 더 나아가 자공보다 자신의 능력이 못
하다고 여기는 제자들을 좌절하게 할 수도, 무리에서 튕겨나가게 할
수도 있었을 겁니다.

자공은 공자에게 자기 어떠냐며 대놓고 묻기까지 합니다.

> 자공이 [선생님에게] 이렇게 물었다. "저는 어떻습니까?" 선생님이
> 말했다. "너는 그릇이다." [자공이 다시] 말했다. "어떤 그릇입니까?"
> [그러자 공자가 다시] 말했다. "[제사에 쓰이는 그릇인 귀한] 제기瑚
> 璉다."
>
> 子貢問曰: "賜也何如?" 子曰: "女器也." 曰: "何器也?" 曰: "瑚璉也."
>
> 〈공야장〉 5.4

공자가 말한 '호련瑚璉'을 일반적으로 '제사에 쓰이는 귀한 그
릇'이라 하지만, 리링은 '흔하게 쓰이는 밥그릇'이라고 해석합니다.

귀한 그릇이라고 해석한다면 칭찬의 말이 되지만, 밥그릇이라고 하면 낮춘 말이죠. 하지만 '꼭 필요한'이란 의미도 있으니 낮잡은 말은 결코 아닙니다. 어쨌든 이 단어가 어떤 뜻이냐에 따라 자공에 대한 공자의 평가가 달라지는 것은 분명합니다. 하지만 내가 주목하는 것은 그 외의 다른 점입니다.

여기서도 분명히 드러나는 한 가지, 자공은 가리지 않고 말을 한다는 겁니다. 스스로를 다른 사람과 견주더니 여기선 공자에게 대놓고 자신에 대해 평가해 달라고 합니다. 그런데 공자도 그 솔직한 물음에 흔쾌하게 대답을 합니다. 그래서 나는 이 둘이 나이를 초월해 허물없이 대화를 주고받을 정도로 자공은 담대했고 공자는 호탕한 인격을 갖췄지 않았을까 생각합니다.

또 그는 자기 후배인 3기 제자 자하와 자장 중에서 누가 뛰어난지 듣고자 했습니다.

> 자공이 물었다. "전손사子張(자장)와 복상子夏(자하) 중에 누가 더 뛰어납니까?" 선생님이 말했다. "전손사는 지나치고, 복상은 모자란다." [자공이 다시] 말했다. "그렇다면 전손사가 더 나은 것입니까?" 선생님이 말했다. "지나친 것은 모자란 것과 같다."
>
> 子貢問: "師與商也孰賢?" 子曰: "師也過, 商也不及." 曰: "然則師愈與?" 子曰: "過猶不及." 〈선진〉 11.16

자장과 자하는 《논어》에서 서로 티격태격하는 라이벌로 등장합니다. 자공의 이 노골적이고 민망한 질문에, 지혜로운 공자는 우열을 짓지 않습니다. '과유불급過猶不及'이란 유명한 말이 여기서 나오기도 했죠. 자공이 공자에게 직접 문하생들을 비교하는 질문을 했다는 것은, 그가 공자학단에서 어떤 위치를 점했는지를 보여줍니다. 자공은 학단에서 일찍부터 비중 있는 존재였던 것으로 추정됩니다.

자공의 인정투쟁과 공자의 처방

앞 장에서 살펴보았듯, 자공은 진채지간陳蔡之間에서 포위당해 굶게 된 공자를 위해 쌀을 구해 왔습니다. 자공이 나름대로 어떤 배후가 있거나 외부와 소통할 수 있는 끈이 있지 않았다면 쉽지 않은 일이었을 것입니다. 이런 점이 자공이 공자학단에 들어간 지 오래지 않아 내부에서 자리를 잡는 데 크게 일조한 것이 아닐까 싶어요.

또 다른 이야기를 살펴보겠습니다. 이 이야기는 그가 공자학단의 제자들과 어떤 관계였는지를 보여줍니다.

> 염유(염구)가 말했다. "우리 선생님이 위나라 군주를 위해 [관직을 맡아] 일을 하실까요?" 자공이 말했다. "좋아. 내가 여쭈어보겠다." [선생님이 혼자 있는 방으로] 들어가 [자공이] 이렇게 말했다. "백이伯夷와 숙제叔齊는 어떤 사람입니까?" [선생님이] 말했다. "옛 현인이다." [자공이 은근히 묻듯이] 말했다. "[왕이 되었어야 할 사람들이 수양산에서 고사리를 캐먹다가 억울하게 굶어 죽었는데] 세상을 원망했을까요?" [선생님이 단호한 어조로] 말했다. "[평생에 걸쳐] 인을 추구하다가 인을 얻었는데, 어찌 원망했겠는가?" [공자의 답면을 들은 자공이 조용히 물러] 나왔다. [그러고는 염유에게] 말했다. "우

리 선생님은 [위나라 군주를 위해 벼슬하며] 일하지 않을 것이다."

冉有曰: "夫子爲衛君乎?" 子貢曰: "諾. 吾將問之." 入, 曰: "伯夷叔齊何人也?"
曰: "古之賢人也." 曰: "怨乎?" 曰: "求仁而得仁, 又何怨." 出, 曰: "夫子不爲也."

〈술이〉 7.15

염유라고도 불리는 염구 또한 나중에 우리가 살펴볼 인물입니다. 염구는 처음부터 벼슬에 욕심이 있던 사람이었어요. 그래서 혹자는 염구를 공자의 배신자처럼 폄하하기도 하는데, 나는 그것보다 그가 당시 급변하는 정치 추세를 좇았던 사람이라는 평이 어울린다고 생각해요. 동시에 염구는 공자를 존경하는 마음도 적지 않았습니다. 염구는 노나라에서 벼슬을 했고, 큰 공을 세우기도 했습니다. 공자에게서 재주가 탁월하다는 칭찬을 받기도 했고요. 하지만 이 이야기의 초점은 거기에 있지 않습니다.

여기서 주목할 점은 염구가 공자에게 직접 질문하지 않고, 자공을 거쳐 묻는다는 겁니다. 염구는 나이로 봐도 자공보다 두 살 형이고, 같은 2기라도 자공보다 공자학단에 빨리 들어왔는데 말입니다. 자공의 이런 당당함은 자로를 제외한 모든 제자들과 구별되는 차이점이 아닐까 합니다. 하지만 이런 태도는 공자에게 때때로 좋지 않은 소리를 듣는 원인이기도 합니다.

자공이 군자에 대해 물었다. 선생님이 말했다. "[자신이] 말하고자 하는 것을 먼저 실행에 옮겨라. 그런 뒤에 [이미 스스로의 행동으로 보여준 그것을] 말하거라."

子貢問君子. 子曰: "先行其言, 而後從之."

〈위정〉 2.13

자공이 워낙 말을 잘하다 보니 공자가 이런 충고를 한 것이 아닐까, 그 앞뒤 맥락이 분명히 보입니다.

> 자공이 [크게 깨달은 바가 있는 듯이] 이렇게 말했다. "저는 다른 사람이 내게 하지 않았으면 하는 것을 다른 사람에게 하고 싶지 않습니다." [이 말을 들은] 선생님이 말했다. "자공아, [네가 한 그 말은] 네가 미칠 수 있는 것이 아니다."
>
> 子貢曰: "我不欲人之加諸我也, 吾亦欲無加諸人." 子曰: "賜也, 非爾所及也."
>
> 〈공야장〉 5.13

자공이 "다른 사람이 내게 하지 않았으면 하는 것을 나 또한 다른 사람에게 하지 않겠다"고 한 말은 자공이 공자에게서 배운 '서恕'의 내용입니다. 이는 《논어》의 가장 유명한 구절 가운데 하나죠. 자공이 폼을 잡으며 그렇게 얘기하자, 공자가 핀잔을 줍니다. 공자학단에서 '말'이란 평생 행동을 통해서 그 뜻을 드러내야 하는 것인데 자공이 보통 사람이 실천하기 어려운 덕목을 지키겠다고 쉽게 말을 내뱉으니 공자가 자중하라고 주의를 준 거죠.

자공은 분명 자부심이 컸던 사람으로 보입니다. 물론 이 장의 맨 앞에 인용한 〈학이〉편 15장의 내용을 감안하면, 자공이 자기를 뽐내고 싶어하지는 않았던 것 같습니다. 하지만 자공의 의사와는 달리 자신만만한 태도가 남들에게 오만하게 비친 경우가 종종 있었던 것으로 보입니다. 그런 점을 아쉬워하는 공자의 말들을 쉽게 찾을 수 있습니다.

자공이 친구 간의 사귐友에 대해 물었다. 선생님이 말했다. "마음을 다하여 충고하고 잘 이끌어주되 안 될 때는 그만두어야지, 욕을 자처할 것까지는 없다."

子貢問友. 子曰: "忠告而善道之, 不可則止, 無自辱焉." 〈안연〉 12.23

자공은 친구 사이에서조차 조언자로서 리더가 되고자 했던 모양입니다. 그 때문에 안 좋은 소리를 듣는 경우가 많았을지도 모릅니다. 친구냐 아니냐를 가르는 기준은 그 친구를 위해 진심을 다해 쓴소리를 해줄 수 있느냐이겠지만, 말로 해도 안 될 때는 관계를 위해서 물러날 줄도 알아야 하죠. 그런데 자공은 친구를 위한답시고 지나치게 조언하다가 그 친구에게 욕을 먹은 적이 있나 봅니다. 그러니 공자는 그 점을 짚어내 "아무리 진심을 다한 충고라도 듣는 이가 불쾌할 정도로 하지 마라"고 말한 것 아닐까 싶습니다.

상인의 아들, '문'을 가슴에 품다

한편, 리더가 되고자 하는 사람에게 윗사람과의 관계만큼 어려운 일도 없습니다. 자공에게도 이런 점이 드러납니다. 자공은 스승으로 모시는 공자를 대하는 것과 달리, 현실에서는 힘을 갖고 있더라도 존경하지 않는 사람과는 잘 부딪쳤나 봅니다. 공자와 자공은 이런 이야기를 나누기도 합니다.

자공이 인을 행하는 일에 대해 [선생님에게] 물었다. 선생님이 말했다. "장인은 자신의 일을 잘하기 위해 먼저 그 도구들을 날카롭게 한다. [마찬가지로] 이 나라에 살 때에는 대부들 가운데 뛰어난 사람을 섬기고, 선비들 가운데 어진 사람을 친구로 삼아야 한다."

子貢問爲仁. 子曰: "工欲善其事, 必先利其器. 居是邦也, 事其大夫之賢者, 友其士之仁者."

〈위령공〉 15.10

공자는 자공에게 인을 행하는 일을, "인간관계를 넓히되, 너보다 윗자리에 있으면서 덕을 갖춘 사람들에게는 고개를 숙일 줄도 아는 것"이라고 설명합니다. 자공이 그런 태도로 사람들과 교유하길 바라는 마음에서 가르침을 준 것으로 보입니다. 안회가 비슷한 질문을 했을 때 "예가 아니면 보지도 듣지도 말하지도 움직이지도 말아라"며 예를 완벽하게 익히라고 강조한 것과 비교하면 공자의 이 답변은 방향이 상당히 다릅니다. 이처럼 공자의 어법은 자공과 안회를 대할 때 명백하게 차이가 납니다.

더불어 공자와 다른 제자들이 한 이야기와 견주어 공자와 자공이 나눈 이야기의 주제가 다채로웠다는 점도 주목할 만합니다. 자공이 자신의 현실적인 포부를 드러낸 이야기들이 많은데, 그런 점에서 다음 이야기는 눈여겨볼 만합니다.

자공이 [선생님에게] 이렇게 물었다. "[위나라의] 공문자는 무슨 까닭으로 '문文'이라는 [시호로] 불리게 된 것일까요?" 선생님이 말했다. "[배우는 일에] 부지런하고 배우기를 좋아하며, 아랫사람에게 묻는 것을 부끄러워하지 않았다. 이 때문에 '문'이라는 [시호로] 불리게 되었다."

子貢問曰. "孔文子何以謂之文也?" 子曰: "敏而好學, 不恥下問, 是以謂之文也."

〈공야장〉5.14

자로의 이야기에서 살폈듯, 공문자는 위나라의 현인으로 소문났던 사람이며, 그는 자로와 큰 인연이 있기도 했죠. 그런데 여기서 중요한 것은 '문文'이라는 시호입니다. 시호에 '문'이 들어간 것은 그 사람이 최고란 의미를 갖습니다. 자공은 공문자처럼 그런 시호로 기려지는 사람이 되고 싶었던 모양입니다. 자공이 공문자에 대해 묻자, 공자는 "네가 명민한 것은 맞으나, 아랫사람에게 묻고 배우는 것을 부끄러워하지 않아야 그 시호를 받기에 합당한 사람이다"라고 대답합니다. 문이란 시호에 이미 배우기 좋아한다는 뜻이 들어 있으나, 공자는 더 구체적으로 풀어서 이야기해 주죠.

자공은 분명 능력이 출중했죠. 앞서 살폈던 〈옹야〉 6.8에서 노나라의 실력자 계강자가 공자와 나눈 이야기를 떠올려보세요(75쪽 참조). 계강자는 행정업무를 맡기기에 적당한 사람을 찾으면서, 제자들 중 연장자인 자로 다음에 자공을 거명합니다. 그보다 먼저 계씨의 가신을 지낸 염구보다도 앞서 언급됐다는 점은, 자공의 능력이 그만큼 탁월했다는 증거입니다. 실제로 자공은 공자학단에서 가장 성공한 사람이었습니다.

흐르는 강물처럼

《논어》에 자공과 안회에 대한 매우 중요한 언급이 하나 있습니다.

선생님이 말했다. "안회는 예측하는 것마다 자주 빗나갔고, 단목사(자공)는 운명을 그대로 받아들이지 않고 장사해서 크게 성공했는데, 예측하는 것들이 자주 적중했다."

子曰: "回也其庶乎, 屢空. 賜不受命, 而貨殖焉, 億則屢中." 〈선진〉 11.19

현실에 대한 예측만큼 사람의 지혜와 판단력을 요구하는 일은 없습니다. 예나 지금이나 예측할 수 있다는 것은 성공의 완벽한 조건이기도 하죠. 이 이야기 중에서 공자의 "장사해서 크게 성공했다"에 해당하는 '화식언貨殖焉'이라는 말에서 따와 사마천은 경제인을 다룬 열전의 제목을 짓습니다. 그 〈화식열전貨殖列傳〉에 자공도 등장합니다. 그 정도로 경제적으로 성공한 인물이었죠. 이런 면에서 자공은 안회와 비교가 되지 않았던 사람입니다. 인격 면에서 누가 더 훌륭하다는 것이 아니라, 현실적 결과로 볼 때 말입니다.

그런데 공자의 이 말은 이렇게도 읽어볼 수 있지 않을까요? 자공보다는 안회에 더 가까운 사람이었던 공자가 자공과 스스로를 비교한 것은 아닐지. 달리 말하면, 공자는 자공을 부러워한 건 아닌지. 선생님 입장에서는 자공이 똑똑하면서도 자신을 잘 따르는 고마운 제자이니 공자는 그 부러움을 내비칠 수 없었을 겁니다. 어쩌면 공자는 현실에 대한 탁월한 감각을 바탕으로 세상을 주도할 능력이 출중했던 자공을 안회와 비교하면서, 자신의 모습을 에둘러서 한탄한 것인지도 모릅니다. 장강의 앞 물결이 뒷 물결에 밀리듯이 말이죠.

지금까지 《논어》의 자료를 통해 본 자공은 어떤 사람이라는 생각이 드나요? 나는 두 가지 생각이 듭니다. 먼저 자공은 자타가 공인

할 만큼 매우 뛰어난 인물이었다는 점입니다. 또 하나는 공자는 자공을 조심스럽게 대하며 신뢰와 경계, 한편으론 부러움을 보인다는 것입니다.

우리는 흐르는 물처럼 부드럽게 살기를 바랍니다. 보통 흐르는 물에서 '싸우지 않음不爭'을 지혜로 삼으려 하죠. 그런데 여기서는 또 다른 지혜를 찾을 수 있습니다. 바로 품어주는 것입니다. 그래서 공자는 "지혜로운 자는 물을 좋아한다知者樂水"고 했습니다. 비록 나이가 어리지만 자신보다 뛰어난 사람을 품어줄 줄 아는 넉넉함이야말로 세상을 사는 지혜이자 큰사람으로서 할 일이 아닐까요?

작은 그릇은 결코 큰 그릇을 품을 수 없습니다. 어느 정도의 질투나 시기, 부러움은 지극히 인간적인 감정입니다. 하지만 품어준다는 것은 그런 감정을 넘어서서 인격을 가늠하게 합니다. 흐르는 강물은 언제나 뒷물결에 밀려야만 도도하게 앞으로 흘러갈 수 있습니다. 공자는 자기보다 더 뛰어난 제자를 품어줌으로써 역사 속 성인이 될 수 있었습니다.

7장

: 자공2 :
세상으로 통하는 문

공자의 속마음을 읽다

우리는 앞 장에서 '흐르는 강물처럼'이란 제목으로 자공의 이야기를 살펴보았습니다. 그런데 앞에서는 자공子貢(기원전 520~기원전 468?)에 대한 역사적 정보는 거의 제공하지 않은 채, 《논어》에 나오는 구절들을 가지고 그를 소개했죠. 이번 장에서는 자공의 다양한 배경을 알아보고 나서 본격적인 이야기로 넘어가겠습니다. 자공은 《논어》에서 자로 다음으로 많이, 38회나 등장하는 아주 중요한 인물입니다. '공자의 수제자'라 불리는 안회보다도 더 많이 등장합니다.

  자공의 본래 성은 단목端木이고 이름은 사賜입니다. 그래서 그는 《논어》에서 '단목사'라고 등장하기도 합니다. 자공은 그의 자字입니다. 또한 자공은 공자가 노나라를 떠나 처음 머물렀던 나라인 위나라 사람으로서, 공자가 위나라에 들어온 이후 제자가 된 것으로 추측됩니다. 그때(기원전 497년 이후) 공자가 50세 중반이었으니 그보다 31세 연하였던 자공은 20대 초·중반의 나이였습니다. 이 점은 자공이 이미 머리가 굵어진 성년이 된 이후에 공자의 제자로 입문했음을 의미합니다. 10대의 어린 나이에 공자의 제자가 되었던 안회와 말이나 행동거지가 다를 수밖에 없었습니다.

  공자와 출신 지역도 달랐고 그의 초기 제자도 아니었건만 자공은 공문십철孔門十哲, 즉 공자 문하에서 가장 뛰어난 열 사람의 현인/제자의 반열에 올랐습니다. 그는 739년 당나라 때 여후黎侯, 1009년 송나라 때 여양공黎陽公, 즉 여공黎公으로 추봉되었습니다. 그의 집안은 본래 노나라의 상인商人이었습니다. 이는 그가 공자 문하의 다른 사람들과 비교할 때 상대적으로 현실감각이 탁월할 수 있는 성장 배경을 가졌다는 뜻입니다. 그리고 실제로도 그는 탁월했습니다.

그런데 앞 장에서 자공을 소개하면서, 바로 그가 공자를 '세상과 통하게 하는 문'의 역할을 했다고 표현한 적이 있습니다. 이 말을 조금 다른 각도에서 다시 한 번 이야기하는 것으로 시작하겠습니다. 《논어》에 그의 상인 출신다운 이야기 장면이 하나 나옵니다.

> 자공이 말했다. "여기 아름다운 옥이 있는데 [선생님이라면] 그 옥을 잘 싸서 상자 속에 깊이 보관하시겠습니까? [아니면] 값을 잘 쳐주는 사람에게 파시겠습니까?" 선생님이 말했다. "팔아야지! 당연히 팔아야 하고말고! 나는 값을 후하게 쳐줄 사람을 기다리고 있는 것이다."
>
> 子貢曰: "有美玉於斯, 韞匵而藏諸? 求善賈而沽諸?" 子曰: "沽之哉! 沽之哉! 我待賈者也."
>
> 〈자한〉 9.13

자공의 질문에 공자는 기다렸다는 듯이 답변하지 않았을까 싶어요. 앞서 우리는 자로의 이야기에서, 공자가 반란을 일으킨 필힐이 자신을 초빙하자 가고 싶어했지만 자로가 말려서 가지 못한 일화를 보았습니다. 그때 공자는 "내가 무슨 조롱박匏瓜이냐? 어찌 매달아놓기만 하고 먹지 않는 것일 수 있겠느냐?", 즉 '내가 세상에 쓰이지 못하는 것이겠느냐'며 아쉬움을 토로했죠. 이 '포과匏瓜'는 그 후 공자의 상징이자 사대부가 조정에 출사하느냐 마느냐 하는 진퇴의 딜레마를 상징하는 말로 정착되었습니다.

이 인용문에서 보면 자공은 참 날카로운 사람이었던 것 같습니다. 대범하게 직설적으로 꽂지 않고, 은근하게 비유를 들어 공자가 자신의 속내를 충분히 드러낼 수 있도록 분위기를 만듭니다. 달리 말하면 자공은 공자를 제대로 알고 있었던 겁니다. 나는 안회가 공자를 그저 잘 따랐던 사람이라면, 자공은 공자를 속속들이 알고 그와 나란히 걸어가면서 그를 따르고자 했던 사람이었을 것이라고 후하게 평가하고 싶어요.

바로 이 장면에서 자공은 공자의 진짜 속마음을 파악했을 거예요. 상인 출신인 자공이 비록 장사꾼이 즐겨 쓰는 표현으로 비유를 들었으나, 공자는 자공이 멍석을 깔아주니 아주 흔쾌히 자신의 마음을 솔직하게 털어놓습니다. "아대가자야我待賈者也"라는 말은 '내 도를 세상에 펼치도록 써줄 사람을 기다리고 있다'는 뜻입니다. 이는 공자에게 피 맺힌 절규와 같은 말이었을 거예요. 아직 직업을 갖지 못한 수많은 요즘 젊은이들의 심정도 이와 똑같을 테고요.

문사철을 겸비한 지성

우리가 지금 하는 《논어》 읽기는 이른바 '인문학人文學', 즉 humanitas 에 해당합니다. 그 기본은 동서양을 막론하고 '문사철文史哲', 문학과 역사 그리고 철학이라 말할 수 있습니다. 그런데 무인에 가까웠

딘 자로나 도덕과 예·음악에 골몰했던 안회와 달리, 자공에게서 이 문사철의 세 전통이 만나는 것을 확인할 수 있습니다. 우리는 앞에서 자공이 시를 논하는 것을 보았습니다. 그는 문文의 전통에 익숙했던 사람입니다. 《논어》에서 공자가 말하는 '사문斯文'은 공자가 잇고자 했던 전통을 의미할뿐더러 후대에는 유가 전통을 대변하는 표현으로 사용됩니다. 그래서 '문'은 글자를 읽고 쓸 줄 아는 능력literacy은 물론 문화적 소양 전반을 포괄하는 표현입니다. 그래서 그 안에는 역사史와 철학哲도 포함되는데, 자공은 이를 아우른 사람인 듯합니다.

> 자공이 말했다. "관중은 어질지仁 못한 사람입니까? [제齊] 환공桓公이 [관중이 주군으로 모시던] 공자 규糾를 죽였는데, [함께 공자 규를 모시던] 소홀召忽은 그를 따라 죽었으나 관중은 죽지 않았습니다. [그렇다면 관중은] 어질지 못하다고 해야겠지요?" 선생님이 말했다. "관중은 환공을 도와 제후의 패자가 되게 하고, 한 번에 천하를 바로잡았으니 백성들이 지금에 이르기까지 그에게 은혜를 받았다. 관중이 아니었다면 우리는 [이방인들이 하듯] 머리를 풀어헤치고 옷섶을 왼쪽으로 묶고 있을 것이다. 어찌 필부필부나 지키는 작은 약속처럼 구덩이 속에서 스스로 목을 매 죽으면서도 그것을 모르는 것과 같겠느냐?"
>
> 子貢曰: "管仲非仁者與? 桓公殺公子糾, 不能死, 又相之." 子曰: "管仲相桓公, 霸諸侯, 一匡天下, 民到于今受其賜. 微管仲, 吾其被髮左衽矣. 豈若匹夫匹婦之爲諒也, 自經於溝瀆, 而莫之知也." 〈헌문〉14.17

자공이 관중이 어진 사람인지 묻자, 공자는 관중의 위업을 극찬합니다. 정치에 대한 포부가 컸던 자공 입장에선 역사적으로 뛰어난 패자였던 제 환공과 그를 도왔던 관중 같은 사람이 되고 싶었을 겁니다. 자공의 질문은, 자신의 소신과 현실의 욕망이 공자에게 배우고자 했던 길과 일치하느냐 아니냐에 관한 그의 내적 고민을 보여준다고 할 수 있습니다. 당연히 공자는 그 의도에 부응하는 답변을 한 거죠.

여기서 우리는 자공이 옛 고사를 인용하며 공자에게 묻는다는 점을 주목해야 합니다. 그는 역사에 밝았던 거죠. 자공은 은나라의 폭군이었던 주紂왕에 대해서도 독자적인 견해를 내놓습니다.

> 자공이 말했다. "[은나라의 폭군] 주紂의 악행이 그렇게 심하지는 않았을 것이다. 그래서 군자는 하류에 있는 것을 싫어한다. 세상의 모든 오명이 다 그곳으로 모여들기 때문이다."
>
> 子貢曰: "紂之不善, 不如是之甚也. 是以君子惡居下流, 天下之惡皆歸焉."
>
> 〈자장〉 19.20

자공은 "주왕이 기록된 대로 모든 악행을 다 저질렀다는 것은 역사적으로나 현실적으로 불가능하다. 그는 패망한 국가의 군주였기 때문에 온갖 오명을 뒤집어쓴 것이다"라고 평가합니다. 자공은 역사에 대한 판단력도 갖췄던 사람이라 이해할 수 있습니다.

우리는 6장에서 자공이 염구 대신 질문할 때도 '백이와 숙제'의 이야기를 인용한 것을 봤습니다. 이처럼 공자와 차공의 대화에서는 역사적 인물들이 종종 등장합니다. 이런 이야기들은 자공이 자로니 안회외 치별희되는 중요한 근거입니다. 자공은 역사적 안목을 갖추었던 인물입니다. 더불어 현대 철학에서 가장 중요시하는 철학적 주제 또한 그의 입을 통해 언급됩니다.

> 자공이 말했다. "우리 선생님의 문장文章은 [내가] 들을 수 있었다. 그러나 우리 선생님이 성性과 천도天道에 대해 말하는 것은 들을 수 없었다."
>
> 子貢曰: "夫子之文章, 可得而聞也; 夫子之言性與天道, 不可得而聞也."

〈공야장〉 5.14

이 구절에 대해서는 논란이 많아요. 신유학자들은 인간의 본성을 뜻하는 '성性'과 자연(하늘)의 법칙을 가리키는 '천도天道'를 학문의 핵심 개념으로 삼았기에 공자가 그것에 대해 말을 하지 않았다는 이야기을 할 수 없었겠죠. 그래서 후대 학자들은 공자가 그 개념을 분명히 언급했는데, "자공이 알아듣지 못했다"고 해석합니다. 하지만 나는 자공이 '못 들은' 게 맞다고 생각해요. 다만 자공이 자신이 들어본 적 없는 성과 천도에 대해 언급했다는 것은, 공자학단에서 이 개념들에 대한 논의가 시작되었음을 보여준다고 해석할 수 있습니다.

이 두 가지 개념을 중심으로 하는 사유는 공자 사후에 가장 중요한 철학적 주제로 서서히 모습을 드러내는데, 그 학파를 '사맹학파思孟學派'라고 합니다. 증삼, 자사, 맹자로 이어진 이 전통은 인간의 본성性에 관한 주제를 가장 철학적으로 체계화했습니다. 나는 적어도 이 부분만큼은 공자의 업적이라기보다, 공자학단 내부에서 새롭게 창출된 사상으로 봐야 한다고 생각합니다. '천도'의 경우도 마찬가지예요. 우리는 뒤에서 재여 이야기를 하면서 이와 관련한 실례를 확인할 것입니다. 《논어》의 모든 사상이 공자에게서 비롯되었다는 고정관념에서 벗어나야 이런 점이 보이기 시작합니다.

하지만 지금 우리가 여기서 눈여겨봐야 할 점은 성과 천도에 대해 언급한 사람이 자공이라는 것입니다. 자공은 그를 둘러싼 당시 상황과 그 주변의 인물들이 제기한 철학적 주제에 대해 나름의 식견이 있었다는 걸 알 수 있습니다. 이렇게 보면 자공은 '문'의 전통에 해박한 사람, 오늘날의 뜻으로 풀이하자면 문사철 세 가지를 겸비한 인물이었어요. 공자식으로 표현하자면 자공은 언어, 문학, 정사 모두에 능통했다는 뜻입니다.

더불어 사는 삶의 정치를 배우다

더 나아가 자공은 자신의 지적 교양과 철학적 훈련, 역사적 안목을 현실정치와 접목하려 했고, 마침내 그것에 성공한 사람입니다. 그래서 그의 질문은 다른 제자들과 달리 상당히 구체적입니다. 또 자공과 이야기할 때는 서로 주거니 받거니 하면서 대화 내용이 구체화되고 풍부해지는 것을 확인할 수 있습니다.

> 자공이 정사政에 대해 물었다. 공자가 말했다. "양식을 풍족하게 하고 군비를 충분하게 하고 백성이 신뢰하게 하는 것이다." 자공이 말했다. "만일 부득이하게 이 세 가지 가운데 하나를 버린다면 어느 것

이 먼저입니까?" [선생님이] 말했다. "군비를 버려야 한다." 자공이 말했다. "만일 부득이하게 이 두 가지 가운데 하나를 버린다면 어느 것이 먼저입니까?" [선생님이] 말했다. "양식을 버려야 한다. 예로부터 [사람은] 모두 죽기 마련인데, 만일 백성에게 신뢰를 받지 못하면 정부는 유지될 수 없다."

子貢問政. 子曰: "足食. 足兵. 民信之矣." 子貢曰: "必不得已而去, 於斯三者何先?" 曰: "去兵." 子貢曰: "必不得已而去, 於斯二者何先?" 曰: "去食. 自古皆有死, 民無信不立." 〈안연〉 12.7

공자는 왜 이렇게 대답했을까요? 공자는 자공의 머릿속에 들어 있는 정사의 우선순위를 바꿔주고 싶었나 봅니다. 실제로 역사 속에서 나라가 위기상황에 직면했을 때 그 나라 실권자가 가장 먼저 버렸던 것은 백성이고 군대는 끝까지 가져가려고 했어요. 예컨대 임진왜란 때 선조는 백성을 버리고 도망갔습니다. 그것을 부끄러워해야 마땅한데도, 이후에 여러 이유를 들어 선조를 미화하고 찬양하는 평가들이 있었죠. 하지만 선조는 이미 정당성을 상실한 왕입니다. 귀족계급의 특권은 전쟁터에서 앞장서 나라와 백성을 지켜야 그 명분이 서는데, 책임을 포기한 자들에게 그 특권을 지속시킨다는 것은 말이 안 되죠.

정치는 현실에 대한 감각이 대단히 중요합니다. 그러나 바람직한 비전을 결여한 현실 감각은 개인의 욕심을 채우기 위한 수단에 지나지 않아요. 오로지 권력을 쟁취하기 위한 권력투쟁은 그저 싸움일 뿐이죠. 그래서 정치가 무엇을 위한 것인지를 깨닫는다는 것은 중요한 의미를 갖습니다. 자공은 공자에게 모든 인간의 '더불어 사는 삶'이라는 가치를 새롭게 배운 것이 아닐까 생각합니다. 그는 이런 가르침을 통해 스스로의 원칙을 다듬으며 어떻게 현실에 적용해나갈까 고민한 듯합니다.

> 자공이 [진지하게] 말했다. "예컨대 [어떤 사람이] 백성들에게 널리 [은혜를] 베풀고 많은 사람들을 구제한다면 어떻겠습니까? [그 사람을] 어질다고 말할 수 있겠습니까?"
> 선생님이 말했다. "어찌 [그런 사람을] 어질다고만 하겠는가! 필시 성스럽다聖고 할 만하다. [옛날의 성왕] 요堯와 순舜도 그렇게 못한 것을 병통이라 여겼다. 무릇 인이란 자기가 일어서고 싶으면 남을 일으켜주고, 자기가 이루고 싶으면 남을 이루게 해주는 것이다. [일상의] 가까운 일에서 구체적인 방법을 찾는다면 그것이 인을 [이루는] 방법이라고 말할 수 있다."
> 子貢曰: "如有博施於民而能濟衆, 何如? 可謂仁乎?" 子曰: "何事於仁, 必也聖乎! 堯舜其猶病諸! 夫仁者, 己欲立而立人, 己欲達而達人. 能近取譬, 可謂仁之方也已."
> 〈옹야〉 6.30

여기서 자공의 질문은 이에 앞선 인용문에서 그가 정사에 대해 물었던 것과는 극히 대조적입니다. 나는 이 두 인용문 사이에 만만치 않은 시간이 흘렀다고 생각합니다. 앞에서는 자공이 구체적인 것에 관한 감각을 내세웠다면, 뒤에서는 어느새 성장해 공자를 닮게 됐다는 생각이 듭니다.

'인'과 관련한 공자의 대답은 매우 유명한 구절이죠. 나는 이 말이 자공을 대하는 공자의 태도가 달라졌다는 점에서 눈여겨볼 만하다고 생각합니다. 앞에서 살폈듯, 공자는 자공이 "다른 사람이 제게 하지 않았으면 하는 것을, 저 또한 다른 사람에게 하고 싶지 않습니다"라고 말했을 때, "네가 할 수 있는 게 아니다"라고 핀잔을 쳤어요. 하지만 여기서 공자는 "그것은 내가 말한 인을 넘어선 성聖의 경지"라고 대답합니다. 심지어 그 경지는 "우리가 할 수 있는 작은 것에서부터 출발한다"며 자공을 격려하면서 이야기를 맺습니다. 공자가 이제는 충분히 성장한 자공을 인정해 주는 것이죠.

보통 공자가 안회에게 준 가르침인 '극기복례위인'을 모든 사람이 지켜야 하는 대단한 말인 것처럼 생각하는데, 그보다는 안회 개인에게 맞춰진 실존적 차원의 처방이었다는 것은 안회 이야기를 하면서 강조했습니다. 그러나 여기서 자공과 공자가 말하는 인의 경지는 '백성을 위하고 천하를 위하는 커다란 길'이란 의미를 지닙니다. 공자의 인은 자공과의 대화를 통해서 그 의미의 망을 넓혀나간 것입니다.

현실의 기회를 얻지 못한 공자가 이상을 추구하는 데 매진했다면, 자공은 언제나 현실과의 고리를 놓지 않으려고 애썼습니다. 이를 감안하면 공자가 맨 마지막에 한 말은 "너처럼 현실에서 성공한 자가 오히려 인을 이룩할 가능성이 높다"라는 뜻일 거예요. 이와 함께 여기서 보이는 자공의 언사는 바로 '사士'의 자각에 해당합니다. 군자와 성인을 추구하는 것이 '사'의 사명이라는 생각은 이런 과정에서 탄생한 듯합니다.

자공이 물었다. "어떻게 해야 선비士라고 말할 수 있습니까?" 선생님이 말했다. "자신이 한 행동을 부끄러워할 줄 알고, 이웃 나라에 사신으로 갔을 때에 군주의 명령을 욕되게 하지 않는다면 선비라고 말할 수 있다." 자공이 말했다. "감히 그다음을 여쭙겠습니다." 선생님이 말했다. "일가친척들宗族이 [그 사람을 두고] 부모에게 효도한다고 칭찬하고, 마을 사람들鄕黨이 어른을 공경할 줄 안다고 칭찬한다." 자공이 말했다. "감히 그다음을 여쭙겠습니다." 선생님이 말했다. "말을 하면 [사람들이] 반드시 믿고, 행동하면 반드시 성과를 보려고 한다. [이런 사람은] 고집 있는 소인에 해당하겠지만 또한 그다음이 될 수 있다." 자공이 물었다. "오늘날 정치에 종사하는 사람들은 어떻습니까?" 선생님이 말했다. "어이쿠! 속 좁은 사람들을 어찌 선비 축에 넣을 수 있겠느냐?"

子貢問曰: "何如斯可謂之士矣?" 子曰: "行己有恥, 使於四方, 不辱君命, 可謂士矣." 曰: "敢問其次." 曰: "宗族稱孝焉, 鄕黨稱弟焉." 曰: "敢問其次." 曰: "言必信, 行必果, 硜硜然小人哉! 抑亦可以爲次矣." 曰: "今之從政者何如?" 子曰: "噫! 斗筲之人, 何足算也." 〈자로〉 13.20

공자의 첫 번째 답변에 나오는 '사'의 행동들은 자공이 잘하는 것입니다. 공자는 자공이 '언어'에 뛰어났다고 칭찬했죠. 《사기》〈중니제자열전〉도 자공의 외교적 능력이 얼마나 훌륭했는지를 가장 중요하게 많은 분량으로 다룹니다. 공자의 첫 번째 답변 또한 그가 자공을 인정해 주는 표현으로 봐야 하지 않을까 생각해요. 두 번째 답변은 '증삼'에 가깝지 않을까 싶네요.

이 이야기의 핵심은 마지막에 있습니다. 공자는 당시 정치에 종사한 사람들을 옹졸한 사람이라 규정하며 '사'라고 할 수 없다고 말합니다. 그런데 자공은 계강자 밑에서 가신을 했던 정치인이자 행성가셨습니다. 하지만 공자 입장에서 자공은 당시의 다른 정치인들과는 달리 보았을 겁니다. 앞의 인용문에서, 우리는 자공이 "백성들에게 널리 은혜를 베풀고 많은 사람들을 구제하는 사람이 어진 사람이냐"고 질문한 것을 보았습니다. 오늘날에도 이 박시제중博施濟衆의 구체적 방법을 모색해 나가는 사람과 그렇지 않은 사람이 결코 같은 정치인으로 취급될 수 없겠죠. 예나 지금이나 훌륭한 정치인이냐 아니냐를 가르는 기준은 사익과 공익 중 무엇을 추구하는가에 달려 있습니다.

그런데 이는 한편으로 자공과 공자가 구별되는 지점이기도 했을 거예요. 현실에서 기회를 잡아 자신의 뜻을 실현해 나갔던 자공과 그 기회를 얻지 못했기에 이상에만 몰두할 수밖에 없었던 공자의 비애가 교차하는 지점이기도 했을 테니까요.

장강의 앞물결과 뒷물결

지금까지의 이야기를 보면 자공은 공자 문하의 그 누구보다 문사철에 두루 통하면서도 현실적 실무 능력까지 겸비했던 인물로 보입니다. 그래서 나는 많은 사람들이 금과옥조처럼 인용하는 공문사과의 언급은 적절하지 않다고 생각합니다.

> 덕행德行(윤리도덕)은 안연과 민자건과 염백우와 중궁이다. 언어言語(정치외교)는 재아와 자공이다. 정사政事(행정감찰)는 염유(염구)와 계로(자로)다. 문학文學(예법학)은 자유와 자하다.

德行: 顔淵, 閔子騫, 冉伯牛, 仲弓. 言語: 宰我, 子貢. 政事: 冉有, 季路. 文學: 子
游, 子夏.

<선진> 11.3

자공은 덕행을 중시하긴 했지만 이를 최고로 생각하지는 않았던 듯합니다. 공자는 그것이 못내 아쉬웠던 것 같습니다. 그런데 앞에서 말한 것처럼, 자공은 문사철과 정치적 능력까지 겸비했습니다. 따라서 나는 이 인용문의 언급과는 달리, 자공이 덕행을 제외하고는 언어뿐 아니라 정사와 문학에서도 가장 탁월했던 사람이라고 생각합니다.

그래서 공자는 자공에게 덕행에 관한 면을 일깨워주려고 노력했던 것은 아닐는지, 조심스럽게 추측해 봅니다.

자공이 [선생님께] 이렇게 물었다. "마을 사람들이 모두 그 사람을 좋아하면 어떻겠습니까?" 선생님이 말했다. "[그것만으로는] 아직 안 된다." [자공이 다시 말했다.] "마을 사람들이 모두 그 사람을 싫어하면 어떻습니까?" 선생님이 말했다. "[그것만으로는] 아직 안 된다. 마을 사람들 중에 선한 사람들이 그를 좋아하고. 선하지 않은 사람들이 그를 미워하는 것만은 못하다."

子貢問曰: "鄕人皆好之, 何如?" 子曰: "未可也." "鄕人皆惡之, 何如?" 子曰: "未可也. 不如鄕人之善者好之, 其不善者惡之."

<자로> 13.24

《논어》에는 공자가 자신에게 자로가 대들듯 이야기하니까 "난 그래서 말 잘하는 사람이 싫다"는 식으로 말한 장면이 나와요. 그런데 위의 구절은 《논어》에 등장하는 사람 가운데 가장 말을 잘하는

사람은 공자라는 것을 다시 한 번 보여줍니다. 또 그에 못지않게 언변이 뛰어난 인물이 자공이었고요. 앞에서 두 사람을 장강의 앞물결과 뒷물결로 비유했죠. 이는 누가 더 낫다는 게 아니라 세대의 차이만 반영했을 뿐이에요. 공자에 대한 모독으로 보는 사람도 있겠으나 나는 이렇게 해석할 여지가 충분하다고 봅니다.

지혜로웠던 자공은 덕행을 좀 더 쌓길 바라는 공자의 기대에 충분히 부응코자 했던 것으로 보입니다.

> 자공이 말했다. "군자 역시 미워하는 게 있습니까?" 선생님이 말했다. "미워하는 게 있다. 다른 사람의 나쁜 점을 말하는 것을 미워하고, 아래에 있으면서 윗사람을 헐뜯는 것을 미워하고, 용감할 줄만 알지 예의가 없는 사람을 미워하고, 과감할 줄만 알지 꽉 막힌 사람을 미워한다." [그러고는 선생님이 다시 이어서] 말했다. "자공아, 너도 미워하는 것이 있느냐?" [자공이 말했다.] "남의 것을 훔쳐 자기 지식으로 삼는 사람을 미워하고, 불손한 것을 용감한 것으로 착각하는 사람을 미워하고, 다른 사람의 단점을 떠드는 것을 솔직한 것이라고 착각하는 사람을 미워합니다."
>
> 子貢曰: "君子亦有惡乎?" 子曰: "有惡: 惡稱人之惡者, 惡居下流而訕上者, 惡勇而無禮者, 惡果敢而窒者." 曰: "賜也亦有惡乎?" "惡徼以爲知者, 惡不孫以爲勇者, 惡訐以爲直者."　〈양화〉 17.24

여기서 공자는 자공에게도 미워하는 것이 있는지 되묻습니다. 《논어》의 다른 구절에서는 찾아볼 수 없는 독특한 방식이에요. 이는 공자가 자공을 얼마나 대등하게 대우해 줬는지를 드러내줍니다.

자공의 답변 또한 자신의 변화를 뚜렷하게 보여주고 있습니다. 여기서 자공이 밉다고 말한 행동들은 모두 예전에 자공 자신이 했던 행동이에요. 자공은 '알은척하고, 오만방자하게 굴어놓고 그것이 폼 나는 것이라 착각하고, 남 욕해 놓고 그것이 제대로 한 일이라 착각해서' 공자에게 "상대방의 기분과 상황을 봐가면서 말해야 한다"는 충고를 들었죠. 그런데 자공은 이제 그렇게 행동하는 사람을 꺼린다고 말합니다. 이는 자공 스스로가 그런 짓을 하지 않는다는 방증이죠. 더불어 이 말은 공자가 "너는 충분히 뛰어난 사람이다"라고 자공을 인정해 준 다음에 나왔고요.

험한 세상의 다리가 되어

이렇게 자공은 공자와 함께 있을 때조차도 분위기를 주도한 것으로 보입니다. 그는 공자학단에 적응하면서 스승을 모실 줄 알게 되고, 다른 사람들과의 조화를 이끌어내는 사람이 되어갔는지도 모릅니다. 이와 관련해 제자들에 따라 공자를 수행할 때의 분위기가 어떻게 달라졌는지를 서술한 문장이 있습니다.

> 민자건이 옆에서 모시고 있을 때에는 공손하면서 엄숙한 분위기가 흘렀다. 자로는 [선생님을 모시고 있을 때에도] 당당하고 굳셌으며, 염유와 자공이 [선생님을 모시고 있을 때에는] 자유로우면서 화기 애애했다. 공자가 즐거워하며 말했다. "[군주를 모실 때에도] 자로와 같다면 제 명에 죽지 못할지도 몰라."

閔子侍側, 誾誾如也; 子路, 行行如也; 冉有子貢, 侃侃如也. 子樂. "若由也, 不得
其死然."

〈선진〉 11.13

마지막 문장을 보면, 공자는 자로가 자신을 수행할 때의 분위
기와 관련해 농담까지 던집니다. 그만큼 공자는 각각의 제자가 뿜어
내는 독특한 분위기를 가리지 않고 즐겁게 여긴 모양입니다. 특히
자공에 대한 평이 재미있습니다. 개인적인 생각이지만, 사실 선생님
은 자공처럼 서로를 편하게 만들어주는 제자와 있을 때를 가장 좋아
하지 않을까 싶어요. 제자가 선생님을 깍듯하게 모시는 것도 좋지만
그러면 선생님도 뭔든 똑바로 해야 한다는 일종의 압박감을 느끼게
되거든요. 서로를 편하게 대할 수 있는 부드러운 분위기는, 반쯤은
선생님에게 절반은 제자에게 달려 있는 겁니다.

공자는 자공에게 속내를 털어놓으며, 자신의 바람을 은근히 내
비칩니다.

선생님이 말했다. "자공아! 너는 내가 많이 배워서 잘 아는 사람이라
고 생각하느냐?" [자공이] 대답했다. "그렇습니다, 아닙니까?" [선생
님이] 말했다. "아니다. 나는 하나로 꿰어냈을 뿐이다."

子曰: "賜也, 女以予爲多學而識之者與?" 對曰: "然, 非與?" 曰: "非也, 一以貫
之."

〈위령공〉 15.3

현실감각이 탁월한 사람에게 이 말은 현실과 이상을 조화시킬
줄 아는 일관성을 의미하는 것으로 들릴 수 있습니다. 많이 안다는
것은 중요합니다. 하지만 아는 것이 많다고 해서 뛰어난 능력을 발

휘하는 것은 아닙니다. 중요한 것은 그것들을 꿰어서 조화롭게 하는 것입니다. 특히 현실에서 일관성을 유지하며 통찰을 발휘하는 것은 정말 어려운 일이죠. 공자는 자공에게 그런 기대감을 드러낸 듯합니다. 이는 증삼처럼 '충서忠恕'라는 철학적 원리로 환원하는 것과는 접근방법이 조금 다릅니다.

자공과 공자가 이야기를 나누는 장면에서 특징적인 점은, 공자가 자공에게 자신의 삶과 운명에 대해 한탄을 하기도 했다는 점입니다.

> 선생님이 말했다. "아무도 나를 알아주지 않는구나!" 자공이 말했다. "어찌하여 선생님을 아무도 알아주지 않는다고 하십니까?" 선생님이 말했다. "[나는] 하늘을 원망하지 않고 사람을 탓하지 않으며 아래로부터 배우고 위로 도달하였다. 나를 알아줄 이는 오로지 하늘뿐일 것이다."
>
> 子曰: "莫我知也夫!" 子貢曰: "何爲其莫知子也?" 子曰: "不怨天, 不尤人. 下學而上達. 知我者, 其天乎!" 〈헌문〉 14.35

공자가 이렇게 탄식하듯 얘기하는 모습은 주로 자로와 대화할 때 나옵니다. 그게 아니면 안회의 죽음 등 큰일이 있었을 때에만 보였던 태도예요. 그런데 여기서 공자는 자공에게 거리낌없이 자신의 속내를 드러냅니다. "나를 알아줄 이는 오로지 하늘뿐이다"는 말은 '현실에서 나를 알아주는 사람이 아무도 없다'는 뜻입니다. 이 말은 〈학이〉편 첫 번째 구절인 "남이 나를 알아주지 않아도 성내지 않는다면 군자가 아니겠느냐?"고 한 말과도 통합니다. 한탄스럽지만 그렇다고 하늘을, 나를 못 알아주는 사람들을 탓하지 않겠다는 것은 도를 터득한 사람의 모습이겠죠.

그런데 공자를 알아주는 사람은 정말 전혀 없었을까요? 아마도 '너는 내 마음을 알아주지 않겠느냐'라는 생각에서 자공에게 얘기한 건 아닐까요? 그래서 속마음을 털어놓은 공자에게 자공이 다음과 같이 답변한 것은 아닐까 싶습니다.

> 선생님이 말했다. "군자의 도는 세 가지인데, [그중에] 내가 할 수 있는 것은 없다. 어진 사람은 근심하지 않고, 지혜로운 사람은 현혹되지 않고, 용기 있는 사람은 두려워하지 않는다." 자공이 말했다. "선생님은 [지금] 자신에 대해 말하고 있습니다."
> 子曰: "君子道者三, 我無能焉: 仁者不憂, 知者不惑, 勇者不懼." 子貢曰: "夫子自道也."
> 〈헌문〉 14.28

자공의 대답은 정말 끝내줍니다. "당신이 바로 그런 사람입니다." 물론 노쇠한 공자가 앞날이 창창한 젊은 제자에게 이런 말을 듣는 상황 자체는 비애입니다. 장강의 앞물결은 이런 식으로 뒷물결에 밀렸던 것이죠. 그런데 동시에 이 말은 공자에게 위로가 되었을 겁니다. 공자는 이 말을 듣고 외로움을 달랠 수 있었을 것 같아요. 그래서 공자가 자공에게 이 말을 들은 뒤에 "벗이 먼 곳에서 왔을 때 즐겁지 아니한가? 남이 나를 알아주지 않아도 성내지 않는다면 군자가 아니겠는가?"라고 말한 것이 아닐까 생각합니다.

이런 여러 가지 상황에 비추어보면, 공자가 자공을 만나고서 비로소 세상과 통하는 문을 얻은 건 아닐까요? 나는 자공과 함께 공자학단과 《논어》 초기 기록이 시작됐다고 생각합니다. 또 자공은 공자에게 세상과 통하는 문을 열어주었고, 더 나아가 역사와 통하는 문, 영원히 인간의 삶으로 들어오는 문을 열었던 것이 아닐까 생각합니다.

8장

: 자공3 :
유가의 진정한 설계자

공자의 유학, 자공의 유가

혹시 중국의 산둥성山東省 취푸曲阜에 위치한 공자마을에 가본 적 있나요? 아직도 공자의 유적은 중국의 역대 황제의 궁성 못지않은 규모를 자랑하고 있습니다. 우리는 성인 하면 도덕적 인격을 완성한 사람이라 알고 있는데, 그런 인격자를 위해 거대한 성전을 지어 바치지는 않아요. 그런데 공자에게는 그를 기념하는 거대한 성전이 있습니다. 정치 권력자인 황제가 아니고 기독교나 불교 같은 종교의 지도자도 아닌 듯한 그런 인물에게, 그를 기념하는 거대한 유적이 존재한다는 것을 우리는 어떻게 이해해야 할까요?

사실 이는 역사적으로 아주 복잡한 문제와 관련되어 있어요. 하나는 유교儒敎 또는 유학儒學이 종교인가 아닌가 하는 물음과 관련되고, 다른 하나는 공자를 성인聖人이라 할 때 그 성인이란 어떤 존재인가 하는 물음과 관련됩니다. 19세기에 미국에서 있었던 논쟁에서 서양의 선교사들은 유교가 종교라고 단언한 데 반해, 중국 조정에서 공식적으로 파견한 관리는 유교는 종교가 아니라고 주장했습니다. 오늘날에도 이 문제는 여전히 해결되지 않은 채 남아 있습니다.

오늘날 우리가 살아가는 사회는 정치적 공간과 종교적 공간, 그리고 교육의 장소가 분명하게 구별됩니다. 하지만 2천 500여 년

전의 고대 중국에서는 이런 곳들이 확연히 구분되기가 쉽지 않았어요. 이 책에서 이런 방대한 주제를 다룰 수는 없습니다. 하지만 분명한 것은 후대 사람들이 공자를 성인화聖人化하여 숭배한 것은 공자 자신과는 아무런 상관이 없습니다. 그렇다면 이런 거대한 역사를 일으킨 사람은 누구일까요? 나는 이 모든 것의 기원을 자공에게서 찾고자 합니다.

학교가 없던 중국에서 사립학교, 즉 개인들이 학문을 전수하는 새로운 전통을 만들어낸 사람은 공자입니다. 하지만 나는 실제 '학단'의 의미는 자공에게서 찾는 것이 맞다고 생각합니다. 성인 공자와 공자학단의 탄생이라는 두 가지 차원으로 공자를 역사화하는 데 가장 크게 기여한 사람은 자공이라고 생각하기 때문입니다. 그래서 이 장의 제목을 '유가의 진정한 설계자'로 지었습니다.

이 장에서 나는 세 가지 이야기를 하려고 합니다. 하나는, 공자는 성인으로 자처하지 않았는데, 자공이 공자를 적극적으로 성인으로 추존했다는 것입니다. 공자는 자공이 자신을 성인이라 부르는 것을 거부했어요. 그런데도 자공은 공자의 성인화 작업을 공자가 살아 있을 때부터 시도했고, 그가 세상을 떠난 뒤에는 본격적으로 진행해 나간 것으로 보입니다. '성인 공자'는 자공이 당시 세간에 퍼진 공자에 대한 반감을 극구 변호하면서 이루어진 그의 내·외적 노력의 산물입니다.

여기서 '성인'이란 단어의 의미를 다시 짚어보겠습니다. 우리는 보통 유교에서의 성인을 세계 4대 종교의 창시자라고 알고 있습니다. 그런데 그것은 20세기에 생겨난 의미예요. 20세기 초반에 카를 야스퍼스Karl Jaspers는 이른바 문명의 돌파를 설명하면서 4대 문명의 기본 뼈대가 세워진 '기축基軸시대'를 대표하는 인물로 소크라테스, 붓다, 공자, 예수를 지목했죠. 이 사람들은 '4대 성인'이란 이름으로 알려졌고, 우리나라에서는 모두 '종교 지도자'로 와전되어 왔습니다.

하지만 동아시아에서 성인은 본래 '통치자의 자격을 갖춘 자'라는 뜻입니다. 20세기 중국의 대표적인 철학사가 평유란馮友蘭은 《장자》〈천하天下〉편에 나온 "내적으로 성인의 덕을 갖춘 자가 현실세계에서 왕 노릇을 해야 한다內聖外王"는 표현을 중국철학의 정신이라 얘기한 바 있죠. 성과 왕을 합쳐 '성왕聖王'이라고도 하는 것처럼, 기본적으로 성은 정치와 관련된 단어입니다. 앞에서도 얘기했지만, '성聖'은 '단壬 위에서 다른 사람의 입口에 귀耳를 대고 그의 말을 듣는다'는 뜻입니다. '이해관계를 조정한다'는 뜻이죠. 이를 가톨릭에서 신부님이 고해를 들어주는 것이라고 보는 시각도 있는데, 그건 최근의 해석이에요. 오늘날 이해관계가 대립하는 집단을 중재하는 사람들을 우리는 정치인이라고 부릅니다.

전통사회에서 성인은 기본적으로 통치자를 함의하는 말입니다. 물론 현실의 왕 자신이 성인이라기보다는 갖추어야 할 조건을 뜻한다고 할 수 있죠. 그런데 현실의 실력자인 황제가 시퍼렇게 살아 있는데, 그 외의 다른 사람에게 왕의 자격이나 조건을 말할 수는 없습니다. 이렇게 보면, 당송唐宋 이후에 학자들이 '누구나 성인이 될 수 있다'고 강조하는 것은 정치적으로는 커다란 의미를 갖는 주장입니다. 황제가 아닌 사람도 성인이 될 수 있다는 것은, 황제를 부정한 것은 아니지만 사대부士大夫의 자율성을 주장하는 동시에 황제의 자의적 권력을 견제한다는 의미를 갖는 것이지요.

이 책의 등장인물을 소개하면서 안회의 시호가 복성, 증삼의 시호가 종성宗聖이라고 했습니다. 또 맹자를 아성이라 부르기도 하지요. 말 그대로 공자에 버금가는 성인이라는 뜻입니다. 그런데 이런 명칭들을 부여한 것은 공자의 제자나 그보다 늦은 유학자를 성인으로 간주한 것인데, 대체로 송명시대 이후에 일어난 일들입니다. 하지만 그 의의는 결코 작지 않습니다. 공자를 제외한 사람 가운데 성인은 오직 현실의 통치자밖에는 있을 수 없는데 이런 일이 일어났다는 것은, 달리 말하면 사대부의 자율성 또는 자부심이 커졌다는 것을 의미합니다.

이는 더 나아가 사대부 스스로가 성인이 되어 교화敎化의 주체가 될 수 있다는 뜻이기도 합니다. 우리는 그러한 이념과 활동의 강력한 증거 가운데 하나로 향약운동 같은 것을 생각할 수 있습니다. 교화란 성인의 고유한 책임입니다. 그런데 사대부가 자신의 삶의 터전에서 직접 백성의 교사가 되어 교화를 펼친다는 것은 성인의 역할을 떠맡는다는 뜻입니다.

어쨌든 중요한 것은 성인이란 호칭은 누구에게나 붙일 수 있는 것이 아니며, 공자 스스로도 이를 거부했다는 것은 잘 알려져 있는 사실입니다. 그런데 결국 공자는 성인이 되었습니다. 이는 공자 스스로가 아니라 누군가가 그를 성인으로 만들었다는 뜻입니다. 바로 자공이죠. 여기서 말하는 성인은 현실의 왕과는 다른 의미를 갖습니다. 그 의미와 맥락을 나는 이렇게 말하고 싶습니다. 공자가 유儒의 학學을 세웠다면 자공은 공자를 성인화함으로써 새로운 중심의 질서를 만들었습니다. 그것은 바로 유儒의 집단으로서 공자가 세운 가르침을 공유한 학파인 '가家'입니다.

물론 이 '유가'라는 명칭은 나중에 지어졌지만, 그 집단은 공자 사후에 바로 성립되었습니다. 달리 말하면《논어》라는 텍스트를 통해 우리가 볼 수 있는 것은 천하天下라는 정치적 공간이 아닙니다. 그곳은 한 사람의 위대한 스승子이 있고, 그에게 가르침을 받는 사람들이 있는 '사제' 공동체입니다. 정치가 아닌 가르침敎을 주고받는 관계로 이루어진 이 공동체 안에서는 현실의 정치 지도자들조차 스승과 제자라는 위치를 가집니다.

《논어》에 '선생님이 말했다子曰'로 시작하는 문장은 바로《논어》의 가장 독특한 전통이자 바로 뒤이은 사상가인 묵자墨子 계열에서도 잇고 있는 전통입니다. 그래서《묵자墨子》에는 "우리 묵 선생님이 말했다子墨子曰"라는 문장으로 시작되는 부분이 많습니다. 마크 에드워드 루이스Mark Edward Lewis는《고대 중국의 글쓰기와 권위》에서 '선생子'으로 불린다는 것은 그의 이름을 딴 텍스트와 그의 권위를 추종하는 제자 집단이 있다는 것을 의미한다고 해석합니다.

요컨대 공자는 '스승'이 됨으로써 현실의 황제나 왕의 권위를 부정하지 않으면서 이른바 성인의 이름을 갖게 되는 셈이고, 또 천하라는 정치적 공간과는 다른 '텍스트'라는 무대를 갖게 됨으로써 현실의 권력과 부딪히지 않을 수 있게 됩니다. 또한 불사이군不事二君, 즉 두 군주를 섬기지 않는다는 원칙을 지키면서 스승 공자를 섬길 수 있는 장치가 되기도 하죠. 왜냐하면 공자와 그를 따르는 사람들은 군주와 신하라는 군신관계가 아니라 스승과 제자라는 사제관계로 연결되기 때문입니다.

나는 이렇게 스승과 제자, 즉 사제師弟라는 인적 관계를 매개로 하면서 학學이라는 공유된 가치를 바탕으로 형성된 집단이 '유가'라고 불리게 되는 과정은, 일종의 새로운 사회제도의 형성을 뜻한다고 생각해요. 왜냐하면 이 새로운 조직은 황제를 정점으로 하는 정치적·국가적 조직 이외에 허용된 유일한 조직이기 때문이에요. 천자의 천하天下, 제후의 국國, 사대부의 가문家이라는 중층적 질서를 해치지 않으면서, 천하와 국가를 통치하는 데 필요한 인력과 재원을 충당하는 기관으로서 허용된 새로운 조직이 유가입니다.

물론 공자가 이미 사설학교에 가까운 모습을 창출했고 그의 제자들과 내내 하나의 집단을 이루어 생활했지만, 이때의 조직은 공자라는 인격을 중심으로 모인 집단입니다. 자공은 이를 발전시켜 공자의 인격과 언행이 담겨 있는 '자왈'로 시작되는 텍스트를 통해 새로운 집단으로서 '유가'를 탄생시켰습니다. 이렇게 건설된 새로운 조직은 그 뒤로 새로운 근대식 학교가 도래하기 전까지 무려 2천 500여 년 동안 동아시아의 주된 사회적 집단으로서 중추적인 기능을 담당합니다.

공자, 성인이 되다

공자는 성인으로 자처하지도 않았고, 오히려 자공이 공자를 성인이라 부르는 것조차 거부했다고 했습니다. 그 장면에서 성인의 뜻과 의미에 대해 생각해 보겠습니다. 다음 예화에서 자공은 공자를 "하늘이 내린 위대한 성인天縱之將聖"이라고 높이고 있습니다.

태재太宰가 자공에게 이렇게 물었다. "[당신이 스승으로 모시는] 선생님은 성스러운 분聖者이십니까? [그런데 그런 분이] 어찌 그렇게 다양한 재능이 있으십니까?" 자공이 [자랑스러운 듯이] 말했다. "선생님은 진실로 하늘이 내린 위대한 성인이시고, 다양한 재능을 갖고 계십니다." [나중에] 선생님이 [태재와 자공이 했던 대화 내용을] 듣고 이렇게 말했다. "그 태재가 나를 아는가? 나는 어릴 때 천한 일을 하며 살았기에 여러 가지 비천한 일을 능숙하게 할 줄 안다. [그런데] 군자에게 여러 가지 재능이 있어야 할까? 많지 않아도 된다."

大宰問於子貢曰: "夫子聖者與? 何其多能也?" 子貢曰: "固天縱之將聖, 又多能也." 子聞之, 曰: "大宰知我乎! 吾少也賤, 故多能鄙事. 君子多乎哉? 不多也."

〈자한〉 9.6

보통 다양한 재주가 있는 사람은 많은 일을 할 수 있는 훌륭한 사람이라고 생각하잖아요. 하지만 고대 중국사회에서 여러 가지 재주, 곧 기술이 있다는 것은 신분이 천한 장인匠人계급의 특징이었습니다. 이 맥락을 살려보면, 태재는 자공에게 "당신이 당신 스승을 성인이라 하는데, 어떻게 비천한 기술자같이 여러 재주를 가진 사람을 성인이라 부를 수 있는가?"라고 조롱을 섞어 질문을 던진 겁니다.

이 이야기 마지막에서 공자는 태재의 말을 그대로 인정하고 있습니다. 여러 가지 재능이 있다는 것은 성인, 즉 통치계급에게 요구되는 자격이 아님을 확증한 거죠. 〈위정〉편에서 공자가 "군자는 그릇이 아니다君子不器"라고 한 말도 이와 같은 맥락으로 해석해요. 특정 기술의 전문가器가 아니라 전반적으로 아우를 수 있는 경영자나 관리자의 면모를 갖추어야 한다는 뜻이죠. 하지만 자공은 재주가 많은 특기와 성인다움은 모순된 관계가 아니라고 태재의 말을 유들유

늘하게 맞받아치고 있습니다.

위 이야기에서 엿볼 수 있듯, 살아 있을 때 공자는 오늘날처럼 성인이라며 뭇사람들의 존경을 받는 인물은 아니었습니다. 공자는 14년이라는 긴 세월 동안 취업하려고 여러 나라를 돌아다녔지만, 결국 실패하고 고국인 노나라로 돌아왔죠. 그것도 노나라 실권자였던 계씨 가문이 공자학단 사람들을 받아주었기에 어렵사리 가능한 일이었습니다. 나중에 염구를 다룰 때 이야기할 내용인데, 영화 〈공자〉는 공자의 귀국이 염구가 전쟁을 승리로 이끈 대가로 계씨에게 요구해서 가능했다는 사실을 각색해서 보여주고 있어요.

공자는 실패한 사람이었습니다. 자신이 주창한 도를 실현하고자 천하를 돌아다녔지만 어느 누구도 받아주지 않았기에 귀향할 수밖에 없었죠. 금의환향이 아니었어요. 하지만 그의 제자였던 자로, 자공, 염구 등은 계씨 가문에서 중요한 직책을 잇달아 맡았습니다. 현실이 이러하니 당시 노나라 조정에서는 공자를 좋게 보지 않았을 뿐더러 공자보다 자공을 높이 평가하는 사람들까지 있었습니다. 그 대표적인 인물이 숙손무숙叔孫武叔입니다. 《논어》에는 이 사람이 두 번에 걸쳐 공자를 비방한 기록이 나옵니다. 공교롭게도 이 일화에는 모두 자공이 관련되어 있어요. 자공은 숙손무숙이 공자에 대해 비판하는 것을 능수능란한 언변으로 맞받아치면서 공자를 옹호합니다.

숙손무숙이 조정에서 대부들에게 이렇게 말했다. "자공은 중니仲尼보다 뛰어난 사람이다." 자복경백子服景伯이 자공에게 [숙손무숙이 한 말을] 알려주었다. 자공이 말했다. "궁궐을 [둘러싸고 있는] 담장에 비유하자면, 나의 [담장은] 어깨 높이에도 못 미치는 낮은 담장이다. [그래서 지나가던 사람들이] 엿보기만 해도 집 안의 좋은 물건들이 그대로 다 보인다. [그러나] 선생님의 [담장은] 몇 길이 될 정도로 [높이 둘러싸고 있어] 그 문 안으로 들어오지 않으면 종묘宗廟에나 있는 아름다운 물건들과 [문 안에] 건물들이 가득 들어찬 모습을 볼 수 없다. [그런데] 그 문을 열고 들어올 수 있는 사람이 혹 적은 듯하다. 그러하니 [숙손무숙이라는] 그분이 그렇게 말한 것도 당연하지 않겠는가!"

叔孫武叔語大夫於朝, 曰: "子貢賢於仲尼." 子服景伯以告子貢. 子貢曰: "譬之宮牆, 賜之牆也及肩, 窺見室家之好. 夫子之牆數仞, 不得其門而入, 不見宗廟之美, 百官之富. 得其門者或寡矣. 夫子之云, 不亦宜乎!" 〈자장〉 19.23

숙손무숙의 말은 당시에 자공이 공자보다 높게 평가받고 있었다는 중요한 증거가 됩니다. 여기서 많은 학자들은 자공의 대답을, "자공이 공자를 높이고 자신은 낮춘 것"이라고 해석해요. 하지만 나는 자공이 스스로를 낮춘 것 같아 보이지만, 실은 높이고 있다고 봅니다. 자공이 "나의 담장은 낮아서 지나가던 사람들이 흘낏 보더라도 다 보인다"고 한 말은, 뒤집어보면 '누가 봐도 나의 출중한 능력을 숨길 수 없다'는 뜻 아닙니까? 물론 자공이 공자를 멋들어지게 변호하며 그를 높이고 있는 것은 확실합니다. 더불어 자공이 "공자의 문 안엔 아무나 들어올 수 없다"고 한 말은, '당신 같은 사람은 공자를 알아볼 깜냥이 안 된다'며 숙손무숙을 에둘러 비판한 것으로 볼 수 있습니다. 또 다른 예화에서는 이런 의도가 더욱 분명해집니다.

숙손무숙이 중니를 헐뜯는 말을 했다. 자공이 말했다. "그런 말을 해서 무얼 하겠는가? 중니를 헐뜯어서는 안 된다. 보통 사람들의 뛰어남은 구릉과 같아서 뛰어넘을 수가 있다. [그러나] 중니의 [뛰어남은] 해와 달과 같아서 도저히 뛰어넘을 수가 없다. 사람이 비록 [저하늘에 높이 떠 있는] 해와 달을 끊어버리고자 해도 해나 달에 어찌상처 하나 낼 수 있겠느냐? [그러니 중니와 같은 분을 헐뜯어보았자 그 말을 한 사람이] 제대로 헤아려 판단할 줄 모른다는 것을 드러낼 뿐이다."

叔孫武叔毁仲尼. 子貢曰: "無以爲也, 仲尼不可毁也. 他人之賢者, 丘陵也, 猶可踰也; 仲尼, 日月也, 無得而踰焉. 人雖欲自絶, 其何傷於日月乎? 多見其不知量也!"

〈자장〉 19.24

하늘에 대고 아무리 돌을 던져봤자 결국 돌은 땅에 떨어질 뿐이죠. 공자를 비난해 봤자 소용이 없고 도리어 숙손무숙 자신의 부족함을 증명할 뿐이라는 말입니다.

그런데 노나라 조정에서만 이런 분위기가 팽배한 것이 아니었습니다. 공자학단 내부 인물도 이에 동참했습니다. 자공의 문인으로 보이는 자금子禽 또한 자공에게 노골적으로 묻습니다.

진자금이 자공에게 말했다. "선생님은 [왜 공자에게 그렇게까지] 공손하게 행동하십니까? 중니가 어찌 선생님보다 뛰어나겠습니까?" 자공이 말했다. "군자는 한마디 말로 자신을 [사람들이] 지혜롭다고 여기게 할 수도 있고, 자신을 [사람들이] 무식하다고 여기게 할 수도 있다. [그러하니] 말을 할 때에 신중하지 않을 수 없다. 우리 선생님은 [내가] 미칠 수 있는 분이 아니다. 마치 하늘을 사다리를 타고 한 칸 한 칸 올라갈 수 없는 것과 같다. 우리 선생님께 제후의 나라를 다스릴 수 있는 기회를 얻었다면, 우리가 늘 말하듯이 [무언가를] 세우고자 했다면 바로 세웠을 것이고, [백성을] 이끌고자 하셨다면 [백성들이] 바로 따랐을 것이고, [백성을] 움직이려 했다면 바로 합심하여 협력했을 것이다. [우리 선생님이] 살아 계셨을 때에는 영광스러웠고, 돌아가셨을 때는 슬펐는데, [내가] 어찌 그런 분에게 미칠 만하다고 하겠느냐?"

陳子禽謂子貢曰: "子爲恭也, 仲尼豈賢於子乎?" 子貢曰: "君子一言以爲知, 一言以爲不知, 言不可不愼也. 夫子之不可及也, 猶天之不可階而升也. 夫子之得邦家者, 所謂立之斯立, 道之斯行, 綏之斯來, 動之斯和. 其生也榮, 其死也哀, 如之何其可及也."

〈자장〉 19.25

자금은 공자보다 마흔 살 연하의 제자입니다. 이 이야기를 보면, 자금은 공자 사후에 여전히 학단에 남아 있었고 그것도 자공의 문하에 있던 것으로 보여요. 앞에서 공자는 공자학단의 일부 제자들만 가르치고, 그 제자들이 동시에 스승이 돼 아래 단계의 문인들을 가르쳤다고 설명했죠. 많은 학자들은 자금을 공자의 제자이면서 자공의 문인이었던 사람으로 추정합니다.

자금은 노골적으로, 자기 직속 스승에게 "선생님이 선생님의 스승인 공자보다 더 뛰어나지 않습니까?"라고 묻습니다. 많은 학자들이 증삼과 유약 등이 《논어》를 편찬했다고 주장하며, 이 책 안에서 증자 등의 이름 뒤에 '자子'가 붙은 것을 그 증거로 삼죠. 그런데 《논어》에서 숙손무숙이나 자금 등은 공자보다 자공이 더 낫다고 평가합니다. 더욱이 자공은 《논어》에 무려 38회나 등장합니다. 이런 사실들에 비추어보면, 《논어》 텍스트 속에서 자공의 영향력은 증삼이나 유약보다 훨씬 지대하다고 할 수 있습니다.

자금이 왜 그렇게까지 공자에게 공손하게 대하느냐고 자공에게 묻자, 자공은 공자를 군자에 빗대며 '하늘' 같은 존재이기 때문이라고 대답합니다. 이처럼 공자를 극히 높이는 표현으로 《맹자》에는 '과화過化'라는 언급도 등장합니다. 성인인 공자가 워낙 훌륭해서 그가 지나가기만 해도 주변 사람들이 교화된다는 뜻이에요. 그만큼 맹자가 공자를 존경했다는 의미로 읽을 수 있는데, 공자에게 하늘과 같다고 말한 자공의 표현은 맹자 못지않습니다.

자금은 위 이야기와 비슷한 또 다른 질문도 합니다.

> 자금이 자공에게 [이렇게] 물었다. "우리 선생님은 어떤 나라를 방문하면 꼭 그 나라의 정치 상황에 대해 들으셨습니다. 선생님이 요청해서 [들으신] 것입니까? 아니면 상대방이 [조언을 얻고자] 들려주었습니까?"
>
> 자공이 말했다. "선생님의 온화함溫, 선량함良, 공손함恭, 수수함儉, 겸양讓 덕분에 [그 나라의 정치 상황에 대해 들을 수 있는 기회를] 얻으신 것이다. 아마도 다른 사람들이 요청해서 [듣는 것과는] 다르지 않았을까?"
>
> 子禽問於子貢曰: "夫子至於是邦也, 必聞其政, 求之與? 抑與之與?" 子貢曰: "夫子溫良恭儉讓以得之. 夫子之求之也, 其諸異乎人之求之與?" 〈학이〉 1.10

자금의 물음에는 뼈가 있습니다. 위정자에게 꼬치꼬치 캐물어서 공자가 각 나라의 정치 상황을 들은 것 아니냐는 뉘앙스를 풍깁니다. 공자의 행동을 비꼬려는 의도가 보입니다. 이에 대한 자공의 대답은 질문과는 맥락이 맞지 않습니다. 그래도 공자를 높이고 있는 것은 분명해요.

이런 상황들은 공자가 생존했을 때는 물론이고 죽은 뒤에도 여전히 당시 조정과 세간에서 자공이 공자보다 더 뛰어나다는 평가를 받기도 했다는 분위기를 전합니다. 하지만 자공은 이러한 분위기를 이용하여 자신을 높이려 하지 않았던 듯해요. 대신 공자를 성인화함으로써 스승을 높이는 길을 찾았습니다. 자공은 정말 스승 공자를 존경했다고 볼 수밖에 없는 것이지요. 덕분에 공자는 만세萬世의 스승으로서 성인으로 등극합니다.

《논어》, 그 기록의 출발

다음으로, 우리는 자공의 입을 통해 공자학단에서 공자의 말을 기록하고 있었다는 증거를 발견할 수 있습니다. 지금까지 지배적이었던 증삼과 유약의 문인들이 《논어》를 편찬한 것으로 보는 학설을 뒤집을 수 있는 구절이 〈양화〉편에 나옵니다.

선생님이 말했다. "나는 아무 말도 안 하려 한다." 자공이 말했다. "선생님이 말씀하지 않으면, 저희는 무엇을 기록합니까?" 선생님이 말했다. "하늘이 무슨 말을 하느냐? [그래도] 사계절은 [번갈아] 운행하고 만물이 생겨난다. 하늘이 무슨 말을 하느냐?"

了曰: "予欲無言." 子貢曰·"子如不言, 則小子何述焉?" 子曰: "天何言哉? 四時

行焉, 百物生焉, 天何言哉?"   〈양화〉 17.19

이에 대한 전통적 해석의 초점은 주로 공자의 말을 풀이하는
데 있었어요. "공자는 행동으로 자신의 뜻을 다 보여줬으니 자신에
게 말을 요구할 필요는 없다고 한 것"이라고 해석하거나, 신유학자
들은 "천지가 운행하고 만물이 화육하는 과정에서 이理가 드러나기
때문에 구태여 말로 그것을 표현할 필요가 없다"라고 해석해요. 하
지만 내가 여기서 주목한 것은, 공자가 말을 안 하겠다고 하니 자공
이 그러면 "무엇을 기록하느냐"며 그를 채근했다는 점입니다. 여기
나오는 '술述'을 주희는 '기記'로 해석합니다. 이는 '기록하다'와 '기
억하다'를 포괄하는 단어입니다.

요컨대 자공의 말에서 문인들이 공자의 말을 글로 기록하든,
구전口傳을 통해 머릿속으로 기억하든 공자의 어록을 만들고 있었다
는 것을 충분히 추정할 수 있습니다. 이는《논어》초기 기록들이 보
존될 수 있었던 조건을 설명합니다. 또한 자공이 공자에게 이를 요
구했다는 것이 중요해요. 나는 이를 근거로 나중에《논어》에 편입되
는 수많은 초기 기록이 자공의 지휘 아래 문자화되었을 가능성을 추
정해 봅니다.

우리는 앞서 자공이 시에 대해 논한 장면을 통해 그가 자로
나 안회와는 달리 '문'의 전통에 익숙한 사람이었음을 확인했습니
다. 오늘날 우리는 '유가' 하면 예·정명正名·충서·인의仁義 등의 표현
을 떠올리지만, 전통 중국사회에서 유학사를 일관되게 꿰뚫은 것은
'문'입니다.《논어》에서 나온 내용에 의거하면, 문의 핵심은 시를 암

송하는 것은 물론 시를 문자로 정착시켜 글쓰기를 배운 것이라고 추정할 수 있습니다. 자공은 공자가 찬탄할 정도로 문에 뛰어났죠. 이런 점에서 자공은 '문'의 전통을 계승하고 있다고 볼 수 있습니다.

또 한 가지 짚어야 할 점은 자공이 이러한 기록을 정착시킴으로써 일종의 포교布敎, 즉 공자의 가르침을 널리 알렸다는 것입니다.

> 위나라 공손조公孫朝가 자공에게 이렇게 물었다. "중니께서는 어떻게 공부하셨습니까?" 자공이 말했다. "문왕과 무왕의 도가 이 땅에서 사라지지 않고 사람에게 남아 있습니다. [그 가운데] 뛰어난 사람은 큰 것을 알고 있고, 뛰어나지 못한 사람도 작은 것은 알고 있으니, 문무의 도를 가지고 있지 않은 사람이 없습니다. 선생님께서 누구에게서인들 배우지 않으셨겠습니까? 또 굳이 정해진 스승이 있어야 할 필요가 있습니까?"
>
> 衛公孫朝問於子貢曰: "仲尼焉學?" 子貢曰: "文武之道, 未墜於地, 在人. 賢者識其大者, 不賢者識其小者, 莫不有文武之道焉. 夫子焉不學? 而亦何常師之有?"
>
> 〈자장〉 19.22

고주古注 마융馬融(79~166)에 따르면, 여기에 등장하는 공손조公孫朝는 위나라의 대부大夫입니다. 도올 김용옥 선생님은 이 구절을 두고 이렇게 말해요. "자공은 공자의 사후 여러 나라를 주유하면서 공자의 가르침이 선양되는 것을 사명으로 삼고 운동도 하고 지원도 했다. 그 과정에서 만난 어떤 인물이었을 것이다. 공손公孫이라는 표현 자체가 이 사람이 위나라 공실의 자손임을 말해 주는 것이다."(김용옥, 《논어집주대전》 3권, 572쪽)

이 이야기는 자공이 평생에 걸쳐 공자의 기르침을 이곳저곳에 전파했음을 보여주는 증거라고 할 수 있습니다. 이런 자료들을 통해 《논어》에 편입되는 상당수의 기록들이 자공의 주도 아래 모아지거나 기록되기 시작했다는 가설을 충분히 세워볼 수 있습니다. 공자 사후 6년 동안에 말이죠.

'문'과 '서'의 계승, 유가의 탄생

그렇다면 자공이 펼쳤던 공자 가르침의 핵심은 어디에 있을까요? 바로 유가의 정체성과 직결되는 것으로, '문'과 '서恕'입니다.

시대마다 유학이 강조하는 것은 차이가 있지만, 앞서 언급했듯이 유가의 핵심은 '문'입니다. 그리고 이것을 익히는 사람을 '문인文人'이라 하죠. 문인은 송명宋明 이후에는 '독서인讀書人'이라 부르기도 했습니다. 문인이나 사대부로 통칭되는 이들은 거의 유학자였습니다. 이 문은 전통 유학의 정신·사상·문화 전체를 아우르는 표현일 텐데요, 이에 관한 이야기가 자공의 입을 거쳐 나옵니다.

극자성棘子成이 말했다. "군자가 기본 바탕質이 되었으면 그만이지 어찌 겉을 꾸미는 일文을 해야 하나요?" 자공이 말했다. "안타깝습니다! 선생께서 군자에 대해 [그렇게] 말하니 말입니다. 사두마차駟도 혀에는 미치지 못합니다. 겉을 꾸미는 것은 기본 바탕과 같고, 기본 바탕은 겉을 꾸미는 것과 같습니다. 호랑이 가죽이나 표범의 가죽, 개의 가죽이나 양의 가죽도 겉의 털을 제거하면 모두 같아집니다."

棘子成曰: "君子質而已矣, 何以文爲?" 子貢曰: "惜乎! 夫子之說君子也. 駟不及舌. 文猶質也, 質猶文也. 虎豹之鞟享, 猶犬羊之鞟享." 〈안연〉 12.8

우리는 이 문 앞뒤에 인人과 학學을 붙여 '인문학'이라 하죠. 최근에《노자》강의로 유명한 최진석 교수님은 인문학을 "사람이 그리는 무늬"라는 표현으로 설명하기도 했어요. 우리는 역사와 문학, 철학 책을 읽고 강의를 듣는 것을 인문학을 하는 것이라 생각하죠. 하지만 엄밀히 말하면, 인문학은 '사람을 사람답게 하는 무늬가 나의 말과 행동을 통해 드러나게 만드는 학문적 활동 또는 삶의 모습'이라 정의할 수 있습니다. 자공은 호랑이나 표범, 개나 양의 가죽에서 털을 모두 제거하면 그 모습이 똑같아지지 않느냐고 말합니다. 물론 가죽 제품을 만드는 분들에겐 기가 찬 비유겠지만, 자공은 털에 따라서 가죽이 육안으로 구분되는 것에 주목한 거죠. 이는 군자에게서 문을 제거하면, 군자와 소인을 분별할 수 있는 특징이 사라진다는 것을 뜻합니다. 문이야말로 군자가 군자다움을 드러내는 가장 중요한 요소라고 말하는 거죠.

이 문은 무와 구분되며, 문치文治를 표방한 사대부 문인의 전통을 대변합니다. 그런데 이것이 원래부터 사계급의 기본 특성은 아니었어요. 사는 본래 '무'를 바탕에 둔 계급이었습니다. 고대 중국 문헌에 등장하는, 특히 공자 이전의 사는 영어로 '기사knight' 또는 '전사warrior'라고 번역한다는 것을 앞에서 얘기했습니다. 고대 사회에서 칼을 차고 다니는 것은 높은 신분을 상징했습니다. 칼은 아무나 찰 수 있는 게 아니었어요. 청동기 시대였으니 청동으로 칼을 만들었고, 그 비용은 어마어마했죠. 하지만 공자는 이 사계급의 기본 특성을 무에서 문으로 탈바꿈시킵니다. _1_의 사성을 통해 지배급 사이에 문치가 싹트기 시작했거든요. 이는 공자의 위업 중 가장 중시해야 할 대목입니다.

이 문치가 중국에서 역사적으로 실현되기까지는 천 년 이상이 걸렸습니다. 조광윤趙匡胤이 송나라를 세우고 문치주의를 채택했죠. 이 과정이 참 재미있습니다. 조광윤은 이성계와 같은 무인 출신이었어요. 또 이성계가 위화도에서 회군해 정권을 잡은 것처럼 그도 비슷한 절차를 밟습니다. 조광윤이 이민족 침략을 막으라는 명령을 받아 출전하는 길이었는데, 그 밑에 부장들이 "형님, 뭘 그리 복잡하게 생각합니까? 돌아가서 엎읍시다"라고 부추깁니다. 부장들의 말에 따라 조광윤은 정권을 뒤엎고 황제가 됩니다. 그 직후에 자신을 부추긴 부장들을 다 모아놓고 종이 한 장을 내밀며 "여기에 도장 찍고 집에 갈래, 아니면 죽을래?"라고 해요. 왜냐하면 그 앞의 권력자들이 모두 자신처럼 함께 반란한 장군들의 손에 자리를 빼앗겼거든요. 조광윤 수하 부장들도 그를 뒤엎을 수 있는 사람들이죠. 조광윤은 자신도 똑같이 당할 수 있다는 생각에 머리를 쓴 겁니다. 그러니까 부장들에게 먹고살 만큼 재물을 주고 고향에 내려가서 여생을 조용히 살라고 한 거예요. 그리고 "일정한 병력이 움직이려면 문관의 결재를 받아야 한다"며 그 결재가 없으면 군대 이동이 불가능하게 만들어버립니다.

이것이 문치의 기본입니다. 막연하게 책을 가지고 통치한다는 게 아니에요. 무인보다 문인을 우대한다는 겁니다. 이것이 중국에서 실제로 제도화되기까지 천 년이 넘게 걸린 것은 문치가 그만큼 쉽지 않은 체제임을 보여줍니다. 인간사회에서 오랫동안 권력을 유지한 수단은 무력이었으니까요. 이렇게 보면, '무력이나 폭력을 얼마나 가까이하지 않으면서 권력을 유지할 수 있느냐?'가 진보의 기준이 되어야 합니다. 폭력을 수단으로 유지되는 권력은 이미 정치가 아니죠. 이런 차원에서 어떤 권력이 유교를 기본 이념으로 삼는다면 무턱대고 유교가 어떻고 보수가 어떻다 논하기 전에, 우리는 기준을 제시할 필요가 있습니다. 다시 말해 그 권력이 폭력과 얼마만큼 떨어져 있느냐가 얼마나 건전하고 합리적인 권력인가를 판단하는 준거가 되겠죠. 이는 예나 지금이나 권력에 대한 판단 기준으로 삼을 수 있습니다.

한편, 공자가 주장하는 인간다움을 실현하는 것이 도대체 뭘까요? 공자가 문을 인간사회에서 실현할 수 있는 핵심 덕목으로 제기한 것이 '인'입니다. 그런데 이 인은 너무 포괄적이고 어렵습니다. 특히 나중에 송명 신유학에 들어가면, 인은 우주를 유행流行하는 원리가 되잖습니까? 난해해요. 이 복잡한 인을 간단하면서도 구체적으로 실행하는 방법인 '서恕'를 우리는 자공의 물음을 통해 들을 수 있습니다.

> 자공이 물었다. "평생 동안 실행에 옮길 만한 한마디 말이 있을까요?" 선생님이 말했다. "아마 '서恕'일 것이다. 자신이 원하지 않는 것을 다른 사람에게 하지 않는 것이다."
>
> 子貢問曰: "有一言而可以終身行之者乎?" 子曰: "其恕乎! 己所不欲, 勿施於人."
>
> 〈위령공〉 15.24

보통 너그럽다로 풀이하는 '서恕'는 글자 그대로 풀면 '인간의 마음心이 서로 같다如'죠. 대부분의 고등 종교가 공통적으로 가진 규범으로 윤리학에서는 '황금률'이라고도 불립니다. 주목할 점은, 자공은 공자가 주창한 인을 실현할 방법이란 '서'라고 공자에게서 들었다는 것입니다.

이와 달리 증삼은 공자가 말한 '일이관지—以貫之'를 두고 '충서忠恕'로 해석했죠. 그래서 일부 학자들은 증삼을 대놓고 욕하기도 해요. "왜 서 앞에 '충'이 들어갔느냐? 공자가 말한 인의 핵심은 충이 아닌 서에 있다"며 증삼과 거리를 두려는 유학자들도 꽤 있었습니다. 이런 사실에 비추어볼 때, 증삼이 공자학단의 계승자라는 기존의 주장과 달리 나는 자공을 정통 계승자로 봅니다. '문'과 '서'를 함께 이야기한 자공이야말로 공자사상의 핵심을 제대로 전하는 중요한 인물이에요.

공자마을의 유래

그리고 바로 이런 점에서 자공은 오늘날 우리가 사대부정신이라 일컫는 사회적 책임의 의미를 자각한 사람입니다.

> 자공이 말했다. "군자의 잘못은 마치 일식이나 월식과 같다. 잘못을 저지르면 사람들이 모두 보게 되고, 잘못을 고치면 사람들이 모두 우러르게 된다."
>
> 子貢曰: "君子之過也, 如日月之食焉: 過也, 人皆見之; 更也, 人皆仰之."
>
> 〈자장〉 19.21

이 구절은 자공이 공자와 이야기를 나누는 장면에서 한 말이 아니라, 자공 혼자서 한 말입니다. 일식이나 월식은 하늘에서 일어나는 거대한 천문 현상이기에 어느 누구에게나 보입니다. 이 문장은, 자공이 군자의 사회적 특권을 옹호하는 생각이라기보다, 일종의 공인公人 의식을 드러낸 것으로 보입니다. 다만 예와 관련해서는 공자와 지향점이 달랐던 것으로 보여요.

> 자공이 [제후들이 매월 초하루 정사에 임하기 전에 조상의 사당에 지내는 제사인] 곡삭告朔 의례에 쓰이는 희생양을 폐지하려고 했다. [이를 알고] 선생님이 [자공에게] 말했다. "자공아! 너는 [의식에 쓰이는] 희생양의 [비용을] 아끼는구나. 나는 [형식적으로 지낸다 해도 그] 예를 [지킴으로써 얻게 되는 그 뜻을] 아낀다."
>
> 子貢欲去告朔之餼羊. 子曰: "賜也, 爾愛其羊, 我愛其禮."　　〈위령공〉 15.17

이렇게 강하게 해석하면, 공자가 자기 소신에 충실한 뛰어난 인물처럼 생각하게 되죠. 그런데 자공은 살림꾼이었습니다. 당시 제사에 바친 양의 가격이 요즘으로 치면 몇백만 원 나가는 소값에 버금갔을 텐데, 제사 비용을 충당해야 하는 입장에서 매달 몇백만 원은 만만찮은 부담이었을 겁니다. 게다가 당시 그 제사는 유명무실한 형식으로 전락해 제후도 와보지 않고 의례를 집전하는 의전관이 혼자 지냈거든요. 따라서 자공이 예를 원칙대로 따르지 않고 실용적인 선택을 한 것은, 현실의 재정 문제에서 비롯된 판단으로 봐야 합니다. 하지만 공자는 아무리 허례가 됐어도 예를 다하는 정신이 소중하다고 생각했는지 자공의 행동이 불만스러웠던 거고요.

나는 이런 사소한 차이는 있어도 앞의 세 가지 점에서 자공이 유가의 설계자라는 사실을 충분히 보여준다고 생각합니다. 정리하면 첫째, 자공은 공자를 성인으로 만들고자 부단히 노력했습니다. 둘째, 자공의 입을 통해 그가 공자의 말을 직접 기록하거나 그 과정을 지휘하는 것이 드러났습니다. 셋째, 공자사상의 핵심인 문과 서 사상에 대한 공자의 언급을 자공을 통해서 들을 수 있었습니다. 이로 미루어보아, 자공은 《논어》에 등장하는 어떤 제자보다도 중요한, 공자로 통하는 첫 번째 통로로 보는 것이 맞습니다.

이 모든 일은 자공의 '시묘살이'와 관련이 있습니다. 공자가 세상을 떠난 뒤 자공은 6년 동안 시묘살이를 했습니다. 공자학단에서 시묘살이는 본래 3년으로, 달로 따지면 25개월만 하면 됐어요. 그런데 자공은 3년에 3년을 더해 6년씩이나 움막을 짓고 시묘살이를 했어요. 이것은 무슨 뜻일까요? 자신을 건드리지 말라는 겁니다. '공자 다음에 나'라는 내부 정리 차원인 거죠. 시묘살이 3년 하고 떠난 제자들이 자공의 권위에 감히 도전할 수 없게 됐겠죠.

더욱이 자공은 공자학단의 실질적 후원자이기도 했어요. 이런 사람의 말은 학단 내부에 엄청난 영향력을 끼칠 수밖에 없었을 겁니다. 어떤 공인이 세상을 떠났을 때 국장을 치른다면, 그 장례위원장은 아무나 맡는 게 아니죠. 요즘으로 치면 자공이 공자의 장례위원장 노릇을 한 겁니다. 그 기간 동안 뭘 했겠습니까? 하루 종일 곡만 하지는 않았겠죠. 공자를 성인으로 내세우고, 그의 말을 기록으로 남기는 등 여러 가지 일을 했을 겁니다. 이 때문에 수많은 사람들이 자공 주변으로 몰려들어 공자를 기리며 살기 시작했는데, 그게 공자 마을의 효시라고 합니다.

자공은 유가를 설계했고 공자마을의 토대를 놓았으며,《논어》가 만들어지고 역사 속에서 공자를 중심으로 한 유가의 가르침 체계를 확립하는 데 혁혁한 공헌을 했습니다. 그래서 나는 "《논어》는 자공의 책이기도 하다"라고 말하고 싶어요. 역사는 한 사람의 주인공이 만들어나가는 것이 아니에요. 주인공 옆의 수많은 조연과 연출자 등 수많은 스태프의 노력이 멋진 영화를 만드는 것과 같습니다. 그런 의미에서《논어》는 다시 읽혀야 합니다. 자공의 역할을 긍정하는 것은 마찬가지로 이 책의 모든 주인공의 역할을 긍정하는 단초이기 때문입니다.

4부

: 재아·염구·증삼 :

"어디에나 길은 있다"

삶의 길이 오직 한 가지만 있는 것은 아니다.

어떤 이는 이상보다 현실로 통하는 문을 찾는다. 염구가 그랬다.

또 어떤 이는 내면의 세계로 침잠하려 한다. 증삼이 그랬다.

하지만 어떤 이들은 남들이 가보지 않은 길을 찾기도 한다. 재아가 그랬다.

길_道이 이렇게 갈라지고 교차하면서 삶은 저마다의 색깔을 드러내는 법이다.

9장

: 재아 :
길이 갈라지는 징후,
도의 탄생

재아, 또는 유교의 가롯 유다?

이번 장의 제목을 '재아, 길이 갈라지는 징후, 도의 탄생'이라고 도발적으로 잡아봤어요. 우리는 앞에서 《논어》에서 가장 중요한 인물들인 자로와 안회, 자공에 대해서 살펴보았습니다. 이들은 모두 공자가 아끼고 사랑했던 제자들이라고 평가받아요. 그런데 이번 장에서 다룰 재아는 이들과 성격을 전혀 달리하는 인물입니다.

《성경》에는 예수의 배반자로 가롯 유다라는 인물이 등장합니다. 그런데 역사학계에서는 가롯 유다가 실제로 예수의 가르침을 배반했느냐에 대한 이견이 있습니다. 그 학설에 따르면, 가롯 유다는 당시 로마 치하에 있던 유대인들의 민족해방을 꿈꿨던 혁명가였습니다. 그러니 당연히 예수가 지상의 세계에서 로마의 압제를 물리치고 유대민족의 해방을 도와줄 정치적 구원자이길 바랐겠죠. 하지만 그의 기대와 달리 예수는 그것엔 관심이 없고 하늘나라의 도래를 외친 거예요. 그러니 그는 자신과는 길이 다르다고 생각해서 예수를 넘길 수 있었던 거죠. 공자 문하에서는 아마도 재아가 유다와 같은 성격의 인물이 아니었나 싶습니다.

재아와 가롯 유다가 성격이 비슷하다는 것은 후대 학자들이 재아를 가롯 유다처럼 '나쁜 놈'으로만 해석한다는 점에서 그렇습니

나. 재아는 《논어》에 겨우 5회밖에 출현하지 않는데, 그가 등장하는 구절 전체에 대해서 일치하는 해석은 없습니다. 왜 그런 말을 했는지, 그 말의 의미가 무엇인지 등과 관련해서 학자들 사이에 논란이 분분합니다.

그런데 놀랍게도 이 해석들에는 재아는 나쁜 놈이라는 공통적인 편견이 깔려 있어요. 세부적인 해석의 차이는 있으나 학자들은 모두 재아는 나쁜 놈이니까 그렇게 말했고 공자에게 혼났다고 풀이합니다. 하지만 나는 재아를 일방적으로 나쁘게만 밀어붙이는 해석에 동의할 수 없습니다. 어떤 면에서는 공자가 재아보다 더 나빠 보이거든요.

전통적으로 재아는 불성실하고 도발적이며, 공자의 가르침에서 어긋나는 인물로 평가되어 왔습니다. 그런데 공교로운 사실은, 그가 공자가 언급한 공문사과의 가장 뛰어난 제자의 반열에 이름을 올리고 있다는 점입니다. 이러한 모순을 우리는 어떻게 받아들여야 할까요? 앞에서 본 구절이지만 다시 보겠습니다. "덕행德行(윤리도덕)은 안연과 민자건과 염백우와 중궁이다."《선진》 11.3) 이렇게 출중한 인물로 칭송받았던 재아가 어떻게 공자 문하의 배반자 또는 이단자로 여겨진 것일까요? 나는 조금 다른 시각에서, 중립적으로 재아를 살핀 결과 두 가지 생각을 갖게 됐습니다.

첫째는, 재아가 당시 새롭게 등장하기 시작한 '천도天道'사상의 선구자에 해당하는 인물이었다는 것입니다. 공자가 말한 도는 '인도人道', 즉 사람이 마땅히 따라야 하는 도리에 가깝습니다. 재아가 도라는 말을 구체적으로 쓰지는 않았어요. 하지만 재아의 말에서 우리는 세계가 운행하는 길이란 뜻의 '천도'사상의 맹아를 확인할 수 있습니다. 이 '천도'라는 말은 오늘날의 자연법칙의 의미를 포함하는 합리적 자연인식을 뜻합니다.

둘째로, 재아는 논리적이고 합리적인 사상의 소유자였습니다. 그래서 대화할 때 가정법을 사용하고, 합리적 근거를 들면서 자신의 주장을 펼쳤죠. 그의 논리적인 면은 이후 명가名家(고대 중국의 제자백가 가운데 언어의 논리적 측면에 주목했던 학파) 등이 언어 자체를 중시하는 사고 경향과 맞닿아 있고, 가정법을 써서 논변을 전개한 것은 묵가墨家의 중요한 특징이기도 합니다.

묵가는 예컨대 "당신이 만약에 먼 나라로 여행을 가야 하는 상황이다. 그렇다면 당신은 당신의 처자를 자신의 처자와 똑같이 대해 줄 사람에게 부탁하고 떠나겠느냐, 아니면 구별해서 대우하는 사람에게 부탁하고 떠나겠느냐?" 같은 논법을 썼습니다. 아울러 극단적 이기주의자로 이해되었던 양주楊朱(기원전 440?~기원전 360?, 개체의 욕망을 긍정하여 고대 중국에서 개인주의의 단초를 열었던 사상가. '나를 위해 산다'는 뜻의 '위아론爲我論'으로 유명)에게 "당신이 만약 터럭 하나를 뽑아서 천하를 이롭게 할 수 있다면 그렇게 하겠습니까?"라고 질문한 것도 묵가학파 사람들입니다. 논의에서 단어의 개념을 규정하고 사용하는 것을 대단히 중시했던 것도 묵가 전통입니다. 우리는 이런 논리적인 대화법이 재아에게서 드러남을 확인할 수 있습니다.

재아는 누구인가?

재아는 재여宰予(기원전 522~기원전 458?)의 자입니다. 재아에겐 자아

自我라는 자도 있었어요. 재아는 노나라 출신으로 공자보다 스물아홉 살 연하로 알려져 있습니다. 그가 언제 죽었는지는 불명확하지만 공자의 사후에도 생존해 있었다는 것은 분명합니다. 그의 이력에 관해서는 거의 알려진 바가 없는데, 〈중니제자열전〉에는 "재아가 제나라 수도 임치臨菑의 대부가 되었다가 전상田常과 더불어 난을 일으켜 노나라 족속을 쳐죽였다宰我爲臨菑大夫, 與田常作亂, 以夷其族"라는 기록이 있습니다.

잠깐 전상, 즉 전씨 일가와 관련한 이야기를 소개할게요. 제나라는 본래 강태공에게 수여된 제후국이었습니다. 그런데 나중에 전씨가 강씨를 물리치고 제후가 됩니다. 《맹자》에서 맹자가 만난 제나라 위왕威王과 선왕宣王은 기원전 350~기원전 300년경 당대 전국 칠웅七雄 가운데 제나라가 가장 강성한 시기에 재임했던 왕들이죠. 이두 사람도 전씨입니다. 이 전씨 일가는 자신들의 조상을 '황제黃帝'라고 주장했어요. 우리가 우리를 단군의 자손이라 이야기하는 것처럼 중국인들이 자신들을 '황제의 자손'이라고 지칭할 때 쓰는 '황제'는 바로 이 전씨 일가가 퍼뜨린 신화에서 비롯됩니다. 그리고 《사기》에서는 중국 최초의 황제가 나오는데, 전씨 일가가 만든 정鼎, 즉 세발솥에 황제가 그들의 조상으로 처음 등장합니다. 이렇게 황제 신화는 중국에 널리 유포되었습니다.

그런데 〈중니제자열전〉에 쓰여진 재아의 기록에 대해서는 논란이 많습니다. 전상과 함께한 이는 재아가 아니라 다른 사람이라고 반박하는 학자들도 있어요. 그럼에도 '노나라 족속을 쳐죽였다'는데 재아가 등장한 것은, 그가 노나라 사람과 관계가 안 좋았다는 추측을 가능하게 합니다. 이런 부분이 재아가 《논어》에서 나쁜 사람으로 몰린 중요한 근거가 되지 않나 싶어요.

　재아는 어떤 문헌에서든 공통적으로 "말을 잘했다"는 평가를 받습니다. 앞에서 살폈듯, 《논어》에서 공자는 재아가 자공과 더불어 정치외교술의 핵심인 언어에 능했다고 칭찬합니다. 《공자가어》 〈72제자해七十二弟子解〉에서는 재아를 "말재주로 이름을 날렸다"고 평가했고, 〈중니제자열전〉에서는 "구변이 날카로웠고, 말을 조리 있게 잘하였다"고 했습니다. 그런데 이런 재아가 《논어》에서는 유독 심하게 꾸지람을 듣고 비난받았던 인물로 나옵니다.

　나는 그러한 묘사가 자공과의 갈등에서 비롯된 것은 아닌가 추측합니다. 예컨대 자공은 자로나 염구와는 갈등이 없었던 것으로 보입니다. 왜냐하면 자로와 염구는 계씨 아래에서 함께 벼슬을 했던 사이이기도 했으니 정치적으로 보면 같은 입장이었을 듯해요. 안회와의 관계는 안회가 벼슬을 원하지 않은 데다가 공자의 중재를 통해 어느 정도 해소되었던 것으로 볼 수 있어요. 게다가 관심 분야로 보아도, 자로와 염구는 정사, 안회는 덕행으로 칭찬받았으니 서로 경쟁하는 사이가 아니었을 거예요.

　그런데 재아는 자공과 같이 언어에 탁월했다고 평가받았습니다. 이렇게 보면, 자공의 입장에서 재아는 호적수가 아니었을까요? 그래서 자공 일파가 재아 일파를 배척하는 차원으로, 《논어》 초기 기록에서 재아를 따돌린 것은 아닐까 하는 생각이 듭니다. 강력하게 주장할 수는 없지만, 충분히 가능한 추측이라 생각해요. 이렇게 이번 장에서는 재아가 어떤 사람이라고 단정짓기보다, 재아에 대한 기존의 견해를 되짚어보며 그와 관련한 다양한 의심들을 바탕으로 그의 모습을 재구성해 보려고 합니다.

재아에 대한 풀리지 않은 의문들

먼저 재아와 관련해 의심 가는 점들을 하나하나 따져보고자 합니다. 첫째, 재아가 말을 잘한다는 이유로 비난받았다는 것입니다. 앞에서 말했지만《논어》에서 가장 말을 잘하는 사람은 공자입니다. 공자의 그 주옥같은 어록을 떠올려보세요. 앞에서 봤던 인용문에서 자공이 공자에게 평생에 걸쳐 잊지 않을 만한 한마디를 묻자, 공자는 "네가 남에게 받고 싶지 않은 것을 남에게 행하지 마라"고 했죠. 대단한 명언입니다. 또 공자는 "절대로 하면 안 되는 것도 없고, 절대로 해야만 하는 것도 없다"라는 말도 했어요. 공자도 이렇게 말을 잘한 것을 보면, 단순히 재아가 말을 잘했기에 비난받았다고 할 수는 없습니다. 우리는 '재아가 하는 말이 공자를 포함한《논어》속 다른 인물들과 다르다'는 점에 주목해야 합니다.

재아의 실리주의적 면모 또한 비난의 대상이 되기도 합니다. 그는 종종 실리주의자로서 현실에 민첩하게 대처했다고 평가받아요. 그래서 앞서 말한 대로 그는 훗날 묵자, 고자告子, 순자荀子 등 명가와 묵가 계열 사상가들의 선구자라고 일컬어지기도 합니다. 그런데 이 점들은 액면 그대로 받아들일 게 아니라 꼼꼼히 따져봐야 합니다. 재아가 실리적이었다는 게 왜 비난받을 일인지, 그는 정말 실리적이었는지 등에 대해서 말입니다.

공자가 재아를 비난했던 이야기부터 살펴보겠습니다.

재여가 낮에 잠을 잤다. [이를 본] 선생님이 말했다. "썩은 나무에는 조각할 수 없고 거름흙은 [벽을 보수하는] 흙손질에 쓸 수 없는 법이다. 이런 재아를 꾸짖어서 무얼 하겠는가!"

선생님이 말했다. "나는 애초에는 주위 사람에 대해 그가 [무언가를 하겠다고] 말하는 것을 들으면 그가 그렇게 행동할 것이라고 믿었다. [그런데] 이제는 주위 사람에 대해 그가 [무언가를 하겠다는] 말을 들어도 그가 그렇게 행동하는지 살피게 되었다. 재아에 대해 [나는] 이렇게 태도를 바꾸게 되었다."

宰予晝寢. 子曰: "朽木不可雕也, 糞土之牆不可杇也, 於予與何誅." 子曰: "始吾於人也, 聽其言而信其行; 今吾於人也, 聽其言而觀其行. 於予與改是."

〈공야장〉 5.10

이 예화를 보면 재아는 게으르거나 낭비가 심한 사람으로 평가받습니다. 앞의 구절에서 '낮에 잠을 잤다'는 표현은 '주침晝寢'인데, 일부 학자들은 낮을 뜻하는 '주晝'를 '그리다' 또는 '장식하다'는 뜻의 '획畫'으로 보아 '침실을 화려하게 장식했다'는 의미로 풀이하기도 해요. 어쨌든 재아를 부정적으로 묘사하는 표현으로밖에는 볼 수가 없어요.

더구나 둘째 단락에서 공자가 한 말은 재아가 훌륭한 사람이 아니라고 볼 수밖에 없는 근거가 됩니다. 자신이 말한 대로 행동하지 않는 사람은 예나 지금이나 좋은 사람으로 보기 어렵습니다. 하지만 재아가 정말 그런 사람이었을까요? 나는 조금 다른 시각에서 볼 수 있다고 생각해요. 왜냐하면 《논어》에 등장하는 사람 가운데 재아는 말하는 방식이 아주 달랐기 때문입니다.

《논어》에 등장하는 화자들은 논리적으로 추론하는 방식으로 대화하지 않아요. 《논어》에서 가장 일반적으로 등장하는 물음의 방식은 "문問 무엇"의 형식이에요. 예컨대 "문인問仁"이라는 표현은 "어짊에 대해 여쭙고 싶습니다"라는 뜻입니다. 그러면 공자는 질문자의 개성이나 당시의 상황에 맞추어서 답변을 합니다. 질문하는 사람과 답변하는 두 사람의 상황과 관계 속에서 그 의미와 맥락을 살펴야 한다는 뜻입니다.

우리는 지금까지 이러한 방식으로 공자와 이 책의 주인공들이 나누는 이야기가 얼마나 서로 달랐는지를 확인해 왔습니다. 그런데 재아의 경우는 정말 예외적입니다. 《논어》의 이야기 장면들은 '말 자체가 행동'인 세계관을 드러냅니다. 누가 어떤 말을 하는가는 그 사람의 인격과 개성을 드러낸다는 것이죠. 여기서 이야기 중에 쓰이는 말의 개념과 논리는 때로 부차적입니다. 하지만 재아의 경우는 달랐어요.

재아의 새로운 논리학

재아가 잘 쓰던 어법은 '가령 ○○○ 하다면 어떨까요?'라는 식의 가정법이었습니다. 예화를 보겠습니다.

재아가 [공자에게] 이렇게 물었다. "어진 사람의 경우에, 가령 누군가가 그에게 이렇게 말합니다. '사람이 우물에 빠졌다'라고 말입니다. [그러면] 어진 사람은 그 말에 따라 [우물에 빠진 사람을 구하려고 우물로] 들어갈까요?"
선생님이 말했다. "무엇 때문에 꼭 그렇게 하겠느냐? 군자라면 근처

에까지 가기는 하겠지만, [무턱대고 우물에 뛰어들어] 빠지게 할 수
는 없다. 또 [거짓말로] 속일 수는 있지만, 속아 넘어가게 할 수는 없
다."

宰我問曰: "仁者, 雖告之曰: '井有仁焉.' 其從之也?" 子曰: "何爲其然也? 君子
可逝也, 不可陷也; 可欺也, 不可罔也."

〈옹야〉 6.26

공자와 재아의 이 대화는 논리적으로 딱 맞아 보이지는 않습
니다. 여기서 중요한 것은 재아가 가정법을 쓴다는 점입니다. 재아
의 물음은 "선생님의 '어진 사람'이라는 개념에는 '사람이 우물에 빠
졌다는 이야기를 들으면 바로 그 사람을 구하러 우물로 들어간다'는
의미가 들어 있나요?"라고 재해석할 수 있습니다. 개념을 중시한 표
현이죠. 하지만 공자는 어진 사람이라는 개념을 논리적으로 파악하
고 있던 게 아닙니다. 그래서 그는 재아의 질문을 마치 어진 사람을
시험하는 듯한 내용으로 받아들이고 있어요.

여기서 공자와 재아가 쓴 어법 자체가 다르다는 점이 두드러
집니다. 나는 이 부분을 보면서 재아의 말이 독특한 것이 아니라, 그
대화법이 공자학단 내부에서 다분히 이질적이었을 것이란 생각을
했습니다.《논어》의 어떤 구절을 보더라도, 여러 가지 선택지 중 어
느 하나를 고르라는 방식의 이야기가 없거든요.

예컨대《한시외전韓詩外傳》에는 이런 이야기가 나옵니다. 누군
가 자로와 자공, 안회에게 "당신은 당신에게 잘해주는 사람과 막 대
하는 사람이 있다면, 각각을 어떻게 대할 것이냐?"라는 질문을 합니
다. 그러자 자로는 "나에게 잘해주면 나도 잘해줄 것이고, 나를 막
대하면 나도 그렇게 할 것이다"라고 대답합니다. 자공은 "잘해주는

사람에게 나도 잘해주고, 막 대하는 사람에 대해선 생각해 보고 결정하겠다"라고 말합니다. 안회는 "잘해주든 못해주든 난 누구에게든 잘해주겠다"라고 합니다.

《한시외전》의 예화를 보면, 자로와 자공, 안회는 모두 각자에게 잘해주거나 막 대하는 사람이 있다면 '나는 이렇게 하겠다'라며 자신이 할 한 가지 행동만을 선언적으로 말하고 끝맺습니다. 이 이야기에 대해 공자는 "자로의 방식은 야만인이나 하는 짓이고, 자공의 방식은 친구끼리 가능한 것이며, 안회의 방식은 가족끼리 가능한 것이다"라고 말합니다. 매우 탁월한 공자만의 이야기 방식이에요.

하지만 오늘날 현대인들은 보통 어떤 문제가 발생했을 때 그것을 해결하는 방법을 여러 가지로 강구하고, 각각이 어떤 결과를 초래할지를 예상하고 비교한 뒤 그 가운데 가장 좋은 방법을 선택하죠. 이것이 우리가 타산적이고 합리적이라고 부르는 방식입니다. 재아는 이와 비슷하게 이성에 바탕을 둔 논리적 방식으로 자신의 사유를 전개해 나간 것으로 보입니다.

이와 달리 《논어》에서는 어떤 행동을 하고 결정을 내리는 기준은 주로 선생님이나 선왕 또는 전통적 규범에서 찾아요. 다시 말해 그 또는 그것이 'A하라고 말했기 때문에 A를 해야 한다'는 거죠. 그래서 재아가 이런 세계의 양식에 어긋나는 이질적인 어법을 썼기 때문에 공자에게 많이 꾸지람을 들은 것이라고 생각합니다.

다음의 예문도 기존의 해석과는 다르게 볼 수 있습니다.

[노나라 군주인] 애공哀公이 재아에게 [토지신을 모셔 제사하는] 사社에 [어떤 나무를 써야 하는지에] 대해 물었다. 재아가 대답했다.

"하후씨가 [다스리던 하夏 나라는] 소나무를 썼고, 은殷 사람들은 측백나무를 썼고, 주周 나라 사람들은 밤나무를 썼다고 합니다. [그렇게 한 데에는 모두] 백성들이 무서워서 벌벌 떨도록 한다는 뜻이 있다고 합니다."

선생님이 이 이야기를 듣고 말했다. "성공할 일은 발설해서 말하지 않고, 이루어질 일은 간諫해서 [그만두라고] 하지 않고, 이미 지난 일은 비평하지 않는 법이다."

哀公問社於宰我. 宰我對曰: "夏后氏以松, 殷人以柏, 周人以栗, 曰使民戰栗."

子聞之曰: "成事不說, 遂事不諫, 旣往不咎."　　　　〈팔일〉 3.21

노나라 군주 애공은 계씨 집안 사람이 아니에요. 그가 재아에게 질문한 것을 보면, 재아가 지식이 풍부한 사람이라는 걸 알 수 있습니다. 재아는 하·은·주가 각각 어떤 나무를 썼는지 자신이 아는 대로 답변합니다. 이는 오늘날 '책에서 읽은 대로' 또는 '알고 있는 대로' 등의 표현에 해당하는 어법이죠. 즉, 재아는 객관적 지식을 전달하는 방식으로 얘기한 겁니다.

공자는 이런 식으로 말하지 않았습니다. 만약 이 답변을 공자 식으로 바꾼다면, '이런저런 나무들을 썼는데, 모든 사람이 하나가 된다는 뜻이었다'같이 정치적으로 긍정적인 지향이 담기거나 도덕적 의미가 담겼을 겁니다. 그러니까 재아의 말에 공자가 바로 한소리하죠.

대체로 공자의 답변은 "재아의 말을 내가 지금에 와서 꾸짖어봤자 무슨 소용이 있겠느냐"는 의미로 해석합니다. 그런데 리링은 이 구절을 다음처럼 새롭게 해석하기도 합니다.

칭대의 방긴오에 의하면, 고대이 사는 희생을 죽여 제사 지내는 곳이고, 애공이 사에 대해 물은 것은 사람을 죽일 수 있는 것인지를 물은 것인데, 그 의미는 삼환三桓을 제거해야 한다는 것이었고, 재아의 대답은 그에게 단호하게 결단을 내릴 것을 권유하고 그들을 죽이지 않으면 백성들을 두렵게 할 것이라고 대답한 것이라 추측한다. 이에 근거하면 이 문장은 공자가 재아를 비판한 것과는 다른 의미가 된다.

《집 잃은 개》1권, 190쪽

이렇게 보면, 재아와 애공의 이야기는 우리가 생각했던 것과는 전혀 다른 의미로 다가옵니다. 전통사회에서는 주로 이렇게 비유적인 방식으로 구절을 해석했어요. 하지만 나는 여기서 《논어》 속 다른 인물들과 달리, 재아의 어법이 객관적으로 존재하는 지식을 알려주는 듯하다는 데에 주목하고 싶습니다.

재아가 본 공자

혼나기만 했던 재아는 실제로 공자를 어떻게 생각했을까요? 《맹자》에 재아가 공자에 대해 한 말이 한 번 등장해요. 《맹자》는 재아의 말을 이렇게 전하고 있어요.

재아가 말했다. "내가 우리 선생님을 살펴보건대 [성왕이었던] 요임금 순임금보다 훨씬 나은 분이다."

宰我曰: 以予觀於夫子, 賢於堯舜遠矣.　　　　《맹자》〈공손추상公孫丑上〉

대단한 칭찬 아닙니까? 앞에서 자공의 문인 자금이 자공에게, 당신이 공자보다 낫지 않느냐며 따지자 자공은 공자가 하늘과 같은 분이라며 높였던 장면을 보았죠. 그런데 맹자가 전하는 말을 보면, 재아도 자공에 못지않았어요. 《논어》에서 공자에게 늘 꾸지람을 듣던 재아가 공자를 요임금이나 순임금보다 낫다고 말합니다. 우리는 이런 관계를 어떻게 보아야 할까요? 재아는 공자를 진실로 존경했고, 재아 자신이 객관적으로 볼 때도 공자가 훌륭하다는 것을 인정한 거예요. 그래야 재아가 공자의 험난했던 14년의 유랑기간 중 반 이상을 함께했고, 그 이후로도 오랫동안 공자 곁에 머물다가 공자 사후에야 다른 데로 갔다는 이야기가 성립되지 않을까요?

갈라진 길에서 새로운 도가 탄생하다

마지막으로, 재아가 가장 재아답게 드러나는 이야기를 살펴보겠습니다. 재아의 가정법을 가장 명쾌하게 볼 수 있는 구절입니다.

> 재아가 물었다. "3년상은 1년으로도 충분합니다. [만약 공직을 맡고 있는] 군자가 3년 동안 예禮를 행하지 않으면 예는 분명히 망가질 것입니다. [또 군자가] 3년 동안 음악樂을 하지 않으면 음악은 분명히 사라질 것입니다. 옛 곡식이 없어지고 햇곡식이 올라오는 것과 [계절마다 바꾸어 사용하는] 불씨 얻을 나무를 바꾸는 데도 1년으로 충분합니다."
> [가만히 듣고 있던] 선생님이 [불쾌한 감정을 노골적으로 드러내며]

이렇게 말했다. "[부모가 돌아가신 지 얼마 되지 않았는데] 쌀밥을 먹고 비단옷을 입어도 너는 편안하냐?"

[선생님의 반응이 예상외로 공격적인 말로 돌아오자 재아는 결심한 듯이 이렇게 말했다.] "편안합니다."

[물러설 줄 알았던 재아가 다시 도발적으로 대답하자 선생님도 계속 강경한 어조로 말했다.] "네가 편하다면 그렇게 해라. 군자는 [부모의] 거상 중에는 맛있는 음식을 먹어도 맛을 모르고, 음악을 들어도 즐거운 줄 모르고, 집에 있어도 편안하지 않다. 그래서 그렇게 하지 않는다. [그런데] 지금 너는 편하다고 하니 그렇게 하도록 해라."

재아가 나가자 선생님이 [주위의 제자들을 둘러보면서 혀를 끌끌 차며 이렇게] 말했다. "재여는 어질지 못하구나不仁. 자식이 태어나 3년이 지나야 부모의 품을 떠난다. 3년상은 천하에 통용되는 상례다. 재여는 자기 부모에게 3년 동안 사랑을 받기는 했을까?"

宰我問, "三年之喪, 期已久矣. 君子三年不爲禮, 禮必壞. 三年不爲樂, 樂必崩. 舊穀既沒, 新穀既升, 鑽燧改火, 期可已矣." 子曰: "食夫稻, 衣夫錦, 於女安乎?"

曰: "安." "女安則爲之! 夫君子之居喪, 食旨不甘, 聞樂不樂, 居處不安, 故不爲也. 今女安, 則爲之!" 宰我出.

子曰: "予之不仁也! 子生三年, 然後免於父母之懷. 夫三年之喪, 天下之通喪也. 予也, 有三年之愛於其父母乎?" 〈양화〉 17.21

여기서 재아는 "생명은 1년을 주기로 순환합니다. 그렇다면 인간이 지켜야 할 '상'이라는 예의 기간도 자연법칙에 따라 1년으로 하는 것이 순리 아니겠습니까?"라고 공자에게 물은 겁니다. 그런데 공자는 "너는 부모가 돌아갔는데도 맛있는 게 입에 들어가느냐?"며 쏘아붙입니다. 한마디로 공자가 반칙을 한 겁니다. 거기다 재아의 뒷담화까지 합니다. 만약 공자가 재아의 질문에 바로 "사람이 태어나고 부모 품을 벗어나는 데 3년이 걸린다면, 부모와 헤어지는 것도 3년이 걸리는 것이 합당하다"고 대답했다면, 둘 사이의 이야기는 합리적인 토론이 됐을 겁니다.

공자의 언어세계에 논리적 대화는 없었어요. 앞에서 언급한 대로, 우리는 《논어》에 논리적 토론이 없다는 점을 인정해야 합니다. 예를 들어, "선생님이 말했다. 배우고 때에 맞춰 몸에 익히면 기쁘지 않겠는가?"처럼 《논어》 텍스트의 대부분이 공자가 한마디하고 끝납니다.

가령 《장자》에 논리를 요리조리 뒤집으며 복잡하고 역설적인 논의들이 나오는 것처럼, 후대 문헌에 등장하는 이른바 논리적 이야기가 《논어》에는 없습니다. 이 이야기 또한 근거를 갖고 토론하는 대화가 아니라, 이질적인 어법을 사용하는 두 사람의 논의가 교차하는 정도로 보는 편이 적절합니다. 공자의 언어세계에는 객관적인 토론이 없었기 때문에, 공자가 자신의 세계에 없는 어법을 사용한 재아를 두고 뒷담화를 한 것도 결국 공자가 '다른 어법을 받아들이는 데'에 무지한 상태에서 일어난 행위이니 재아의 인격에 흠집이 난다고 비평할 거리는 아니죠.

공자는 '천명天命'의 세계에 살았던 사람입니다. 천명은 기본적으로 주나라 시대의 예의 근거였죠. 물론 공자 또한 그 예의 근거를 합리적으로 찾으려 노력했습니다. 공자는 때로 역사적 모델에서 찾았고 때로는 인간의 내면에서 찾기도 했어요. 하지만 《논어》 전체에 흐르는 분위기에서 보면, 그가 찾았던 예의 근거는 종교적으로 보이지 않으며, 또한 객관적 자연질서를 통해 예를 찾으려는 경향도 적어요. 공자가 따르고자 했던 도는 지극히 인간적 차원을 중시하는 듯해요. 이것이 바로 '인도'죠. 공자가 인간의 내면을 중시하려 했던 경향은 나중에 유가 학단에서 크게 발전하게 됩니다. 그런 노선에 있는 사람이 증삼이고, 또 후대의 맹자예요.

하지만 공자는 '천도', 즉 객관적 자연세계의 질서라는 개념이 희박했습니다. 자공을 다룰 때 살폈듯, 자공은 "우리 선생님이 성과 천도에 대해 말한 것은 들을 수 없었다"《공야장》 5.14)라고 말했습니다. 후대 학자들의 해석을 차치하고 그 문장 자체로만 보면, 공자는 성과 천도에 대해 말하지 않았어요. 자공이 그 말을 한 즈음에야 그 개념들에 대한 논의가 출현하기 시작했다고 보는 게 맞다는 거죠.

재아는 새로운 방식의 사유를 대변한 인물입니다. 우리는 그에게서 천도에 인간의 사회질서를 맞추려 한 새로운 분위기와 합리적 정신을 발견할 수 있습니다. 이 이야기에서 재아는 개개인이 부모의 상을 지내는 것에 초점을 맞춘 게 아니에요. 그는 군자의 경우에 주목해, 한 나라의 수장 또는 장관이 3년 동안 권력의 공백기를 갖는다는 것은 너무 길고 무모하다고 역설한 겁니다.

햇곡식을 쓰고 땔감을 바꾼다는 등의 이야기는 권력이 바뀌면 그 신료들도 교체되는 것을 의미합니다. 왕이 죽었다고 해서 이전의 신하들에게 바로 나가라고 할 수 없겠죠. 재아는 업무를 인수인계하며 권력의 세대교체가 자연스럽게 유예기간을 갖고 이뤄지는 게 필요하고, 그것은 1년 정도가 적당하다고 말한 겁니다. 그가 1년상을 주장한 것은, 실제 지배자들이 1년상밖에 하지 않았다는 《춘추》의 기록을 통해 그 합당함이 확인되기도 하죠. 하지만 공자가 말하는 상의 초점은 인간의 감성에 맞춰져 있어요.

나는 재아의 말에서 합리적 정신의 맹아를 발견할 수 있다고 봐요. 더불어 공자는 당시가 천명에서 천도로 세계관이 바뀌어가는 과도기임을 일부 보여주지만, 재아는 그것을 훨씬 강하게 보여준 거죠. 재아는 천명의 세계에 익숙했던 공자와 달리 제자들 사이에서 천도에 입각한 새로운 세계관이 싹텄다는 증거예요.

10장

:염구:
비틀거리며 도를 따라가다

현실주의자 염구

이제부터는 비교적 비중이 낮아 보이는 인물들, 사실상 많은 사람들이 《논어》를 읽으면서 관심을 주지 않았던 이들을 다룰 것입니다.

이번 장에서 다룰 인물은 염구冉求(기원전 522~기원전 489)입니다. 사람들은 흔히 자로는 직설적이고 다혈질이며, 안회는 어릴 때부터 공자를 잘 따랐고, 자공은 지극히 현실적이었다고 생각해요. 그런데 나는 오늘날의 '현실적이다'라는 표현에 더 부합한 인물은 오히려 염구가 아닐까 생각합니다. 그는 우리가 오늘날 현실에서 흔히 볼 수 있는 사람들의 모습에 가깝거든요.

염구는 공자학단에서 파문당해 쫓겨나는 인물이기도 합니다. 그렇다면 그에 대한 기록은 삭제될 법도 한데, 그는 《논어》에 16차례나 등장합니다. 등장 횟수로 따지면 여섯 번째로 많이 나와요. 그만큼 염구가 《논어》에서 비중이 있다고 말할 수 있습니다.

그런데 어떻게 파문당한 사람이 그렇게 많이 등장할 수 있었을까요? 더군다나 공자는 염구를 자로와 더불어 정사에 능하다고 칭찬까지 했습니다. 공자의 뛰어난 13명의 제자 가운데 한 명에 올랐던 거죠.

먼저 염구가 쫓겨난 이야기부터 살펴볼까요? 《논어》에 따르면 염구가 계씨 가신을 할 때 벌어진 일입니다. 앞에서도 말했듯이, 공자의 제자들은 노나라에서 주로 계씨의 가신 벼슬을 지냈습니다.

> [대부였던] 계씨季康子가 [노나라 제후인] 주공周公보다 부유했다. 그런데도 염구가 계강자를 위해 [세금을] 더 거둬들여 계강자의 부를 더 늘려주었다. [이를 전해 들은] 선생님이 말했다. "[염구는] 나를 따르는 제자가 아니다. 너희들은 북을 울리며 성토하는 게 좋겠다."
> 季氏富於周公, 而求也爲之聚斂而附益之. 子曰: "非吾徒也. 小子鳴鼓而攻之, 可也."
> 〈선진〉 11.17

이 문장에서 '주공周公'은 공자가 흠모했던 주나라의 주공 단周公旦이 아니라 당시 노나라 제후를 뜻합니다. 노나라는 주공 단에게 내려진 봉지封地였어요. 여기서 '주공'은 그 주공 단의 후예예요. 그런데 이때 노나라에서는 계손씨·맹손씨·숙손씨 3대 대부 가문이 나라의 실권을 장악했고, 특히 계씨는 노나라 전체 부富의 반 정도를 차지하고 있었습니다. 그런데도 염구는 세금을 더욱 많이 거둬 계강자를 더 부유하게 해준 겁니다. 염구가 계씨에게 얼마나 충성했는지를 보여주는 대목이죠. 공자 입장에서는 당연히 제후보다 부유한 대부 계씨를 도운 염구를 용납할 수 없었습니다.

이 구절을 보면서 공자의 가르침을 따르지 않은 염구가 부정적으로 보이나요? 대부분의 사람들은 '공자의 제자 중 공자가 주창한 도에 가장 부합했던 사람은 누구인가?' 또는 '공자의 제자 중 공자를 가장 잘 이해했던 사람은 누구인가?'라는 관점에서 《논어》를 읽어요. 그런데 만약 공자의 도에 동의하지 않는 사람이 있었다면 어떨까요?

　우리는 《논어》를 읽을 때 《논어》에 등장하는 모든 제자가 공자와 똑같은 하나의 생각, 하나의 목표를 가진 사람들이라고 생각하며 읽어요. 공자가 말하는 인을 누가 제대로 이해했는가, 누가 더 인을 바르게 실천했는가 하는 기준에서 보는 것이죠. 하지만 누구나 삶이 다르듯 생각도 다른 것은 너무 당연한 것이에요. 그럼에도 우리는 고전을 읽을 때 이 점을 간과하는 듯해요. 공자 문하에 있는 이미 머리가 굵은 제자들이 자기 스승과 얼마나 닮았는가에 중점을 두고 《논어》를 읽는다? 이런 관점에서 '염구가 패륜을 저질렀다' 또는 '염구가 스승의 가르침을 저버렸다'면서 염구를 비난한다? 이건 인간을 제대로 볼 줄 모르는 시각에서 텍스트를 읽는 것입니다. 염구는 염구일 뿐입니다. 모든 사람이 각자의 생각과 감정, 삶이 있는 것처럼 염구도 마찬가지입니다.

　염구를 알려면 공자가 아닌 염구에 초점을 맞춰야 합니다. 염구는 노나라 제후를 받들어야 한다고 주장한 공자와 달리 계씨의 가신으로서 충성을 다했습니다. 계씨를 통해 무엇인가를 이뤄내고자 한 인물이라 추정할 수 있습니다. 그것이 나쁜 것인지에 대한 평가는 별개로 이뤄져야 하겠죠. 여기서 중요한 것은 '염구가 공자가 좋아하지 않았음에도 계씨에게 충성했다'는 사실입니다.

　우리는 보통 공자의 제자들이 공자의 도를 천하에 실현하기 위해 벼슬에 나아갔다고 생각하죠. 나는 이와 달리, 염구는 벼슬에 나아가기 위해 공자의 문하에 있었다고 생각합니다. 오늘날 대부분의 사람들이 먹고살기 위해 직업을 구하는 것처럼 말이죠. 염구가 공자의 철학에 전적으로 동의한 사람이 아니라는 점이 그 증거예요.

그러면 한 가시 문제가 발생합니다. 이 점만 가지고는 염구가 그렇게 오랫동안 공자 문하에 있었다는 점은 설명할 수 없어요. 그래서 나는 비유적으로, 그가 '공자의 도를 비틀거리며 좇아갔다'고 주장하고자 합니다. 사실 인간이 살아가면서 자신이 정한 목표를 이루려고 '직진'만 하지는 않죠. 가령 자동차를 타고 가다가 길이 막히면 우회할 수도 있고 후진할 수도 있잖아요. 배가 저 멀리 보이는 등대를 향해 갈 때도 파도나 바람에 밀리면 비틀거리며 항해할 수밖에 없죠. 그런데도 우리는 역사적 인물을 볼 때 그 사람이 자신의 이상을 실현하는 길에서 직진만 한 것처럼 착각해요. 그런 인물은 각색된 텍스트에는 있을지 모르겠지만 현실에는 없죠. 현실의 눈으로 《논어》를 보지 못하는 것은, 자신이 겪는 삶을 현실적으로 이해하지 못하기 때문이라고 볼 수 있습니다.

염구는 공자를 있는 그대로 좇았던 안회와 달리 자신의 생각이 확고한 사람이었어요. 하지만 염구가 오랫동안 공자와 함께했다는 사실은 그가 공자를 존경했고 따르고자 했음을 방증합니다. 그래서 나는 그가 공자의 이념보다 공자라는 인간 자체를 좋아했고 그를 따랐지만, 현실의 처지를 생각하며 자신의 소신에 따라 자기 삶을 꾸려간 사람이라고 생각합니다.

염구의 자는 자유子有 또는 염유冉有라고 하는데, 노나라 사람으로 공자보다 스물아홉 살 연하였습니다. 그러니까 자공과 안회보다 나이가 한두 살 더 많은 형님이었고, 재아와는 동갑내기였죠. 공자가 30대 후반에 받아들인 제자입니다.

그런데 염구는 공자 문하에 혼자 들어왔던 것 같지 않습니다. 그는 염씨였던 염백우冉伯牛, 冉耕, 중궁仲弓, 冉雍과 인척이에요. 어쩌면 그는 스무 살 넘게 나이 차이가 나는 인척인 염백우의 손에 이끌려 어릴 적에 철모르고 공자 문하에 들어간 인물인지도 모릅니다. 다시 말해 어떤 원대한 포부를 가지고 공자 문하에 들어간 것이 아니라, 마치 우리가 여덟 살이 되면 초등학교에 입학하듯 집안 어른이 가자고 해서 들어가지 않았을까 싶어요. 나는 그것이 그 나이 대에 합당한 해석이라 생각해요. 우리는 지나치게,《논어》에 등장하는 사람들이 어떤 신념을 갖고 공자의 뜻을 지지하며 자신의 이상을 펼치기 위해 삶을 불태웠다고 생각하는 경향이 있어요.

일찍 들어간 덕분에 염구는 안회, 자로, 자공 등처럼 공자와 유랑 기간을 함께했습니다. 물론 끝까지 하지 않고, 중간에 노나라에 돌아가 벼슬을 했습니다. 영화 〈공자〉는 염구가 군공을 세운 대가로 계씨에게 공자가 고국으로 돌아올 수 있게 길을 열어달라고 요청했고, 그것이 받아들여진 내용이 나옵니다. 이를 역사적으로 중요한 하나의 해석을 영화 소재로 활용한 것으로 본다면, 염구가 공자에게 나름의 애정이 있었다는 사실은 좀 더 분명해집니다.

염구와 관련한 학자들의 평가는 다양합니다. 예컨대 염구가 소극적이고 소심했다는 평이 있습니다. 또 약삭빨랐다거나, 예술적 감각이 있었다거나, 다재다능했다는 등등의 화려한 칭찬과 비난이 혼재하기도 합니다. 그런데 사람은 누구나 다면적일 수밖에 없습니다.

이렇게 보면 염구에 대한 공자의 시각이 정말 타당한지 확신할 수 없습니다. 나와 비슷한 사람은 쉽게 알아보지만, 나와 뜻이 다른 사람은 자기 생각을 말하지 않으면 그가 나와 다른지 알 수 없죠. 그런 점에서 염구는 공자와 대화를 많이 한 것 같지 않아요. 공자가 염구를 잘 몰랐다고 단언할 수는 없지만, 자신과 생각이 달랐는데 염구가 그것을 말하시 않았으므로 공지는 그 부분을 충분히 헤아리지 못했다고 추정할 수 있습니다.

공자학단의 다양한 일화를 소개하고 있는 《공자가어》〈제자행〉에서는 염구를 재주 있고 정치를 잘했던 인물로 묘사합니다. "노인을 공경했고 손님을 접대할 줄 알았으며, 학문을 좋아하고 예술적 감각이 있었다. 일할 때에는 매사를 잘 살피면서 부지런했다." 이는 공자가 염구에 대해 소극적이라고 한 것과는 거리가 먼 모습입니다. 물론 공자도 염구가 정사에 능했다고 평가했습니다. 그런데 소심한 사람이 안회처럼 덕행이 뛰어나다면 모를까, 활동적인 기질을 요구하는 정치와 행정에 출중했다? 이는 앞뒤가 맞지 않는 이야기가 아닌가 싶어요.

더불어 《공자가어》〈정론해正論解〉에서는 제나라 재상 국서國書가 쳐들어왔을 때 이를 염구가 물리치자, "염구는 의리에도 맞았고 군법에도 어긋나지 않았다"고 공자가 격찬하는 이야기가 나옵니다. 이때 염구와 함께 싸운 사람이 나중에 맹씨의 수장이 되어 공자와 이야기를 나누기도 하는 맹무백이죠.

뛰어난 실무자

다른 문헌처럼 《논어》에서도 염구가 정치와 행정에 뛰어났던 인물로 그려집니다. 먼저 자로를 살폈을 때 인용했던, 맹무백이 공자에게 칭찬 좀 받아보려고 질문한 문장에서 염구 부분을 다시 보죠.

[맹무백이 다시 질문을 바꾸어 물었다.] "[그렇다면] 염구는 어떻습니까?"

선생님이 말했다. "천 가구 정도의 도시로서 전차 백 대를 동원할 수 있는 대부大夫의 봉지封地에서 도시의 행정과 조세업무를 맡길 만합니다. [하지만] 염구가 [제가 말하는] 어진 사람인지는 모르겠습니다."

〈공야장〉 5.8

여기서 공자는 염구가 어진 사람이 아니라고 했지만, 그보다 앞서 했던 말을 보세요. 전차 백 대를 요즘식으로 환산하면, 탱크 몇십 대 정도이지 않을까요? 또 전차에는 보병, 포병 등이 따랐다는 것을 감안하면, 공자는 염구를 군대가 전반적으로 갖춰진 국가의 사령관급이라 평가했다고 볼 수 있습니다.

더구나 그 당시의 장군은 뒤에서 작전을 짜고 지휘하는 정도가 아니라 필요한 경우에는 선봉에서 직접 칼과 창을 들고 싸우면서 군사를 독려해야 했습니다. 많은 사람들이 용맹했던 자로를 다혈질이고 드세다고 비하하는데, 만약 그와 달리 허약한 사람이 선두에서 '돌격, 앞으로!'를 외쳤다면 누가 따르겠습니까? 공자의 평은 염구도 자로만큼은 아니어도 상당히 용기 있고, 정치·행정 실무를 맡겨도 좋을 탁월한 인재라는 겁니다.

계자연季子然이 물었다. "중유와 염구는 '큰 신하大臣'라고 할 수 있습니까?" 선생님이 말했다. "나는 당신이 까다로운 질문을 할 줄 알았는데, 겨우 자로와 염구에 대한 질문이군요. 이른바 '큰 신하'란 도로써 군주를 섬기다가 [그렇게 되지] 않을 때에는 그만둘 줄 아는 법입니다. 지금 자로와 염구는 '능력 있는 신하具臣'라고는 할 수 있겠습니다." [그러자 계자연이 다시 물었다.] "그렇다면 [그 두 사람은 어떤 명령이든 내리면] 그대로 따르는 자들입니까?" [선생님이 말했다.] "아버지와 임금을 시해하라고 하면 [그와 같은 일은] 따르지 않을 것입니다."

季子然問: "仲由冉求可謂大臣與?" 子曰: "吾以子爲異之問, 曾由與求之問. 所謂大臣者: 以道事君, 不可則止. 今由與求也, 可謂具臣矣." 曰: "然則從之者與?" 子曰: "弑父與君, 亦不從也."　　　　　　　　　　　　　　〈선진〉11.24

계자연도 계씨 일가 사람입니다. 이 일화에서도 공자는 염구가 능력 있는 신하가 될 수 있다고 긍정적으로 말합니다. 또 계강자가 염구에게 행정업무를 맡길 만한가에 대해 물었을 때, 공자는 "염구는 다재다능합니다. 행정업무를 맡기는 데 무슨 어려움이 있겠습니까?"라며 흐뭇하게 염구를 칭찬합니다.

위 이야기들에서 공자는 염구가 탁월한 실무 능력이 있다고 평가합니다. 그런데 공자와 어릴 때부터 함께했고, 기나긴 유랑을 함께하기도 했지만, 공자와 염구는 서로 삐걱거리는 모습을 많이 보이고 있습니다. 왜 그랬을까요? 몇 가지 사례를 살펴보겠습니다.

스스로 역부족이라 말하는 소심남?

특히 염구와 관련된 유명한 단어인 '역부족'이 나온 이야기부터 보겠습니다.

염구가 말했다. "선생님의 도를 좋아하지 않는 것은 아닙니다. [하지만 그 도를 실행하기에는 저의] 역량이 부족합니다." 선생님이 말했다. "역량이 부족하다는 것은 가다가 중간에 포기하는 경우에 해당한다. [그런데] 지금 자네는 [미리부터] 선을 긋고 있는 것이야."

冉求曰: "非不說子之道, 力不足也." 子曰: "力不足者, 中道而廢. 今女畫."

<옹야> 6.12

염구의 말은 사실 '선생님의 도에 동의할 수 없다'는 뜻입니다. 때때로 누군가를 존경하는 것과 누군가를 따르는 것은 별개일 수 있어요. 그럴 경우 왜 나를 따르지 않느냐는 물음을 받으면 대답하기가 곤혹스러워요. 아마 염구의 상황이 그랬다면 어떨까요? 나는 염구의 대답을 그런 상황으로 이해하고 싶어요.

또한 염구는 정말 자기 역량이 부족해서 그렇다고 말한 것이 아닙니다. 여태까지의 이야기를 보면 염구는 실무적 재능이 탁월했어요. 이를 고려하면, 염구의 말은 공자와 뜻이 다르다는 것을 표현한 것이죠.

아래는 염구가 소심하고 조심스럽다는 평가의 근거가 되는 구절입니다.

자로가 물었다. "[훌륭한 가르침을] 들으면 그것을 바로 실행해야 합니까?" 선생님이 말했다. "아버지와 형이 살아 계신데 어찌 들은 것을 바로 실행해야 하겠느냐?" [이번에는] 염구가 물었다. "[훌륭한 가르침을] 들으면 그것을 바로 실행해야 합니까?" 선생님이 말했다. "들은 것은 바로 실행해야 한다."

[두 사람이 나간 뒤에 자로와 염구의 같은 질문에 대답이 다르자] 공서화가 말했다. "자로가 [훌륭한 가르침을] 들으면 바로 실행해야 하느냐고 물었을 때 선생님께서는 아버지와 형님이 계신데 [어찌 그럴 수 있느냐고] 하셨는데, 염구가 들으면 바로 실행해야 하느냐고 물으니 들은 것은 바로 실행해야 한다고 하셨습니다. 저는 [어느 게 맞는 것인지] 당혹스럽습니다." 선생님이 말했다. "염구는 [어떤 상황에서는] 뒤로 물러서기에 앞으로 나아갈 줄도 [알아야 한다고] 한 것이고, 자로는 [어떤 상황에서든] 다른 사람 몫까지 하려고 하기에 뒤로 물러설 줄도 [알아야 한다고] 한 것이다."

子路問: "聞斯行諸?" 子曰: "有父兄在, 如之何其聞斯行之?" 冉有問: "聞斯行諸?" 子曰: "聞斯行之." 公西華曰: "由也問聞斯行諸, 子曰: '有父兄在'; 求也問聞斯行諸, 子曰: '聞斯行之.' 赤也惑, 敢問." 子曰: "求也退, 故進之; 由也兼人, 故退之."

〈선진〉 11.22

공서화의 질문에 대한 공자의 답변을 보고, 사람들은 염구가 소심하다고 해석합니다. 하지만 나는 그런 해석에, 그리고 공자의 생각에 동의하기 어렵습니다. 염구가 소심했던 것이 아니라 공자 앞에서 언행을 가렸던 것이 아닐까 싶어요. 내가 보기에 염구는 공자가 지향했던 세계를 마음에 들어하지 않았으니까요.

앞에서 살폈듯, 공자를 수행하는 제자들의 모습을 표현한 문장을 보면 염구는 결코 소심한 사람으로 보이지 않습니다. 〈선진〉편에서 염구는 공자를 모실 때 자공처럼 자유롭고 편안했다고 합니다. 대개 선생님 앞에서 아주 조심스럽게 행동하는 제자들은 선생님과 모종의 이해관계가 있는 사람들입니다. 가령 선생님이 전화 한 통으로 취업을 시켜줄 수 있다면, 당연히 공손할 수밖에 없죠. 하지만 선생님이 가는 길과 전혀 상관이 없는 제자라면 어떨까요? 직장생활을 하면서 배움에 뜻을 두고 수업을 듣는 학생은 질문할 때 거침이 없습니다. 또 선생님이 하는 이야기가 자기 마음에 안 들면 이따금 대들기도 해요. 이런 사람들은 선생님과 있을 때 자유롭고 편안하겠죠.

이를 고려하고 위의 문장을 보면, 염구가 소심한 사람이었다고 보는 것은 맞지 않다는 생각이 듭니다. 오히려 현실적인 사람의 일반적인 특징인 '신중함'을 보여준 것 같아요. 소심해서 뒤로 물러서 있던 게 아니라 공자의 이상에 동참할 생각이 없기 때문에 가만히 있었다고 보는 게 전반적 맥락에 맞는 해석 같습니다.

아래는 염구가 공자와 생각이 달랐다는 사실을 드러내는 대표적인 사례입니다.

> 자화子華가 제나라에 사신으로 가게 되자 염자冉子(염구)가 공자에게 자화의 어머니를 위해서 곡식을 보내주자고 했다. 공자가 말했다. "한 부釜(6말 4되)를 보내도록 하자." 염자가 더 주자고 청했다. 공자가 말했다. "한 유庾(2말 4되)를 더 보내도록 해라." 염자가 [공자가 말한 것과 달리] 다섯 병秉(160말)을 보내주었다. [나중에 이 일을 알고] 공자가 말했다. "자화가 제나라로 갈 때에 타고 간 말은 살쪘고, 입은 옷은 가벼운 가죽 옷일 정도로 [여유가 있었다.] 내가 듣기에 '군자는 다급한 사람은 도와주지만 부유한 사람에게 보태주지는 않는다'고 했다."
>
> 子華使於齊, 冉子爲其母請粟. 子曰: "與之釜." 請益. 曰: "與之庾." 冉子與之粟

五秉. 子曰: "赤之適齊也, 乘肥馬, 衣輕裘. 吾聞之也, 君子周急不繼富."

〈옹야〉 6.4

이 문장에서 자화子華는 공서적公西赤을 말하는데, 특이하게도 여기서 염구는 '염자'로 나옵니다.《논어》에서 '자子'가 사용되는 것은 증자曾子, 유자有子, 염자冉子 이렇게 셋뿐입니다. 이는《논어》에서 염구의 위치가 만만치 않았다는 것을 보여줍니다.

사람들은 이 구절을 읽을 때, 맨 마지막의 공자의 말을 근거로 염구가 '지나쳤다'고 해석합니다. 그런데 이 상황에 대해서는 몇 가지 따져볼 것이 있어요. 첫 번째, 공서적이 만약 계씨의 일, 즉 공적인 업무를 수행하러 외국에 파견됐다면, 그 대가로 공서적의 어머니가 받는 비용은 계씨로부터 나왔을 겁니다. 그런데 염구가 공자학단에서 공서적의 어머니에게 곡식을 주자고 공자에게 제안한 것을 보면, 공서적은 학단 내부의 일 때문에 다른 나라로 간 것이라고 보는 편이 적합할 것 같습니다.

두 번째, 당시엔 한 번 출장 가면 짧게는 수십 일이 걸리고, 길게는 해를 넘기기도 했습니다. 그러니 사신으로 떠난 공자 제자의 가족이 먹고살 만큼의 곡식을 계산해서 주는 작업은 그리 간단한 일이 아니었겠죠. 만약 공자 문하에서 제자가 사신으로서 출장 가는 경우가 종종 발생했다면, 그 대가로 제자의 가족에게 주는 곡식 양의 기준선은 분명 있었을 겁니다. 따라서 이를 고려하지 않고 염구가 공서적의 어머니에게 곡식을 지나치게 많이 보냈다고 하는 것은 섣부른 판단인 거죠. 이런 판단들은 대체적으로 공자의 말을 무조건 옳다고 보는 관점에서 기인합니다.

공자가 크게 화를 내지 않은 것을 보면, 염구는 기준선을 초과하지 않는 한도 내에서 공서적의 어머니에게 곡식을 지급했을 가능성이 높습니다. 하지만 공자는 공서적의 가족은 먹고살 만한데, 공서적의 어머니에게 곡식을 그렇게까지 많이 준 염구가 못마땅했나 봅니다. 반면 염구 입장에서는 공자가 곡식을 너무 적게 주라고 하니, 자신이 판단했을 때 적당하다 싶은 양을 준 것으로 보입니다. 누가 맞는지 평가하려면 더 많은 정황들이 있어야 하겠죠.

중요한 것은 여기서 염구는 공자가 뭐라 해도 상관없이 실무자로서 독자적으로 생각하고 판단하고 행동했다는 것입니다. 이는 염구가 공자와는 다른 생각을 가졌다는 것을 보여주죠. 그래서 나는 염구가 공자를 흠모하고 존경했지만, 공자의 도를 무조건 추종하는 게 아니라 자기 한계 안에서 비틀거리며 따랐다고 이해하는 것이 바람직하다고 생각합니다.

비틀거리며 도를 따르다

염구는 매우 현실적이며 능력 있고, 소신도 있었습니다. 더 나아가 그는 현실을 보는 눈이 공자와 달랐던 것 같습니다. 아래는 염구의 그런 면이 보이는 일화입니다.

> 계씨가 [대부 신분임에도 불구하고] 태산泰山에서 제사를 지냈다. 공자가 염유에게 말했다. "자네가 말릴 수 없었는가?" 염유가 대답했다. "할 수 없었습니다." 공자가 [한숨을 내쉬며] 말했다. "아아! 태산

이 임방林放만도 못하다는 것인가?"

季氏旅於泰山. 子謂冉有曰: "女弗能救與?" 對曰: "不能." 子曰: "嗚呼! 曾謂泰山, 不如林放乎?"

〈팔일〉 3.6

임방은 계씨의 제례를 담당했던 관리로 추측됩니다. 본래 태산에서 제사를 지내는 것은 왕만이 할 수 있는 의례입니다. 그런데 이 임방이 계씨에게 "태산에서 제를 지내면 당신의 위용이 만천하에 드러날 것이다"라며 옆구리를 찌른 모양입니다. 그 말에 솔깃한 계씨는 어깨에 힘 줘가며 제사를 지낸 거고요. 공자의 정명론에 따르면 제후도 아닌 계씨가 태산에서 제사를 지낸다는 것은 절대로 있을 수 없는 일이었죠. 그러니 염구가 이를 묵인했다고 공자가 나무란 겁니다.

덧붙이면 계씨는 천자만이 주최할 수 있는, 사람들이 여덟 줄로 늘어서서 춤을 추는 팔일무八佾舞 공연을 열기도 했습니다. 이때도 공자는 한탄하며 계씨를 비판했죠. 계씨는 노나라를 차지하고, 나아가 천하를 자기 것으로 만들겠다는 야심에 찬 인물이었습니다. 이런 사실을 염두에 두면, 염구가 계씨를 말릴 수 없었다고 한 이유는, 자신의 능력이 모자랐기 때문이 아니라 말릴 이유가 없었기 때문으로 봐야 하지 않을까요? 염구는 오히려 계씨의 성공에 기여하고, 그것을 통해 현실에서 자신의 야망을 추구한 인물인지도 모르니까요.

이 이야기에 나오는 계씨는 계강자로서 염구는 그의 밑에서 벼슬했습니다. 그때가 기원전 492년에서 기원전 472년 사이인데, 공자는 기원전 484년까지 주유하다 노나라에 돌아왔고 기원전 479년에 죽었죠. 따라서 이 대화는 기원전 484년에서 기원전 479년 사이에 일어난 대화입니다. 그 당시 염구는 40대를 훌쩍 넘긴 중년이었고 현직 고위관리로 재직하고 있었어요. 오늘날 현직 장관이 대학교 은사에게서 충언을 들었다고 해서 바로 그 견해를 수용해 행동할 리는 만무하겠죠. 염구도 그랬을 겁니다.

공자는 위대한 성인이고 그 제자들은 모두 공자의 추종자라고 생각하며 《논어》를 읽다 보니 염구도 공자의 제자라는 틀에서만 바라보면서 제대로 된 제자가 맞느냐고 생각합니다. 하지만 염구는 공자 문하생이긴 해도 장관급의 벼슬을 지내고 있었고, 따라서 그가 독자적으로 판단하고 행동하는 것은 사실 지극히 당연합니다. 아무리 은사를 존경할지라도 40대가 넘어가면 스승과는 달라진 자기 생각을 나름대로 현실에 적용하려고 애쓰잖아요. 그리고 속으로 '선생님이 나이 드셔서 현실을 잘 모르신다'고 생각하죠. 염구도 분명 공자에 대해 그렇게 생각하고 행동했을 거예요.

염구는 철 모를 때 공자학단에 들어갔습니다. 하지만 염구의 언행을 보면 그는 안회와는 판이하게 전적으로 공자를 지지하지는 않은 게 분명합니다. 그가 공자에게서 가르침을 듣는 장면은 단 한 군데뿐입니다.

선생님이 위나라에 갈 때에 염유가 말을 몰았다. 선생님이 말했다. "인구가 많구나!" 염유가 말했다. "이미 인구가 많아졌다면 그다음에 무엇을 더 해야 합니까?" [선생님이] 말했다. "부유하게 해주어야 한다." [염구가 다시] 말했다. "이미 부유해졌다면 그다음에 무엇을 더해야 합니까?" [선생님이] 말했다. "가르쳐야 한다."

子適衛, 冉有僕. 子曰: "庶矣哉!" 冉有曰: "旣庶矣. 又何加焉?" 曰: "富之." 曰:

"旣富矣, 又何加焉?" 曰: "敎之."

〈자로〉 13.9

　　오히려 염구의 관심은 일관되게 관직에 나아가는 것에 있었던 모양입니다. 염구는 자신의 관심사와 일치하는 경우에 공자의 가르침을 들었던 것으로 보입니다. 그래서 그는 자공에게 공자가 위나라에서 벼슬을 할까를 궁금해했습니다. 〈술이〉 7.15에서 염구가 "우리 선생님이 위나라 군주를 위해 [관직을 맡아] 일을 하실까요?"라고 묻는 장면이 나옵니다. 자공을 다룰 때 봤던 문장이죠. 여기서 염구는 '위나라 군주가 공자에게 벼슬을 주면, 공자가 그것을 받아서 일을 하겠는지'를 공자에게 직접 묻지 않고 자공에게 대신 질문하게 합니다. 이 구절에선 우리는 두 가지를 알 수 있습니다. 첫째, 공자와 다른 생각을 하고 있다는 것을 공자 앞에서 티내고 싶어하지 않았다는 점입니다.

　　둘째, 염구는 공자가 벼슬하기를 간절히 원했다는 것입니다. 그래야 자기한테도 기회가 올 테니까요. 과거에는 벼슬한다는 것이 지금처럼 개인 차원에서 끝나지 않고, 일정한 집단을 움직이는 일이었습니다. 어떤 사람이 한 지역의 현령이나 지방관으로 파견되면 그 밑의 아전 등의 월급은 그가 직접 챙겨줘야 했습니다. 이런 전통이 청나라 말기까지 거의 2천 년 이상 지속되었어요. 어쨌든 염구는 한결같이 관직에 나아가고 싶어했다고 볼 수 있습니다.

　　이렇게 염구는 자신만의 일관된 면모를 보여주는데, 우리는 그동안 염구를 공자의 제자로서만 바라보며 그가 공자의 가르침과 다르게 행동하는 모습을 있는 그대로 받아들이지 못했던 것 아닐까 싶어요. 특히 염구는 공자가 말하는 예악의 정치에 그다지 관심도 없었고, 추측건대 별로 동의하지 않았습니다. 이와 관련된 부분을 살펴볼 텐데, 문장이 길어서 염구와 관련된 부분만 보겠습니다.

자로와 증석曾晳과 염유와 공서화가 [공자를] 모시고 앉았다. 선생님이 말했다. "나는 너희보다 조금 더 나이를 먹었으나 나를 개의치 말아라. 평소에 '나를 몰라준다'고 말하는데, 만약 누군가 너희를 알아준다면 어떻게 하고 싶으냐?" 자로가 엉겁결에 나서서 대답했다. "천승의 나라가 대국들 사이에 끼어서 군사적 위협을 받고 있으며 연이어 기근이 든 상황에 처해 있을 때 제가 그 나라를 다스리면 3년 만에 용감해지게 하고 또 도리를 알게 하겠습니다." 선생님이 코웃음을 쳤다. "염구야, 너는 어떠냐?"
[염구가] 대답했다. "사방 60~70리 또는 50~60리 되는 나라를 제가 다스린다면 3년 만에 백성들을 풍족하게 할 수 있습니다. 하지만 예악과 같은 것은 군자를 기다려야겠지요."

子路, 曾晳, 冉有, 公西華侍坐. 子曰: "以吾一日長乎爾, 毋吾以也. 居則曰: '不吾知也!' 如或知爾, 則何以哉?" 子路率爾而對曰: "千乘之國, 攝乎大國之間, 加之以師旅, 因之以饑饉; 由也爲之, 比及三年, 可使有勇, 且知方也." 夫子哂之. "求! 爾何如?" 對曰: "方六七十, 如五六十, 求也爲之, 比及三年, 可使足民. 如其禮樂, 以俟君子." 〈선진〉 11.26

'천승의 나라千乘之國'란 전쟁에 쓰이는 전차 1천 대를 동원할 수 있는 큰 규모의 제후국을 뜻해요. 천하를 다스리는 왕의 '만승의 나라萬乘之國'에 대해 낮춘 말입니다. 여기서 자로는 감히 자신이 천하를 다스리는 일에 관여힐 수 있다고 말하지는 않습니다. 하지만 제후의 나라 또한 결코 작은 규모는 아닙니다. 공자가 살았던 노나라는 제후의 나라였거든요. 자로가 천승의 나라를 말했는데, 그보다 손아래였던 염구가 더 큰 나라를 말할 수는 없었을 거예요.

염구의 말대로 사방 50~70리 정도라면 규모가 좀 작은 나라죠. 이는 앞서 자로가 천승의 나라를 언급한 것에 공자가 코웃음을 친 것을 보고, 염구가 움찔해서 그 넓이를 줄인 것이라고 해석하는 사람이 많습니다. 전통 주석가들도 대부분 그렇게 보고 있기에 맞는 해석으로 보여요. 하지만 그 뒤에 나오는 말은 달리 봐야 할 부분입니다. 이에 대해선 많은 학자들이 "나는 아직 예악까지 익힌 사람이 아니기 때문에 나보다 더 뛰어난 사람을 기다리겠다"라고 해석해요. 그런데 능력이 탁월한 실무자가 뭘 기다린다는 겁니까?

염구의 말은, 자신은 예악에는 관심 없다는 뜻입니다. 말하자면 염구는 계씨를 포함해 당시 수많은 군주들이 추구했던, 부유하고 강한 군사력을 가진 부국강병 국가를 추구했던 인물이라 할 수 있습니다. 반면 공자는 예악을 통해 천하를 다스려야 한다는 입장이었죠. 그러니까 염구의 말은, "나는 예악에 입각한 국가통치에 동의하지 않는다"로 볼 수 있어요.

더구나 벼슬에 있었던 염구는 공자와 일정한 거리를 두었던 듯이 보입니다.

염자가 조정에서 돌아왔다. 선생님이 말했다. "무슨 일로 늦었느냐?" [염자가] 대답하며 말했다. "정무가 있었습니다." 선생님이 말했다. "아마도 일이 있었겠지. 만약 [조정에] 정무가 있었다면 비록 내가

[관직에] 있지 않더라도 나도 그런 [일이 있다는 것을] 함께 들었을 것이다."

冉子退朝. 子曰: "何晏也?" 對曰: "有政." 子曰: "其事也. 如有政, 雖不吾以, 吾
其與聞之."

〈자로〉 13.14

사실 염구가 예악에 의거한 통치를 거부한 것은 그로선 당연한 일이었습니다. 다음의 긴 문장은 염구가 바랐던 세계가 어떤 것이었는지를 잘 보여줍니다.

계씨가 [노나라의 속국으로 자치권을 가진 나라인] 전유顓臾의 [땅을 정복하고자 전쟁을 벌이려] 했다.

[계씨의 신하로 있던] 염유와 계로가 공자를 만나 [조심스럽게] 말했다. "계씨가 전유의 [땅을 도모하고자] 전쟁을 벌이려 합니다."

공자가 말했다. "염구야. 이런 일이 [일어나게 된 것은] 네 잘못 아니냐? 옛날 [주나라의] 선왕들은 전유[의 군주들에게] 동몽東蒙[의 제사를] 주관하는 [특별한 임무를] 맡겼다. 또 [전유의 땅은 노나라의 제후가 봉지로 받은] 강역 안에 있는 [노나라의 속국으로 노나라의 사직을 모시는] 신하다. 그런데 어찌하여 [그런 곳을 정복하려고] 전쟁을 벌인다는 것이냐?"

[공자의 비난 섞인 목소리에] 염구가 [힘없는 목소리로] 말했다. "[주군인] 계씨가 그렇게 하려는 것이지, 신하에 지나지 않는 저희 두 사람 [자로와 염구는] 모두 원치 않는 일입니다."

[염구가 변명조의 말을 늘어놓자] 공자가 말했다. "염구야, 옛날의 훌륭한 역사가周任가 이런 말을 했다, '온 힘을 다하여 [자신의] 직무

를 다하되 살할 수 없으면 그만두는 법'이라고! 또 [군주에게] 위험이 닥쳤는데 도와주지 않고, 넘어졌는데 부축하지 않는다면 보좌진을 쓴들 무엇하겠느냐? 그리고 네가 한 말 자체가 잘못되었다. [예를 들어 우리 속에 있어야 할] 호랑이와 코뿔소가 우리에서 뛰쳐나오고, [보석상자에 고이 보관해 둔] 귀갑龜甲과 옥구슬이 상자 안에서 깨졌다면, 그것은 누구의 잘못이겠느냐?"

[공자의 거친 비판이 끊이지 않자] 염유가 [결심한 듯 솔직하게] 말했다. "지금 전유[의 땅은 성곽이] 견고하고 [계씨의 전략적 요충지인] 비읍에서 가깝습니다. 지금 취하지 않으면 훗날 자손들의 근심거리가 될 것입니다."

[염구가 의외로 단호하게 나오자] 공자는 [화제를 돌려] 말했다. "염구야, 무릇 군자라면 [무언가를 원하면서도] 원하지 않는다고 말하고서 꼭 핑계를 대는 짓을 혐오하는 법이다. 내가 듣기에, '국가를 다스리는 사람은 [생산량이] 적은 것을 걱정하는 대신 불균등하게 분배되는 것을 걱정하고, 가난을 걱정하는 대신 [세상이] 불안정한 것을 걱정한다. 대개 [분배가] 균등하면 가난한 사람이 없고, [세상 사람들이] 화목하면 [자신의 몫이 작아도] 부족한 줄 모르고, [세상이] 평안해지면 [질서가] 무너질 일이 없다. 이 때문에 멀리 있는 사람이 복종하지 않으면 문덕文德을 닦아오게 하고, 이미 왔으면 온 사람은 편안하게 해주어야 하는 것이다'고 했다. 지금 자로와 염구 [너희 둘은] 계씨를 보좌한다면서 멀리 있는 사람이 복종하지 않고 그들이 오게 하지도 못하는구나. 나라 안이 이리저리 분열하고 있는데 [그런 분열이 일어나지 않게] 지키지도 못하면서, 나라 안에서 전쟁을 일으키려는 획책이나 하고 있구나. 내가 보니 [이 나라의 실권자인]

계손씨 [가문의] 근심은 전유[의 땅]에 있는 게 아니라 [계손씨 집] 담장 안에 있는 것 같구나."

季氏將伐顓臾. 冉有季路見於孔子曰: "季氏將有事於顓臾." 孔子曰: "求! 無乃爾是過與? 夫顓臾, 昔者先王以爲東蒙主, 且在邦域之中矣, 是社稷之臣也. 何以伐爲?" 冉有曰: "夫子欲之, 吾二臣者皆不欲也." 孔子曰: "求! 周任有言曰: '陳力就列, 不能者止.' 危而不持, 顚而不扶, 則將焉用彼相矣? 且爾言過矣. 虎兕出於柙, 龜玉毁於櫝中, 是誰之過與?" 冉有曰: "今夫顓臾, 固而近於費. 今不取, 後世必爲子孫憂." 孔子曰: "求! 君子疾夫舍曰欲之, 而必爲之辭. 丘也聞有國有家者, 不患寡而患不均, 不患貧而患不安. 蓋均無貧, 和無寡, 安無傾. 夫如是, 故遠人不服, 則修文德以來之. 旣來之, 則安之. 今由與求也, 相夫子, 遠人不服而不能來也; 邦分崩離析而不能守也. 而謀動干戈於邦內. 吾恐季孫之憂, 不在顓臾, 而在蕭牆之內也."　　　　　　　〈계씨〉 16.1

전유는 노나라 군주가 따로 떼어서 제사를 받들라고 한 제후의 별도 직할지입니다. 이곳은 노나라 제후 세력이 유일하게 동원할 수 있는 어떤 근거지 역할을 한 것으로 보입니다. 그런데 이곳을 계씨가 쳐서 차지하려고 합니다. 공자는 염구에게 "그러지 못하게 계씨를 막아라"고 유도하지만 염구는 "불가능하다"며 고개를 젓습니다. 이때 공자가 염구의 속마음을 알아채고 "말리기 싫은 것이 아니냐"는 식으로 질문합니다. 그러자 염구는 "전유는 비읍(계씨의 핵심 근거지)에서 가까우니 나중에 충분히 계씨 일가에게 위협이 될 만한 곳이므로, 계씨가 지금 치는 것이 전략적으로 필요하다"는 자신의 판단을 내비칩니다.

　우리가 여기서 주목할 것은 염구는 일관되게 부국강병을 추구했던 인물이란 점입니다. 그것도 노나라 군주가 아니라 계씨 일가를 돕는 데 혁혁한 공을 세우고 싶다는 야심에 찬 인물이었죠. 염구는 당시 움트기 시작했던 영토국가, 실력자가 지배하는 세계를 지향한 인물로 보입니다. 그리고 이러한 시대에 대한 판단은 정확한 것이었어요. 춘추시대가 지나 전국시대에 들어서면 약육강식의 원리가 세상을 지배하는 전쟁의 시대가 됩니다. 실력이 없는 국가는 몰락하게 되지요. 이러한 상황에 능동적으로 대처하려 했던 것이 '변법變法'이었어요. '변법'이란 법을 바꾼다는 뜻이지만, 넓게 이해하면 개혁정치를 펼친다는 뜻이죠. 이러한 변법이 추구했던 것이 이른바 '부국강병'이에요. 말하자면 염구는 실력자를 중심으로 부국강병을 추구해야 한다고 믿었던 사람이 아닐까 싶어요.

그런 의미에서 본다면 유가의 이단자는 재아가 아니라 염구라고 할 수 있겠네요. 하지만 배신자는 아니에요. 《논어》에서 염구는 공자를 존경한 인물이었지 공자의 도에 동의하고 따랐던 사람은 아니었습니다.

11장

: 증삼 :
전전긍긍하는 유학자의 길

공자 학통의 중심?

이번에는 현실주의자 염구와 곧바로 대비되는 인물을 살펴보려고 합니다. 증자로 알려진 증삼曾參(기원전 505~기원전 436)입니다. 그는 공자가 뒤늦게 받은 제자 가운데 하나였는데요, 그런 것 치고는《논어》에 등장하는 빈도가 높습니다. 그의 등장 횟수는 14회로, 공자의 제자들 중 일곱 번째로 많이 나옵니다. 나온 횟수로 따지면 자하와 자장을 먼저 다루어야 마땅하겠지만, 이 두 인물은 서로 견주면서 따로 다루는 것이 좋을 것 같아 증삼을 먼저 이야기하려고 합니다.

증삼은 남무성南武城 사람으로 자는 자여子輿이고, 공자보다 마흔여섯 살 연하였습니다. 2기 제자로서 공자학단에 있었던 안회보다 열다섯 살 정도 어렸죠. 여담인데, 내가 30대 초반에 박사 과정에 있었을 때 대학교에 갔더니, 후배들이 나보고 '할아버지'라고 하더라고요. 증삼에게도 15학번 정도 차이 나는 안회와 같은 나이대의 공자 제자들이 그렇게 보였겠죠.

증삼은 1009년 송나라 때 성후郕侯, 1330년 원나라 때 성국종성공郕國宗聖公으로 추봉되었고, 대대로 추존되면서 스승 공자보다는 못하지만 종성宗聖이란 칭호를 받았습니다. 여기서 '종宗'은 종법宗法의 '종'으로서 요즘 말로 '정통'이란 뜻입니다. 공자사상을 바르게 계승한 정통이란 의미가 담겨 있는 거죠. 이런 대단한 칭호를 받았지만, 증삼은 사람 자체만 보면 공자의 제자 중에서 가장 재미가 없습니다. 그런데도 유교의 역사에서는 공자와 맹자의 다음가는 정통, 신유학자들이 맹자의 성선설을 받아들여 확고하게 다진 그 공맹 전통의 계보에 증삼이 있습니다.

증삼은 《논어》에서 염구(염자), 유약(유자)과 함께 '증자曾子'라는 '자子' 자가 붙은 호칭으로 불립니다. 이 때문에 역대 수많은 학자들은 《논어》 편찬의 주역이 증자와 그의 문인들이었을 것이라고 추정해 왔고, 이 해석은 마치 정통 학설처럼 자리 잡았습니다. 하지만 나는 이 책에서 몇 번이나 반기를 들었죠. 증삼이 자로나 안회, 자공, 그리고 뒤에서 살펴볼 자하와 자장 등에 비추어볼 때 그렇게 중심적인 인물로 《논어》에 등장하지 않으므로, 그 견해는 재고해야 합니다. 더군다나 나는 오히려 자공에게서 《논어》가 편찬될 수 있었던 초기 조건을 발견했습니다.

증삼의 아버지 증석曾晳 또한 공자의 제자였습니다. 증자는 몇 안 되는 2대에 걸친 공자의 제자였죠. 그런데 공자는 《논어》에서 증삼을 한 번밖에 언급하지 않습니다. 그래서 학자들은 공자 생전에 증삼이 별 볼일 없는 제자였던 것 아니냐고 추정하기도 합니다. 《논어》에서 공자는 증자를 두고 "노둔하다魯"(〈선진〉)라고 가볍게 평가합니다. 영어로는 느리다는 뜻의 slow로 번역하는데, 이를 긍정적으로 해석하면 '꿋꿋하고 성실하다'라고 할 수 있습니다. 느린 것 같아도 꿋꿋하고 성실한 사람, 대개 원칙주의적인 사람이죠. 증자는 요즘으로 따지면 고시 패스하기 좋은 유형의 사람이었던 것 같습니다.

가장 뛰어난 《논어》 주석자였던 주희조차 "증자는 공자의 도를 전수받았지만, 뛰어난 제자는 아니었다"고 주석을 달았습니다. 그런데도 증삼이 공자학단에서 높은 지위를 갖게 된 것은, 자사학파子思學派와 맹자학파孟子學派의 원류로서 공자 학통의 중심에 세워졌기 때문입니다. 달리 말하면 오늘날 우리가 생각하는 유학의 전통은 후대에 역사적으로 성립된 것이지 《논어》 자체의 목소리를 반영하고 있지는 않다는 겁니다. 따라서 증삼에 대한 후대의 각색된 생각들을 진짜 《논어》의 세계 속에 있었다고 그대로 받아들이며 《논어》를 읽는 것은 현대인에게 적합한 독법이 아니라는 문제의식이 이 책의 출발점이었어요.

효의 대명사, 증자

나는 《논어》를 바탕으로 증삼에 대한 세 가지 측면을 살펴보려 합니다. 먼저 증삼은 무엇보다 '효孝'와 관련한 여러 이야기를 남겼습니다. 《논어》에서도 그렇게 볼 여지가 충분하고, 더구나 그가 효와 관련된 경전인 《효경》의 저자이거나 적어도 그의 문하에서 《효경》이 편집되어 나왔다고 하는 것은 분명 주목할 만한 점입니다. 실제 《논어》에도 이러한 주장을 뒷받침할 만한 근거들이 있는 게 사실입니다.

> 증 선생님이 말했다. "내가 우리 선생님에게 듣기를, '사람은 자신의 감정을 [있는 그대로] 다 드러내는 법이 없다. 하지만 반드시 [그렇게 될 때는] 부모의 상을 당했을 때다!'라고 하셨다."

曾子曰: "吾聞諸夫了: 人未有自致者也, 必也親喪乎!"　　　　　〈자장〉 19.17

여기서 증삼은 부모의 상을 당했을 때 자신의 감정을 있는 그 대로 드러내게 된다고 합니다. 장례식장에 가보면 누구나 알 수 있 듯이 그렇게 해도 된다는 게 아니라, 실제로 자신의 그 애달픈 감정 을 주체할 수 없다는 뜻이죠.

> 증 선생님이 말했다. "내가 우리 선생님에게 듣기를, '맹장자孟莊子의 효는 다른 사람도 할 수 있는 것이다. [하지만] 그가 아버지가 임명 한 신하와 아버지가 시행하던 정책을 바꾸지 않은 것은 [다른 사람 이] 하기 어려운 일이었다'고 하셨다."
> 曾子曰: "吾聞諸夫子: 孟莊子之孝也, 其他可能也; 其不改父之臣, 與父之政, 是 難能也."　　　　　〈자장〉 19.18

맹장자는 맹무백과 같은 가문의 수장입니다. 이 맹씨 가문은 노나라에서 두 번째로 세력이 큰 집안이었습니다. 이 가문 사람들은 공자에게 효에 대해 계속 질문했습니다. 그래서 학자들은 맹씨 가문 이 효를 중시하는 가풍을 가졌을 것이라 추정합니다. 증삼이 그런 맹씨의 효와 관련해 언급한 것도, 그가 효에 지대한 관심을 두고 있 었음을 방증합니다. 어쩌면 이는 증삼과 맹씨 가문의 가까운 관계를 드러내주는 것일지도 모릅니다.

재아를 다룰 때도 얘기했듯이, 이렇게 맹장자의 경우처럼 수 장이 바뀌면 그 밑에 신하들도 바뀌게 마련입니다. 아버지의 신하로 지내며 나를 조카처럼 대했던 사람들을 함부로 부리기는 쉽지 않잖아요. 그렇다고 바로 옷을 벗으라고 할 수는 없었을 겁니다. 이는 상례喪禮가 일정한 유예기간을 두었다는 것과 맞물립니다. 즉, 상 기간 동안 새롭게 정권을 잡은 사람이 정무를 수행하지 않은 것은, 고인을 애도하는 것뿐 아니라 이전 정권 사람들이 옷 벗고 나갈 시간을 마련해 주는 행위이기도 했다는 거죠.

이런 의미에서 상례는 공적 차원에서는 급격한 사회 변화와 앞뒤 세대 간 갈등을 예방하며, 권력이 원만하게 교체될 수 있는 나름의 합리적 장치였다고 볼 수 있습니다. 오늘날의 시각에서 보면 평화적인 정권 교체의 의미가 있다고 할 수 있죠. 예나 지금이나 권력이 바뀐다는 것은 피바람을 몰고 오는 경우가 많은데, 우리는 이런 관점에서도 상례나 3년상의 의미를 되새겨볼 필요가 있습니다.

또 다른 구절을 보겠습니다. 강의를 나가면 나이 지긋한 분들이 개인적으로 찾아와 그 의미를 묻곤 하는 유명한 문장입니다.

> 증 선생님이 말했다. "돌아가신 분의 [장례를] 신중하게 치르고 [돌아가신 지] 오래된 조상을 [제사하며] 추모하면, 백성들의 풍습이 후해질 것이다."
>
> 曾子曰: "愼終追遠, 民德歸厚矣." 〈학이〉 1.9

20세기 후반 한국에서는 상다리가 휘도록 제사상을 차리는 것이 허례허식이라는 비판도 일었지만, 전통사회에서 제사와 장례를 어떻게 지내느냐 하는 것은 중대한 일이었습니다. 여기서 '신종愼終'이란 일차적으로 자기 부모의 장례를 정성스럽게 치르는 것을 말하는데, 이를 감안하면 증삼이 어떤 부분에 관심이 많았는지가 잘 드너납니다.

또 《논어》 이외의 문헌에서도 증삼이 효에 얼마나 열성이었는지 칭찬하는 이야기들이 나옵니다. 심지어 전국시대 유학자들에 대한 비판적 논의들을 다수 담은 《장자》에서도 증삼의 남다른 효심에 대해 말하는 내용이 나옵니다. 예를 들면 〈우언寓言〉편에서는 증삼이 부모에 대한 애틋한 감정을 토로하는 것을 전하고 있습니다.

> "나는 부모님이 살아 계실 때 벼슬한 적이 있습니다. 그때는 녹봉이 3부三釜(6말 4되 정도)밖에 되지 않았지만 마음은 흡족했습니다. 나중에 다시 벼슬했을 때에는 녹봉이 3천 종三千鍾(2석 5말)이나 되었지만 [부모님이 돌아가셔서 모실 수가 없으니] 옛날 벼슬할 때만 못했습니다. 그래서 마음이 슬펐습니다."
>
> 《장자》〈우언〉

이 이야기에서도 부모를 끔찍이 생각하는 증삼의 마음을 알 수 있습니다. 녹봉의 많고 적음보다 그 녹봉으로 부모를 모실 수 있었다는 것에 더 마음을 두었다는 이야기입니다. 〈우언〉은 증삼을 비난하는 논조로 이야기를 이끌어가고 있지만, 적어도 부모에 대한 그의 효심이 얼마나 큰지만큼은 그대로 묻어납니다.

《맹자》〈이루상離婁上〉에도 증삼의 효성에 관한 일화가 등장합니다.

> 증자는 그의 아버지 증석을 부양할 때 반드시 밥상에 술과 고기를 올렸다. 증석이 식사를 마치고 상을 물릴 때 증자는 반드시 남은 음식을 누구에게 줄까 물었는데, 증석이 남은 음식이 있느냐고 물으면

증삼은 반드시 있다고 대답했다.

증석이 죽자 이제 그 아들 증원曾元이 증삼을 부양했다. 증원 역시 그의 아버지 증자처럼 밥상에 반드시 술과 고기를 올렸다. 그러나 증자가 식사를 마치고 상을 물릴 때 증원은 남은 음식을 누구에게 줄까 묻지 않았고, 증자가 남은 음식이 있느냐고 물으면 없다고 대답했다. 그 까닭은 그 남은 음식을 다시 상에 올리기 위해서였다.

《맹자》〈이루상〉

이 일화는 증씨 가문에서 증삼과 그 자식 세대의 부모 부양 태도가 어떻게 달라졌는가를 얼마간 보여줍니다. 맹자는 증원이 증자를 모신 태도를 두고 "입과 몸만 모시려고 한 태도"라고 평가했습니다. 반면 증삼이 증석을 모신 태도는 "그 뜻을 고려하고 그 뜻을 모시려고 한 것이다"라고 하면서 부모를 섬기는 것은 증삼처럼 해야 옳다고 했습니다.

여기서 증삼은 끼니때마다 부친의 밥상에 술과 고기를, 그것도 자기 아들과는 달리 매 끼니 새로 만들어 올렸다고 합니다. 그런데 앞에서 보았던 《장자》의 인용문에도 나왔듯이, 녹봉이 적었을 때도 증삼이 부친의 밥상을 그와 똑같이 차렸다면, 다른 사람들은 뭘 먹었을까요? 또 이렇게 깍듯이 부모를 봉양하는 남편을 둔 부인, 그런 아버지를 둔 자식들은 어떤 기분이었을까요?

증삼은 공자를 따라 효를 중시했습니다. 분명 공자도 효를 매우 강조한 사람입니다. 《논어》에는 인을 실천하는 출발점이 효라는 내용이 뚜렷이 나타납니다. 그런데 공자의 효는, 자공이 이야기했던 것처럼 수많은 백성에게 미치게 해 어떻게 천하를 구제할 것인가와 관련한 넓은 세계를 향했습니다. 이와 달리, 증삼은 효의 실천이 자신의 부모에만 멈춰 있던 것 아닐까 싶을 정도로 그의 관심이 제한되어 있었다는 특징을 보여줍니다. 이 때문에 사람들이 증삼을 답답하다고 평가하는 게 아닐까 합니다.

아내를 내치고 비겁하게 행동했던 증삼

그런데 《논어》가 아닌 다른 문헌에서 전하는 증삼의 모습은 비겁하고 고약했습니다.

> 증자가 노나라의 무성武城에 살고 있을 때 월越나라가 쳐들어왔다. 이때 어떤 사람이, "적들이 쳐들어오는데 왜 피난하지 않느냐"라고 물었다. 그러자 증자는 "내 집에 사람들을 재우되 마당의 나무를 상하게 하지 못하게 하거라"라고 말하고는 [도망갔다.]
> 적이 물러가자 이번에는 [사람을 보내 이렇게] 말했다. "내 집의 담장과 지붕을 수리해 놓아라. 내가 장차 돌아갈 것이다." 적이 물러나자 증자는 다시 무성으로 돌아왔다.
> 《맹자》〈이루하〉

우리의 기준으로 보면 결코 좋은 행동이 아닙니다. 자사와는 대조되는 태도입니다. 자사가 위나라에 살 때 제나라가 쳐들어오자 어떤 사람이 자사에게 똑같이 피난하라고 말했습니다. 그러자 자사는 "만일 내가 떠나면 임금께서 이 땅을 누구와 지키겠는가?"라고 단호하게 말하고는 떠나지 않았다는 이야기도 《맹자》는 함께 전하고 있습니다. 그런데 맹자는 증삼과 자사가 모두 같다면서 이렇게 증삼을 옹호합니다.

> 증자와 자사가 추구한 도는 같은 것이다. 증자는 스승이자 부형이었
> 고, 자사는 신하이자 지위가 낮았을 뿐이다. 증자와 자사가 입장이
> 바뀌었다면 모두 그렇게 했을 것이다. 《맹자》〈이루하〉

가만히 보면 맹자의 평가는 말도 안 되는 이야기입니다. 큰 사상가인 맹자의 말이라고 해서 무조건 옳다고 볼 수는 없습니다. 예컨대 임진왜란 때 선조가 도망간 것을 국가를 보전하기 위해서였다는 식으로 미화할 수는 없습니다. 심지어 어떤 학자는 선조가 도망가는 순간 조선은 붕괴했다고 강력하게 비판하기도 해요. 마찬가지로 이 사례에서 증삼을 옹호하기란 쉽지 않아 보입니다.

더구나 자신은 월나라의 침략을 피해 도망간 상태에서 자신의 명령으로 남게 돼 침략군에게 피해를 입었을 가능성이 높은 사람들에게 집수리를 해놓으라고 명령한 것은 상당히 가혹한 처사로 보여요. 그 시대의 가치관으로 보든 오늘날의 가치관으로 보든 증삼의 행동은 비겁했죠. 이렇게 보면 증삼은 인간적으로 괜찮은 사람으로 보이지는 않습니다.

증삼이 구설수에 올랐던 이야기가 하나 더 있는데요, 조강지처인 자신의 부인을 내쳤던 일과 관련해서입니다. 증삼이 부인을 쫓아낸 이유는 아마 여성들이 알면 몹시 불쾌해할, 참 당혹스러운 내용입니다. 나물을 잘못 삶았기 때문이에요. 그때 누가 "고생하면서 당신의 부모님을 모신 조강지처를 나물을 덜 삶았다는 이유로 내치다

니, 너무한 것 아닌가?"나며 중심을 말렸습니다. 그 말에 증삼은 이렇게 대답합니다. "나물을 잘 삶는 것은 지극히 작은 일이다. 그런 작은 일조차 제대로 못하고 부모 봉양에 소홀하니 더 큰 일이라면 더 하지 않겠는가?" 그러고 나서 증삼은 죽을 때까지 재혼하지 않고 살았다고 합니다.

적어도 증삼이 그렇게 극진하게 부모를 봉양할 때, 술과 고기, 밥을 스스로 다 준비했을 리 만무했을 것임을 감안하면 그의 행동은 참 야박했던 거죠. 물론 증삼이 부인을 다시 얻지 않은 걸 보면 증삼을 단순하게 나쁜 사람이라고 몰아붙일 수만은 없어요. 그래서 나는 이에 대한 판단을 내리고 싶지 않습니다. 부부 사이는 당사자 말고는 잘 모르기 때문에, 우리가 알지 못하는 내밀한 이유가 더 있지 않았을까 생각할 수도 있습니다.

또한《공자가어》〈재액在厄〉편은 증삼이 겁이 많았다는 이야기를 전합니다. 언젠가 증삼이 다 떨어진 옷을 입고 노나라 시골에서 농사를 지으며 살고 있었습니다. 증삼이 어렵게 산다는 소식을 들은 노나라 제후가 그에게 세금을 걷을 수 있는 세수권을 하사하면서 한 고을을 떼어주려고 했습니다. 그런데 증삼은 이를 사양하며 받지 않았어요. 주변에서는 증삼이 마음에 들기 때문에 제후가 주는 것이니 받을 것을 권면했죠. 하지만 증삼은 단순히 겸손해서 받지 않은 게 아니었습니다. 증삼의 변은 이러했습니다.

"듣자 하니 남의 것을 받는 자는 그 사람을 두려워하게 마련이고, 남에게 물건을 주는 자는 항상 교만해지게 마련이라고 한다. 군주가 비록 나에게 땅을 주고 교만하게 굴지 않는다 해도, 내가 어찌 두려워

하는 마음이 생기지 않겠는가?" 《공자가어》〈재액〉

《공자가어》에는 공자가 이 이야기를 전해 듣고, "증삼이 절개를 완성하였다"고 칭찬한 것으로 나옵니다. 하지만 증삼의 태도를 절조 있는 행동의 표상이라고 하는 평은 적합하지 않은 것 같습니다. 오히려 증삼의 소극적 성향만 부각되어 보일 뿐이에요. 왜 이 이야기를 소극적인 성향을 드러내는 것이라고 말하는가는 나중에 다시 이야기할 것입니다.

여태까지의 이야기를 정리하면, 증삼은 부모를 지극한 효성으로 모셔 칭찬받았지만 비겁하고 소심한 행동으로 조롱받기도 했습니다. 또 그는 효밖에 모른다는 점에서 아둔하다 싶을 정도로 고지식했고, 아주 성실한 인물이었던 것으로 보입니다. 이런 사람과 재미있게 시간을 보내기는 쉽지 않았겠죠. 아마 제자들 입장에서도 수행하기 까다로웠던 스승이 아니었을까 생각이 들어요.

반성의 철학자, 그리고 충서

하지만 역사와 철학사에서 그가 갖는 위치는 자못 큽니다. 리링은 그 이유를 "증삼이 텍스트를 많이 남겼기 때문"이라고 설명했습니다. 살아 있는 사람은 현재 자신이 가진 매력으로 수많은 제자를 매료시킬 수 있을 겁니다. 하지만 그 사람이 죽은 뒤에는 생전에 많이 써놓은 텍스트를 통해 후대 사람들이 그의 사상과 인물됨을 알 수 있습니다.

《논어》에서 증삼이 남긴 테스트 가운데 가장 중요한 단어는
'충서忠恕'와 '반성反省'입니다. 먼저 충서와 관련한 구절을 살펴보겠
습니다.

> 선생님이 말했다. "증삼아, 나의 도道는 [구슬을 꿰듯] 하나로 꿰뚫어
> 져 있다." 증 선생님이 말했다. "예! [알겠습니다.]" [말을 마친] 선생
> 님이 [일어나 밖으로] 나갔다. [함께 앉아 있던] 문인들이 [증 선생
> 님에게] 물었다. "뭐라고 말씀하신 것입니까?" 증자가 말했다. "우리
> 선생님의 도는 충서忠恕일 뿐입니다."
>
> 子曰: "參乎! 吾道一以貫之." 曾子曰: "唯." 子出. 門人問曰: "何謂也?" 曾子曰:
> "夫子之道, 忠恕而已矣." 〈이인〉 4.15

자공이 공자에게 평생 동안 실행에 옮길 만한 한마디를 청하
자, 공자는 '서恕'라고 대답했죠. 서는 '다른 사람에게 받고 싶지 않은
것을 남에게 행하지 마라'는 도덕의 황금률을 담고 있습니다. 특히
주자학자들에 따르면 서는 공자가 주창한 인을 이해하는 가장 중요
한 매개로서, 공자의 윤리적 원칙 또는 공자사상의 핵심이에요. 그
래서 이 인용문과 관련해서는 학자들 사이에서 의견이 분분합니다.
증삼의 충서는 공자의 서 사상을 발전시킨 것이라거나, 이와 반대로
증삼이 공자의 서를 잘못 이해한 것이라는 등 여러 해석이 나옵니
다. 어쨌든 증삼이 서에 대해 들었다는 이유로 증삼이 공자 가르침
의 정수를 얻었다고 평가하기도 합니다.

더불어 오늘날 우리가 사용하는 '반성'이란 말의 출처가 증삼
에게서 비롯됩니다. 이는 《논어》의 첫 번째 편인 〈학이〉편의 4장에

등장하는데요, 이 사실은《논어》를 읽는 사람에게 증삼이 무척 비중 있는 인물이라 생각하게끔 합니다.

> 증 선생님이 말했다. "나는 하루에도 여러 차례 나 자신이 [한 일을] 돌이켜본다. [나를 써주는] 다른 사람을 위해 일을 계획하면서 충실하지 않았는가? 친구와 사귀면서 믿음을 주지 못했는가? 가르침을 [주거나 받을 때 충분히 내 것이 될 만큼] 익히지 못했는가?"
>
> 曾子曰: "吾日三省吾身: 爲人謀而不忠乎? 與朋友交而不信乎? 傳不習乎?"

〈학이〉 1.4

여기서도 '충忠'이 나옵니다. 많은 학자들이《논어》에 나오는 충은 군주에 대한 충성을 의미하지 않는다고 봅니다. 공자의 말에는 그런 개념이 없거든요. 그래서 도올 김용옥 선생님은 이 구절에 대해 "그러나 여기서의 충忠은 아직 군신관계에 있어서의 충성loyality의 의미로 전환되어 있지는 않다"(《도올논어》 1권, 187쪽)고 해석합니다. 하지만 역사적으로는 충이란 군주에 대한 충성의 뜻으로 이어질 때가 많았어요.《효경》에는 효의 끝이 군주에 대한 충성과 직결된다는 내용이 나오기도 해요. 충을 강조한 증삼의 사상은 한나라가 유교를 국가철학화하는 데 발판이 됐을 여지가 충분합니다.

특히 이 구절에서 '반성한다'는 내용은 우리가 생각하는 '철학philosophy'에 해당되거든요. 근대 철학은 데카르트가 "아무리 생각해도 내가 지금 생각하고 있다는 사실만큼은 의심할 수 없다"고 방법적으로 회의한 데 그 바탕을 둡니다. 따라서 증삼이 꺼낸 '내성introspection' 또는 '반성reflection'이라 번역하는 이 반성을, 철학을 공부하는 사람들은 철학의 토대가 되는 개념으로 받아들이기 쉽습니다.

공자의 전기를 썼고 최근에 《논어》를 번역하기도 한 출중한 유교 연구자 안핑 친은 이 부분과 관련해 이렇게 평가합니다.

증자曾子는 증삼曾參인데 공자의 제자 가운데 가장 젊은 편에 속하며 공자에게 오랫동안 지도를 받았던 것 같지는 않다. 공자는 단 한 번 증자에 대해 "느리다slow"라고 말했을 뿐인데, 아마도 증자가 끊임없이 스스로를 살피느라 더디게 보였기에 그렇게 말한 게 아닐까 싶다. 그런데 증자가 이해한 공자의 사상은 3대 제자인 맹자가 훨씬 세련되게 확장했고, 그 후의 유가사상을 지배하게 된다. 여기서 증자가 했던 작업이 기초가 되어 맹자 자신의 내성內省의 미덕德에 대한 가르침으로 이어진다. 16세기의 왕양명王陽明은 이를 좀 더 깊은 수준으로 발전시켜 논하면서 이러한 내성을 사람의 행동은 물론 뜻intention에까지 확장해야 한다고 주장하였다. 왕양명의 주된 작품의 제목인 《전습록傳習錄》은 증자가 스스로 물었던 그 물음을 직접적으로 언급하고 있다. "스스로 실천하지 못한 지식을 다른 사람에게 전하지 않았는가?" Confucius, trans. Annping Chin, *The Analects*, 3~4쪽

안핑 친은 공자가 증삼을 두고 '느리다'고 한 것은 증삼이 자기 스스로를 늘 감찰하고 돌아봤기 때문이라고 철학적으로 해석합니다. 또 증삼이 이해한 공자가 유가사상을 지배하게 됐다고, 즉 증삼의 생각이 정통이 돼 공맹으로 가는 가교 역할을 담당했다고 합니다. 더불어 왕양명이 앞선 〈학이〉편 인용문의 '전불습호傳不習乎'에서 '전습'을 차용해, 왕양명 자신이 지은 책의 제목으로 삼았다는 것을

언급합니다. 이는 공맹 전통의 적통은 주희가 아니라 왕양명이란 의미죠.

현대 중국 철학자 리쩌허우도 반성의 의의를 높게 평가합니다.

"사람은 '다른 사람들과 함께하는' '상호주관성' 가운데 처해 있다. '상호주관성'이 참으로 의의와 가치, 생명을 갖게 하려면, 유학의 관점에서 보면, 우선 자신으로부터 시작해야 한다. 그래서 이것은 친구를 사귀고 세상을 살아가는 '군자'의 도리일 뿐만 아니라, 주도면밀하게 인간관계를 맺고 이 관계를 높은 수준의 자아수양과 자아의식까지 연결시키는 것이기도 하다. (…) 최고 준칙으로서의 '상호주관성'이 가리키는 바는 이 세상의 인간관계, 인간집단, 인생이다. 하느님이 "사람을 사랑하라"고 명령했기 때문에 사람을 사랑하는 것이 아니라, '사람을 사랑하는 것' 자체가 하느님인 것이다. 이 장에서 나온 "여러 차례 자신을 반성한다"는 행위도 마찬가지다."

리쩌허우, 《논어금독》, 53~54쪽

리쩌허우는 도덕이, 하느님이 '네 이웃을 사랑하라'고 한 명령보다 '내가 나를 반성한다'는 데서 출발하는 게 훨씬 합리적이고 현실적이며 인간적이라고 이야기합니다. 하지만 이는 리쩌허우의 한계이기도 합니다. 리쩌허우는 서양의 기독교와 중국의 유교를 비교하여 서술한 것인데, 이런 지적은 설득력이 적어요. 근대 서양의 합리적 정신도 이성과 경험에 입각한 반성을 강조한다는 점을 생각하면, 이런 동서양 비교는 오늘날에는 큰 의미가 없어요. 우리가 어떤 도덕률에 근거해 있든 중요한 것은, 개개인이 자율적으로 살아가면서 서로를 손숭하는 사회를 얼마니 안정되게 이룩하는가 하는 점 아닐까요?

이렇게도 볼 수 있습니다. 명령은 위반자를 강력하게 제재할 수 있지만, 나 스스로 감찰해서 판단하는 것은 꼭대기의 타락을 쉽게 견제할 수 없다는 한계를 가진다는 겁니다. 중국은 2천 년 동안 관료 전통을 확고하게 세웠고, 이에 대해 막스 베버Max Weber는《유교와 도교》에서 '조숙한 문명'이라고도 평가했습니다. 하지만 관료제 국가가 끝까지 싸워야 하는 것은 관료들의 부패 문제입니다. 중국은 그 2천 년 동안 관료들의 부패로 나라가 혼란에 빠지는 등의 문제를 겪었으면서도 뾰족한 해결책을 찾지 못했습니다. 이를 감안하면, 어떤 도덕률이 낮다는 차원이 아니라 그 도덕률을 바탕으로 사회가 어떻게 합리적으로 운영되느냐는 차원에서 도덕률을 봐야 하는 것 아닌가 싶습니다. 리쩌허우는 내가 존경하는 학자이고 그의 담론은 탁월하지만, 20세기의 한계에 머물러 있던 사람이라는 생각이 듭니다.

김용옥 선생님은 이와는 전혀 다른 시각에서 재미난 주석을 합니다.

> "우선 이 절의 증자의 말은 유치하다. (…) 여기 삼성三省 운운하는 것도 공자의 사상과는 무관한 후대의 형식화된 천유淺儒(얄팍한 유학자)의 사고의 표현에 지나지 않는다. 어찌 인간이 하루에 세 가지만 반성함으로써 그 인仁함이 달성될 수 있으리오? 마치 중고생이 책상머리 방학계획표에 몇 가지 도식을 그려놓고 실천한다 하다가 하나도 하지 못하고 마는 차원의 이야기밖에는 되지 않는 것이다.

《도올논어》 1권, 184쪽

이 비유가 적절한지는 모르겠으나, 도올 선생님의 지적은 충분히 곱씹어볼 만합니다. 최근 현대 철학자들은 인간이 도덕적 행동을 하는 것은 반성적 사유의 산물이 아니라고 이야기합니다. 이성적으로 반성함으로써 옳은 것을 실천하는 것은 공적 토론회에서나 가능한 일이지, 개개인들이 반성을 통해 도덕적 행동을 하기는 쉽지 않다는 거예요. 오히려 즉각적으로 자신도 모르는 사이에 그렇게 한다는 논의에 힘이 더 실리고 있는 추세입니다. 이렇게 보면, 반성의 철학에 커다란 윤리적 함의가 있다는 것은 이제 재고해야 할 주장이 아닐까 싶습니다.

나는 증삼과 관련된 논의들 속에서 공자가 생각한 세계가 축소되어 가고, 고지식할 정도의 실천이 강조되는 모습을 발견했습니다. 구체적으로 말하자면 공자는 넓고 여유로운 이야기를 했다면, 증삼은 특정 원칙을 얼마나 고수하는지에 대해 집약적으로 이야기했다고 할 수 있습니다. 물론 전통사회는 어떤 규범을 얼마나 확실히 고수하느냐에 따라 그 사회의 지속성과 안정성이 결정되므로, 증삼의 태도를 나쁘다고만 몰아세울 수는 없습니다.

증삼이 그런 축소 지향적 유가의 단면을 보여준 이야기들을 몇 가지 살펴보겠습니다.

> 선생님이 말했다. "그 직위에 있지 않으면 [그 직위에 해당하는] 정사에 대해 논의하지 않는다." 증자가 말했다. "군자는 자신의 직위를 벗어난 일에 대해서는 생각하지 않는다.
>
> 子曰: "不在其位, 不謀其政." 曾子曰: "君子思不出其位."　　〈헌문〉 14.26

공자는 이처럼 말해 놓고 죽을 때까지 그 말을 실천하지 않았습니다. 그는 자신이 정치·행정과 관련한 공직에 재직하지 않았으면서도 노나라의 내정에 끊임없이 관심을 가졌습니다. 오늘날 시민적 참여 차원에선 정치에 계속 관심을 둔 공자의 태도는 바람직하죠. 하지만 증삼은 공자의 말과 관련해 "실제 담당자가 아닌 사람들은 그 분야에 대해 왈가왈부할 수 없다"는 고답적인 언급을 합니다. 또 그 말을 실천했던 것으로 보여요.

> 증 선생님이 말했다. "[자신이] 능력 있어도 능력이 없는 [아랫사람에게] 물어야 하며, [자신이] 아는 것이 많아도 아는 것이 적은 [아랫사람에게] 물어야 한다. 있어도 없는 듯이 하고, 가득 차 있어도 비어 있는 듯이 하고, [아랫사람이] 덤비더라도 보복하지 않는다. 옛날 내 친구가 일을 할 때에는 이와 같이 하였다."
>
> 曾子曰: "以能問於不能, 以多問於寡; 有若無, 實若虛, 犯而不校, 昔者吾友嘗從事於斯矣." 〈태백〉 8.5

물론 이런 사람은 좋은 직장 상사일 가능성이 높습니다. 그런데 "있어도 없는 듯이 한다"는 말이 어떤 사안을 결정해야 하는데 상사가 자리에 안 보인다는 식의 내용을 함축한다면 곤란하지 않을까 싶습니다. 이 문장은 증삼이 얼마나 조심스러운 사람이었는가를 드러냅니다.

증 선생님이 병이 나자 맹경자孟敬子가 문병을 갔다. 증 선생님이 다음과 같은 말을 했다. "새가 죽어갈 때에는 그 우는 소리가 구슬프고,

사람이 죽어갈 때에는 그 하는 말이 선한 법이다. 군자가 귀하게 여기는 도에는 세 가지가 있는데, 몸을 움직일 때에는 사납고 거만한 태도를 멀리해야 하고, 표정을 바르게 할 때에는 믿음직한 모습에 가깝게 하고, 말을 할 때에는 비속하거나 사리에 맞지 않는 것을 멀리해야 한다. 그리고 제사 지낼 때의 구체적인 배치와 절차는 담당자에게 맡겨야 한다."

曾子有疾, 孟敬子問之. 曾子言曰: "鳥之將死, 其鳴也哀; 人之將死, 其言也善. 君子所貴乎道者三: 動容貌, 斯遠暴慢矣; 正顔色, 斯近信矣; 出辭氣, 斯遠鄙倍矣. 籩豆之事, 則有司存."

〈태백〉 8.4

이 말은 공자가 예를 행하는 모습과 관련해서 안회에게 했던 말과 상당히 흡사합니다. 증삼은 여기서 실천방법을 좀 더 구체적으로 제시하고 있죠.

이런 예화들을 근거로, 나는 증삼이 '전전긍긍하는 유학자의 모습'을 잘 연출했다고 생각합니다. 그런데 정치 또는 행정의 주체여야 할 군자가 전전긍긍하기만 한다? 물론 그래야 할 때가 있습니다. 자신이 내리는 판단이 국가의 중대한 안위나 이익과 직결될 때는 깊이 있게 고민하는 시간을 가져야 합니다. 하지만 매사에 전전긍긍하는 것은, 리더보다는 학자의 모습에 가깝다고 볼 수 있습니다. 그래서 나는 증삼이 자공과 염구 등이 보여줬던 현실참여적이고 실무적인 인간이 아닌, 예와 같은 원칙을 고수하고 그것을 논리적으로 파헤치는 차원에서 실천한 인간이었다고 생각해요. 그런 점 때문에 그가 학자로서 이름을 올릴 수 있던 것 아닐까 싶어요.

우리는 증삼의 모습을 통해 현실의 정치가, 행정가, 사상가 등 다양한 면모를 갖추었던 유교의 세계가 아카데믹한 학문으로 축소되는 측면을 볼 수 있어요. 나는 증삼과 같은 학문적 지향은, 현실에 탄력적으로 접근하는 유교의 현실성을 축소시킬 수 있다고 생각해요.

예컨대 정치가는 현실의 변화에 적응하면서 정치적 개입을 통해 현실을 변화시키려고 하지요. 현실에 대한 감각을 놓칠 수가 없어요. 그러나 아카데믹한 학문은 텍스트를 통해 세상의 변화를 유도하려고 해요. 하지만 그 텍스트는 매우 논리적이고 이상적인 언어일 수 있어요. 따라서 아카데믹한 학문은 바람직한 이상이나 규범을 제시할 수는 있어도, 현실을 새롭게 바꿔나가는 적극적 역할을 하기는 쉽지 않죠.

> 증 선생님이 말했다. "[15세 전후의] 어린 군주를 맡길 수 있고, [사방이] 100리 정도 되는 [작은 나라의] 운명을 맡길 수 있고, [나라의] 커다란 일을 맡겼을 때에도 자신의 소신을 바꾸지 않는다면 그런 사람은 군자다운 사람일까? 군자다운 사람이다."
>
> 曾子曰: "可以託六尺之孤, 可以寄百里之命, 臨大節而不可奪也. 君子人與? 君子人也."
>
> 〈태백〉 8.6

증삼이 말하는 인은 타자가 아닌 자신에게만 향해 있습니다.

> 증 선생님이 말했다. "선비는 포용력이 있고 강인해야 한다. 맡은 책임이 중하고 갈 길이 멀기 때문이다. 인이 바로 자기의 책임이니 또한 무겁지 아니한가? 죽은 다음에야 그칠 것이니 또한 멀지 아니한

가?"

曾子曰: "士不可以不弘毅, 任重而道遠. 仁以爲己任, 不亦重乎? 死而後已, 不
亦遠乎?" 〈태백〉 8.7

자공은 "어떻게 하면 인을 수많은 백성들에게까지 미칠 수 있
는가"라고 공자에게 물었던 반면, 증삼은 '자신의 책임'이라는 개인
적인 차원에서만 인을 논의합니다.

또 증삼은 인과 관련해 자장의 모습을 비판하는 듯한 이야기를
합니다.

> 증 선생님이 말했다. "당당하구나 자장의 [모습은]! [하지만 자장과
> 는] 함께 인을 행하기는 어렵겠다."
>
> 曾子曰: "堂堂乎張也, 難與並爲仁矣." 〈자장〉 19.16

증삼의 말은, 어진 자의 모습은 당당하거나 굳센 것이 아니라
는 뜻입니다. 끊임없이 자기 자신에 대해 반성하며 기본 원칙을 지
켜내려는 인간형은, 천변만화하는 현실에서 새로운 질서를 창출해
내는 주역이 되기는 힘들겠죠. 하지만 사회가 안정되고 학문이 발달
해 논리를 갖춰야 할 때, 분명 증삼이 남긴 자세는 힘을 가질 수 있
을 것입니다.

어쩌면 아래의 예화에서 그의 삶을 요약할 수 있는 말을 찾을
수도 있겠어요.

증 선생님이 병이 나자 문하의 제자들을 불러서 말했다. "내 다리를

들어보아라. 내 손을 들어보아라. '시'에서, '경계하고 조심하길 깊은 연못가에 있는 듯 살얼음 위를 걷듯이 한다'고 했는데, 이제야 나는 [죽음의 위협에서] 벗어난 것을 알겠구나. 제자들아!"

曾子有疾, 召門弟子曰: "啓予足! 啓予手! 詩云: '戰戰兢兢, 如臨深淵, 如履薄冰.' 而今而後, 吾知免夫! 小子!"

〈태백〉 8.3

증삼은 제자들에게 병든 자신을 걱정하지 말라고 합니다. 이 표현은 후대 문인들에 의해 시구에 종종 인용되기도 합니다. 증삼은 자신을 "살얼음 위를 걷듯이 살았던 사람"으로 비유하고 있습니다. 그는 예의 절차를 다른 사람들보다 늘 배로 행했다고 합니다. 그리고 죽을 때가 돼서, "내가 이렇게 고생스럽게 살았어야 했을까?"라고 한탄했다고 해요. 이는 그만큼 자신의 삶을 치열하게 살았다는 고백이죠. 분명 텍스트에 천착해 엄밀함을 추구하는 학자에게는 이런 전전긍긍하는 태도가 바람직한 모습일 겁니다. 하지만 천하에 인을 펼쳐야 하는 성인의 태도는 아닐 겁니다. 천하를 움직이는 사람들은 아예 새로운 단어를 집어넣음으로써 새로운 질서를 창조해 낼 수 있습니다. 가령 인권, 민주주의 등의 단어는 원래부터 인간에게 부여되어 있던 것이긴 하지만, 사회적 개념으로서 창출되고 등장한 뒤 역사를 바꿨죠.

결국 전전긍긍하는 태도는 현 상황을 유지하는 좋은 수단일 수는 있겠으나, 우리가 원하는 세계를 구축하는 동력이 되기엔 미흡해 보입니다. 따라서 오늘날에는 과거에 세워진 증삼의 권위를 다시 생각해야 할 필요가 있습니다. 변화의 길목에 서 있는 현대사회에서는 과거에 어떤 것이 바람직하다고 규정됐다고 하더라도, 그렇게만 보지 말고 다른 측면도 살펴봐야 할 테니까요. 이제 공자에서 증삼, 맹자로 가는 전통뿐 아니라, 공자에서 순자나 묵자 또는 공자에서 자공이나 염구나 안회 등으로 가는 다양한 길을 모두 걸어가보는 것이 우리에게 필요한 미덕이 아닐까 싶습니다.

5부

: 자하 · 자장 · 덕행파 :

"나는 나의 길을 간다!"

생각이 나뉘고, 삶이 갈라지면서 역사는 흐른다.

자하가 경학을 통해 텍스트의 제국을 건설했다면,

자장은 유술을 통해 역사와 대결하고자 했다.

이와 달리 어떤 이들은 현실의 비극을 벗어나 스스로의 삶에 몰입하였다.

그 길의 끝에서 《장자》라는 새로운 사유가 움터 나왔다.

12장

:자하:
텍스트의 제국,
경학의 탄생

만년의 제자들

우리는 지금까지 증삼을 제외하면 자로와 안회, 자공과 염구 등 공자가 천하를 주유하던 시기에 그와 함께했던 인물들을 주로 살폈습니다. 사실상 이들에 관한 이야기가 《논어》의 뼈대를 이룹니다. 하지만 이와 다른 부류의 제자들도 있는데요, 이들은 후대에 유학을 알리고 전파하는 데에 커다란 역할을 한 사람들입니다. 후대 유학자들이 열심히 읽고 공부했던 문헌들을 생산한 장본인들이었다는 점에서 중요한 인물들이지만, 사실 《논어》를 읽는 많은 사람들은 이들에게 관심을 별로 갖지 않습니다.

앞에서 나는 자로와 염구 같은 사람들은 구전 전통에 속하는 사람들이었을 수 있다고 했습니다. 달리 말하면 문헌에 익숙한 사람이 아니라는 거죠. 자공은 예외적으로 '시詩'를 논하고 공자의 말을 기록하는 것과 관련해서 언급했죠. 그런 의미에서 자공이 《논어》에서 가장 중요한 주인공 아니겠느냐고 했습니다. 이번 장에서는 그런 문자 전통에 능숙했던 3기 제자들 가운데 '자하子夏'를 다룹니다. 자하와 다음 장에서 살펴볼 자장은 《논어》에 똑같이 20회 출현합니다. 또 우연인지 편집의 결과인지 모르겠지만, 이 두 사람 모두 〈자장〉편에 주로 등장합니다. 재미있는 인연이죠?

두 사람은 모두 노나라 출신이 아니었습니다. 더군다나《논어》에는 이들이 서로 경쟁했다는 점이 유독 눈에 띕니다. 이 얘기는 곧 공자가 살아 있을 당시에도 이런 분열의 조짐이 나타났을 수도 있다는 것이죠. 안타까운 일이지만 우리나라에서도 출신 지역에 따라 사람들이 모이고 흩어지지 않습니까? 그런데 출신 지역도 아니고 '출신국'이 달랐으니 문화적 전통의 차이에 따른 갈등의 골이 꽤 깊었겠죠.

주목할 점은 앞 장에서 살폈던 증삼은 노나라 출신이고, 평생을 고국에서 살았습니다. 그는 자하와 자장 같은 공자의 3기 제자이면서, 그들과 나이가 비슷한 또래이기도 했죠. 자하는 위나라 출신으로, 나중에 고국으로 돌아가 역사에 커다란 족적을 남겼습니다. 자장은 진陳나라 출신으로,《한비자韓非子》〈현학顯學〉편에서 공자의 사후 유가 학파가 여덟 개의 분파로 나뉘었다고 하면서 자장의 분파를 제일 앞에 서술하고 있는 것으로 보아, 그 또한 고국으로 돌아가서 큰 세력을 형성한 것으로 추정됩니다. 그런데 보통은 이런《논어》이외의 자료에 근거해서 공자의 제자들이 활약한 내용에 관해 이야기하지 않습니다.《논어》에 나오는 내용들만으로 유학의 뼈대를 재구성하는 것은, 제대로 된 역사적 근거 없이 책에 의존해 당시의 현실을 파악하는 오류를 범하는 것 아닐까 싶어요.

복상卜商(기원전 507~기원전 420?)은 자가 자하이고, 위나라 온현溫縣 사람으로 공자보다 마흔네 살이 적었습니다. 굉장히 어리죠. 자하는 공자가 천하를 주유한 기간에 함께했던 사람이 아닙니다. 문헌에 밝은 것으로 유명했으며, 일찍이 거보莒父읍의 읍재邑宰(읍을 다스리는 벼슬) 일을 맡아본 적이 있습니다. 노년에는 서하西河에서 강론했는데, 위魏 문후文侯 등 삼진三晉 지역의 법술학法術學에 큰 영향을 준 것으로 평가됩니다. 이는 위 문후, 전자방田子方, 단간목段干木, 이극李克, 증신曾申, 오기吳起, 금골리禽滑離, 곡량적穀梁赤, 고행자高行子 등 자하의 문인들로 기록된 인물들의 면면을 보아도 쉽게 이해할 수 있을 것입니다.

춘추시대 진晉나라는 전국시대로 들어가면서 한나라, 위나라, 조趙나라로 쪼개집니다. '삼진'은 이 세 나라를 가리키는 용어예요. 이 지역의 학술문헌 가운데 대표적인 것이 《한비자》입니다. '법가法家'라는, 매우 실용적인 사상을 대변하는 책이죠. 그렇다고 이 지역에 유학이 없었다는 말은 아닙니다. 자하가 거기서 활동하면서 출중한 제자들을 꽤 많이 길러냈다고 합니다. 문제는 이 지역에서 만들어진 텍스트가 우리에게 많이 전해지지 않는다는 거죠.

예컨대 어떤 이들은 초기 《논어》의 기록을 편집한 것은 진秦나라 박사들이라고 주장하기도 합니다. 여기서 말하는 진나라는 천하를 통일하는 진시황제의 진나라를 말해요. 동쪽에 있던 노나라와 제나라에서 보면 서쪽 끝의 나라죠. 동쪽의 노와 제, 서쪽의 진 사이에 위치했던 나라가 '삼진'이에요. 바로 중원中原이라 부르는 곳이죠. 동쪽과 서쪽에 있는 거대한 강국强國의 틈에 끼어 있었으니 지정학적으로 매우 중요한 곳이었죠. 이런 곳에서 법가와 같은 현실 지향적인 학문이 발달한 것은 어쩌면 당연한 일이었을 거예요.

자하는 삼진을 대표하는 법가에 큰 영향을 준 것 외에도, 《시경》과 《춘추》를 전하는 데 중요한 역할을 했다고 합니다. 그래서 자하를 다룬 이번 이야기의 제목을 '텍스트의 제국'이라 정해 봤습니다. 자하와 같은 인물들 덕분에 오늘날 우리가 읽는 《논어》를 포함한 유가 문헌들이 만들어질 수 있었으니까요. 유가는 경전에 바탕을 두고 있으며, 성인은 경전을 통해 살아남습니다. 우리가 경전인 《논어》를 통해 공자를 만날 수 있는 것처럼 말이에요. 그래서 부제는 '경학經學의 탄생'입니다.

텍스트의 제국을 열다

공자의 평에 따르면, 자하는 '문학文學'에 뛰어났습니다. 여기서 말하는 문학은 소설이나 시 같은 문학작품을 창작한다는 literature보다는, 문자를 읽고 쓸 줄 아는 능력인 '문해력literacy'이라고 번역하는 편이 더 정확해요. 구전으로 전하던 내용을 문자로 기록하는 전통에 익숙했다는 것은 후대에 강력한 영향을 주었다는 뜻이죠. 앞 장에서 살폈듯이 《논어》에서 공자는 증삼을 별로 언급하지 않습니다. 그런데도 증삼이 유가사상사에 큰 영향력을 행사할 수 있는 것은, 그가 강조한 효 사상이 《효경》이라는 텍스트를 성립시켰기 때문입니다.

　　문학에 뛰어났던 이들은 독서를 좋아했고, 문헌에 정통했습니다. 사실 이들이 문헌의 전통을 세우고 보급했다고 봐도 무리가 없습니다. 리링의 《집 잃은 개》에 따르면, 공자 문하의 사과四科, 즉 정사·언어·덕행·문학 가운데 후대에 가장 큰 영향을 끼친 것은 문학이었다고 했는데, 정곡을 찌른 말입니다. 그래서 자하는 전국시대와 한나라 때 가장 유명했던 인물이었다고 합니다.

　　《논어》가 보여주는 얼개만을 가지고 그 이후에 전개된 유학의 역사를 바라보면 곤란합니다. 우리 머릿속엔 '공자 다음에 맹자, 그 다음에는 순자' 정도의 계보밖에 들어 있지 않죠. 하지만 공자와 맹자 사이의 기간은 꽤 길고, 맹자와 순자 간에도 일정한 시간차가 있습니다. 우리는 그동안 그 사이의 수많은 사람들이 유학사상사에 끼친 영향력을 너무 간과해 왔어요. 유명한 한두 사람만의 힘으로 유학이 중국을 지배하는 이데올로기까지 되지는 않았을 텐데 말이죠. 유학의 역사를 제대로 이해하기 위해서는 유가사상 밑에서 움직였던 사람들과 거기에 공감했던 사람들의 다양한 색깔을 읽어내야 합니다.

한나라를 경학이 성립한 시대라고 보는 것처럼, 나는 문학에 탁월했던 이들이 텍스트의 제국 시대를 열었다고 생각합니다. 앞에서 얘기했듯이, 이름에 '자'가 붙은 사람들에게는 그의 이름을 딴 텍스트와 그를 따르는 제자 집단이 있었습니다. '자'가 붙은 당사자가 직접 책을 쓰지 않았더라도 그 책을 묶어준 편찬자 또는 기록자들이 있었죠. 따라서 '자'는 곧 텍스트와 동의어로 읽어도 무방합니다.

'텍스트' 하면 역시 배우는 것과 관련되죠. 자하는 무엇보다 텍스트의 학學을 강조했던 사람입니다.

자하가 말했다. "[《시경》〈위풍衛風 석인碩人〉에 나오는] '화사한 미소 참 예쁘구나. 아름다운 눈동자 밝게 빛나는구나. 하얀 바탕에 온갖 색으로 물드는구나'[라는 시구는] 무엇을 말하는 걸까요?" 선생님이 말했다. "그림 그리는 일은 바탕을 희게 한 뒤의 일이라는 뜻이다." [자하가 바로 물었다.] "예가 뒤라는 말입니까?" 선생님이 말했다. "내게 자극을 주는 사람은 상商(자하)이로구나. 비로소 함께 '시'

를 말할 수 있겠구나."

子夏問曰: "'巧笑倩兮, 美目盼兮, 素以爲絢兮.' 何謂也?" 子曰: "繪事後素." 曰: "禮後乎?" 子曰: "起予者商也! 始可與言詩已矣."　　　　〈자로〉 3.8

이 구절에서 "그림 그리는 일은 바탕을 희게 한 뒤의 일"이라 번역한 '회사후소繪事後素'에 관해서는 워낙 논쟁이 분분해 여기서는 소개하지 않겠습니다. 번역 또한 가장 일반적으로 지지되는 해석을 따랐습니다. 나는 여기서 자하가 공자와 이야기를 나누는 소재에 주목하고자 합니다. 자하는 《시경》을 인용하며 질문을 합니다. 그가 《시경》이 전수되는 과정에 깊이 관여한 인물이었다는 점이 드러나죠. 그것도 시를 외운 게 아니라 문자로 기록하면서요. 자하는 공자에게 칭찬도 받는데, 이는 자공이 들었던 칭찬과 같습니다.

여기서 자하는 시구를 인용하며 곧바로 '예'와 관련짓습니다. 예컨대 자하처럼 시를 인용하며 이야기했던 자공은, 자신을 평생 갈고 다듬으며 공자가 요구하는 사람이 되도록 노력하겠다는 취지로 '절차탁마'를 언급합니다. 자공은 구체적인 행위 차원에 대해 논한 거죠. 이와 비슷하게 자로 등 다른 인물들도 공자에게 행정과 군사 등과 관련한 현실적이고 구체적인 정사에 대해 물었습니다.

자하는 이들과 달리 예를 말합니다. 자하가 말한 예는 구체적인 행위와 절차에 관한 문자화된 기록이라고 할 수 있습니다. 우리는 유학자들이 편찬하는 데 가장 주력했던 문헌이 '삼례三禮', 즉 《주례周禮》 《의례儀禮》 《예기禮記》라고 알고 있죠. 예를 강조한다는 것은, 문헌 전통과 친밀하다는 뜻입니다. 예학禮學은 행위와 절차를 문자화, 곧 표준화한 것입니다.

문자화는 유가의 '문'의 전통에 해당합니다. 이 '문'은 인간의 본성이 자연스럽게 일정한 모양으로 드러난다는 뜻으로, '문학'에도, 유학을 달리 부르는 '사문'에도 들어가는 글자입니다. 이렇게 보면, 이 '문'이 곧 문화이고, 문화는 '문'을 통해 보존된다고 볼 수 있습니다. 또 이 '문'은 '학'으로써 습득해야 길이길이 전할 수 있죠. 그리고 후대로 가면 갈수록 그것은 해석의 대상이 됩니다. 따라서 문의 전통은 '학'을 강조할 수밖에 없습니다.

> 자하가 말했다. "매일 몰랐던 것을 알아가고, 매달 자신이 능한 것을 잊지 않게 [잘 익힌다면] 배우기를 좋아한다고 말할 수 있다."
>
> 子夏曰: "日知其所亡, 月無忘其所能, 可謂好學也已矣." 〈자장〉 19.5

〈자장〉편에는 자하가 '학'을 강조하는 장면들이 많이 나옵니다. 여기선 '학'과 관련해 공자가 말한 "배우고 때에 맞춰 몸에 익힌다"에서의 '습習'이 아니라, '망忘' 자가 나옵니다. 몸에 익히는 것도 중요하지만, 문자로 기록된 무언가를 우선 잊지 않고 기억해야 한다는 뜻이 암시되어 있는 것이죠. 공자가 글읽기를 강조한 것에 대해 초기 제자였던 자로가 "왜 꼭 글을 읽는 것만 배우는 것이라 하느냐"(〈선진〉 11.25)고 반발했던 태도와는 달라요.

> 자하가 말했다. "배움은 넓게 하고 생각은 골똘히 하며, 질문은 절실한 것에 대해 하며 가까운 데로부터 반성해 나아간다면 인은 그 과정에서 얻어진다."
>
> 子夏曰: "博學而篤志, 切問而近思, 仁在其中矣." 〈자장〉 19.6

공자학단의 이상적 목표였던 '인'은, 인간이 도달해야 할 가장 이상적인 인격의 모습 또는 초월적 삶의 경지를 뜻하는 표현이에요. 또 요임금이나 순임금 같은 위대한 성왕들이 궁극적으로 실현하고자 했던 정치적 목표라는 원대한 의미를 갖습니다. 그런데 여기서는 배움의 과정을 통해 인이 실현된다고 합니다. 나는 여기에 등장하는 '박학', 즉 넓게 배운다는 말에서 '학'의 구체적 성격을 '학문學文'의 의미로 이해할 수 있다고 생각합니다. 이 점은 나중에 다시 이야기 하겠습니다.

우리는 그 당시 중국사회가 겪은 변화를 역사책을 통해서 배웠습니다. 위 인용문은 그 당시의 변화와 긴밀한 관련이 있는 것으로 보입니다. 읍락제邑落制, 즉 부락 중심이었던 사회는 제도개혁變法을 통해 강력한 영토국가가 출현하면서 왕이 자기가 소유한 국가와 지방을 직접 통치하는 사회로 변모했습니다. 역사학자들은 이를 '개별 인신 지배'라고 하죠. 마치 조선시대에 호적과 호패 제도가 있던 것처럼, 이때 중국은 가가호호 인구수를 파악하고 백성들을 국가 통치력에 귀속하고자 했습니다. 이것을 가능케 한 수단이 바로 문자였습니다. 행정명령은 구전이 아니라, 중앙정부에서 지방관리에게 문자를 통해 전달되기 시작했죠. 따라서 문자에 대한 수요는 중요한 정치적 의미를 갖습니다.

> 자하가 말했다. "수많은 기술자는 시장에 살며 자신의 사업을 이루고, 군자는 배움을 통해 도道에 도달한다."
>
> 子夏曰: "百工居肆以成其事, 君子學以致其道." 〈자장〉 19.7

자하는 유가의 이상인 '인'뿐 아니라, '도'에 도달하는 것도 결국 배움을 통해서라고 말합니다. 예컨대 《노자》에서는 '도'가 덕德을 얻음으로써 이루어진다고 말합니다. 이는 어떤 인간적인 매력을 발산하는 능력을 자기 안에 갖춰나가는 것이라 말할 수 있습니다. 하지만 자하는 텍스트에 대한 '학'을 통해 도에 이르게 된다고 이야기합니다. 이런 언급은 순자의 학문을 떠올리게 합니다.

《순자》의 첫 번째 편명이 배움을 권한다는 뜻의 〈권학勸學〉이거든요. 그리고 《논어》의 첫째 편도 〈학이學而〉입니다. 신기하게도 《논어》와 《순자》 모두 마지막 편은 각각 〈요왈堯曰〉과 〈요문堯問〉으로 끝나는데(이것을 처음 지적한 것은 전호근 선생님입니다), 과연 우연의 일치일까요? 나는 《논어》와 《순자》의 편집자들이 같은 집단일 수도 있다고 생각합니다. 이 점은 앞으로 더 많은 생각과 고증을 거쳐야 하겠지만, 또 《논어》와 《순자》 중 어느 것이 먼저인지 모르겠지만, 적어도 편집상의 유사성으로 볼 때 비슷한 시기에 비슷한 집단이 작업했을 수도 있다는 점을 지적해 둡니다.

> 자하가 말했다. "벼슬을 하는 중에도 여유가 있으면 배워야 하고, 배우는 중에는 여력이 있을 때 벼슬에 나아가는 법이다."
>
> 子夏曰: "仕而優則學, 學而優則仕." 〈자장〉 19.13

자하는 "충분히 배운 다음에 벼슬을 하고, 현업에 종사하더라도 배우는 일을 멈춰서는 안 된다"며 학의 중요성을 역설하고 있습니다. 요컨대 한나라가 순자식 유학의 시대라고 한다면, 그것은 곧 자하식 유학의 시대라고도 말할 수 있을 것입니다.

공자의 가르침 보전, 경학의 탄생

물론 이런 '학'의 강조가 공자의 정신을 부정했다는 뜻은 전혀 아닙니다. 요컨대 경학은 공자의 가르침을 보전하고, 문자화된 내용을 해석하는 논리적인 학적 체계를 만들었습니다. 이 책에서는 이 문자 전통의 강조를 자하와 연관지어 보고자 합니다. 이런 시각을 받아들인다면 자하의 다음 이야기를 이렇게 번역하고 이해할 수 있을 것입니다.

> 자하가 말했다. "현명한 사람을 현명한 사람으로 대하기를 여색 좋아하는 마음처럼 하고, 부모를 섬길 때에는 온 힘을 다할 수 있어야 하고, 군주를 섬길 때에는 온몸을 바칠 수 있어야 하고, 친구와 사귈 때에는 말에 믿음이 있어야 한다. [이런 사람이라면] 비록 [읽고 쓰는 것을] 배우지 않았다 해도 나는 반드시 그가 배운 사람이라고 말할 것이다."
>
> 子夏曰: "賢賢易色, 事父母能竭其力, 事君能致其身, 與朋友交言而有信. 雖曰未學, 吾必謂之學矣."
>
> 〈학이〉 1.7

이는 바꿔 말하면, 읽고 쓰는 것이 배운 사람의 기준이라는 겁니다. 더 나아가 자하는 공자에게 받은 가르침을 통해서, '배운 것을 얼마만큼 실행에 옮기는지'가 진짜 배운 것과 아닌 것을 구분하는 기준이 된다고 말하고 있습니다.

잠시 조금 다른 이야기를 하겠습니다. '현현역색賢賢易色'은《논어》에 몇 차례 등장하는데, 이 말을 보통 '어진 사람을 어질게 대하기를 여색 밝히는 마음처럼 한다'고 해석해요. 나는 이것이 맞는 해석이라고 생각하지 않습니다. 그 말을 다르게 보는 근거는 아래 문장입니다.

> 자하가 효에 대해 물었다. 선생님이 말했다. "[부모를 대하는] 얼굴 표정 짓기가 정말 어렵다. 일이 있을 때 자식으로서 수고스러운 일을 감수하고, 술과 밥이 있으면 웃어른이 먼저 드시게 하는 정도가 어찌 효를 행하는 것이라 하겠는가?"
>
> 子夏問孝. 子曰: "色難. 有事弟子服其勞, 有酒食先生饌, 曾是以爲孝乎?"
>
> 〈위정〉 2.8

가까운 사람끼리는 표정 관리를 잘 안 하는 게 사실이죠. 특히 부부 사이에 그리고 자식이 부모에게 저지르는 잘못 중 하나가 표정을 함부로 짓는 행위예요. 예를 들어 나도 부모님을 자주 뵙지 못할 때가 있어요. 그럴 때면 어머니는 궁금하니까 만날 때마다 밥은 먹었는지, 요즘 하는 일은 어떤지 미주알고주알 물어보십니다. 그럼 당연히 그 마음을 헤아려서 자분자분하게 답변을 드려야 하는데, 나는 무뚝뚝하게 "네" "아니요"라고만 대답하죠. 한 번은 어머니가 몹시 섭섭해하시면서 "내가 얼마나 오랜만에 너를 봤는데 그렇게 성의 없이 대답할 수 있느냐"고 말씀한 적이 있습니다. 특히 자식이 부모를 마주할 때 표정을 관리하는 것은 참 중요하다고 강의실에서 떠드는 나도 이렇게 잘 지키지 못해요.

'현현역색'에 대해서도 여러 해석이 있어요. 하지만 그중에서 '어진 사람을 어질게 대하기를 여색 밝히는 마음처럼 한다'는 해석이 맞지 않는다고 한 이유는, 이 해석이 부적절하고 불손한 표현이라서가 아닙니다. 앞뒤 맥락이 맞지 않는 뜻풀이기 때문입니다. 앞선 인용문의 논의는 나와 나의 태도, 나와 부모, 나와 군주, 나와 친구와의 관계로 확장되어 나가는 틀 속에서 전개됩니다. 여기서 여색을 밝힌다는 표현이 나올 까닭이 없어요.

그래서 이 구절을 근거로, '현현역색'은 '당신이 정말 존경하는 사람을 대할 때, 그 존경심을 제대로 표현하기 위해선 일단 낯빛부터 고쳐라'는 뜻이 맞다고 생각합니다. 이것은 부모, 군주, 친구 모두에게 관통하는 기본 원리죠. 이것이 '예'입니다. 나중에 순자는 인간 본연의 감정을 구체적으로 드러내는 것을 어떻게 형식화하느냐는 차원에서 '예'를 논했죠. 이를 참고하면 현현역색은 모든 예는 표정 관리에서 출발한다는 내용으로 해석하는 게 맞다고 생각합니다.

자하는 문해력만을 강조한 것이 분명 아닙니다. 공자가 강조했던 것처럼 내면적인 무언가에서 비롯되어 진정한 '예'가 완성된다는 정신이 자하에게도 그대로 살아 있어요. 또 구체적인 상황에서 그것을 실천하고 실행하는 '학' 역시 유지됩니다. 이는 공자가 남긴 중요한 가르침이기도 합니다. 그리고 자하처럼 '문학'을 강조한 사람들은 공자의 가르침을 보존하는 데 혁혁한 공을 세웠습니다.

> 선생님이 자하를 두고 말했다. "너는 군자다운 유儒가 되어야지, 소인 같은 유가 되지는 말아라."
>
> 子謂子夏曰: "女爲君子儒, 無爲小人儒." 〈옹야〉 6.13

많은 학자들이 공자가 이같이 말한 데서, 자하를 자잘한 일에 매달린 사람이 아니냐고 비판하기도 합니다. 이와 관련한 또 다른 구절도 있습니다.

> 자하가 거보의 읍재가 되고 나서 정사에 대해 물었다. 선생님이 말했다. "서두르지 말 것이며, 작은 이익에 연연하지 말아라. 서두르면 [원하던 바에] 도달하지 못하고, 작은 이익에 연연하면 큰일을 이루지 못한다."
>
> 子夏爲莒父宰, 問政. 子曰: "無欲速, 無見小利. 欲速, 則不達; 見小利, 則大事不成." 〈자로〉 13.17

여기서 거보는 노나라의 읍 이름입니다. 우리는 이런 구절들을 통해, 공자가 이제껏 살펴본 다른 제자들과 이야기할 때와는 다른 화법을 쓰고 있다는 것을 알 수 있습니다. 예컨대 공자가 자공이나 자로, 안회와 같은 사람들과 나눈 이야기는 굉장히 넓고 큰 내용이었습니다. 반면, 자하나 자장 같은 사람들은 구체적인 것을 가지고 질문하고, 공자도 이들에겐 다른 제자와 똑같은 질문에도 훨씬 구체적인 답변을 줍니다. 이는 공자가 자하 등을 잘 아는 상황에서 답했고, 이들의 관심이 뜬구름을 잡는 게 아니라 구체적이고 현실적인 데 있었다는 사실을 드러냅니다. 앞서 살폈던 "질문은 절실한 것에 대해 하고, 가까운 데로부터 반성해 나아간다"(〈자장〉 19.6)고 한 자하의 말이 그 정신을 대변하고 있는 것 아닐까 합니다.

달리 말하면, 공자는 만년에 자신의 교수법을 바꾼 겁니다. 보통 젊고 포부가 클 때는 현실에서 당장 실현하기 어려운 거창한 이야기를 논합니다. 하지만 자신의 명이 다해간다는 사실을 깨닫는 순간, 자신의 뜻이 펼쳐지는 것을 보고 눈을 감고 싶다는 바람에서 더욱 자상하게 구체적으로 제자들을 가르치겠죠. 곧 제자들을 통해서 자신이 익힌 바가 보존되고 현실 속에서 이뤄지는 것을 보고 싶어한 공자의 바람이, 그런 식의 화법으로 표현된 것 아닐까 추정할 수 있습니다.

이와 연관하여 생각해 볼 문장이 하나 있습니다. 아마도 자하의 말 가운데 가장 유명한 구절일 것입니다. 그런데 종종 이 말은 공자의 말로 회자되기도 합니다. 실제로 주희는 이 말이 공자의 말이라고 추정합니다. 바로 "온 세상 사람이 다 한 형제다"라는 말입니다. 혹자들은 이 문장을 전 인류에 대한 사랑, 인간 일반에 대한 존중으로까지 확대해서 해석할 수 있다고 보기도 하지만, 나는 그렇게까지 확장해서 해석하는 것은 받아들이고 싶지 않습니다.

> 사마우司馬牛가 근심하면서 말했다. "사람은 모두 형제가 있는데, 나 혼자 없구나." 자하가 말했다. "나는 이런 말을 들었다. '죽고 사는 것은 운명에 달려 있고, 부귀는 하늘에 달려 있다. 군자가 공경하면서 실수하지 않고, 다른 사람과 공손하게 지내면서 예를 갖추면, 온 세상 모든 사람이 다 한 형제다.' 군자가 어찌 형제 없음을 근심하느냐?"
>
> 司馬牛憂曰: "人皆有兄弟, 我獨亡." 子夏曰: "商聞之矣: '死生有命, 富貴在天. 君子敬而無失, 與人恭而有禮. 四海之內, 皆兄弟也.' 君子何患乎無兄弟也?"
>
> 〈안연〉 12.5

이 이야기의 주인공인 사마우는 독특한 인물입니다. 그에게는 소巢, 퇴魋, 자기子頎, 자거子車 네 명의 형제가 있었는데, 특히 '퇴'는 공자를 죽이려고 했던 인물입니다. 하지만 그런 난리가 일어났을 때 유일하게 사마우만이 참여하지 않았고, 이 때문에 그의 형제들은 사마우를 배신자로 생각하여 형제로 여기지 않았습니다. 아마도 자하는 그런 사마우를 위로하기 위해 이 말을 했던 것으로 여겨집니다. 같은 배에서 나온 혈육이라야 형제가 되는 것이 아니다, '예'를 통해 우리 모두 형제가 될 수 있다는 뜻이지요.

이번에는 또 따른 구절을 보겠습니다. 자하가 비판받는 구절 가운데 하나입니다.

> 자하가 말했다. "비록 작은 길을 따라가도 분명 볼거리가 있겠으나, 그 길을 따라 멀리 가다 보면 아마 흙이 묻을까 신경 쓰게 될 것이다. 그래서 군자는 [작은 길을 따라]가지 않는 법이다."
>
> 子夏曰: "雖小道, 必有可觀者焉; 致遠恐泥, 是以君子不爲也."　　　〈자장〉 19.4

이 문장도《한서》〈예문지藝文志〉'제자략諸子略'의〈소설가서小說家序〉와《한서》〈채옹전蔡邕傳〉에서는 공자의 말로 인용하고 있습니다. 이런 점을 보면 자하의 말과 공자의 말은 때때로 중복되거나 혼동되기도 합니다. 그러니 '자왈'로 시작되는 문장이라고 해서 반드시 공자가 직접 한 말이라고 볼 근거는 없습니다. 어쩌면 이것은 공자의 어록을 문자화하던 초기에 자하가 깊이 연관되어 있음을 보여주는 증거가 아닐까 생각해요.

자하는 인용문에서 "군자는 작은 길을 따라가지 않는다"고 말합니다. 그런데 이 예화의 내용과 달리, 많은 주석자들은 자하야말로 '작은 길'을 주구했던 사람이라고 비판합니다. 나는 이것을 작은 것이 아니라, 구체적이라는 뜻으로 봐야 한다고 생각합니다. 이 문장은 위에서 언급했듯 다른 문헌에서 공자의 말로 인용됩니다. 이는 공자의 말이 실제로는 그의 제자가 한 말일 가능성도 있는 등, 누가 어떤 말을 했느냐와 관련해 현재의 우리가 진위를 판단하기란 쉽지 않다는 점을 고려하게 합니다.

이렇게 자하의 말은 곧 공자의 말을 전수한 것으로 이뤄지기도 합니다. 그리고 그가 한 말들 가운데 《논어》에서 공자가 한 말을 다시 언급한 것에 가까운 것들이 있습니다. 나는 이러한 것들이 최초의 주석 또는 해설이라고 할 수 있다고 생각합니다. 다시 말해 우리는 자하를 통해 경학이 탄생하는 기원을 볼 수 있습니다.

> 번지樊遲가 인에 대해 물었다. 선생님이 말했다. "다른 사람을 아껴주면 된다." [번지가 다시] '앎知'에 대해 물었다. 선생님이 말했다. "사람을 알아야 한다." 번지가 아직 충분하게 이해하지 못했다. 선생님이 말했다. "올바른 사람을 뽑아 비뚤어진 사람 위에 두면 비뚤어진 사람을 올바르게 할 수 있다." 번지가 물러나와 자하를 만나 말했다. "아까 제가 우리 선생님을 뵙고 '앎'에 대해 물었더니, 선생님이 '올바른 사람을 뽑아 비뚤어진 사람 위에 두면 비뚤어진 사람을 올바르게 할 수 있다'[라고 하시는데] 무슨 말인가요?" 자하가 말했다. "[뜻이] 풍부한 말씀이다. 순임금이 천하를 차지하고 나서 수많은 사람 중에 고요皐陶를 뽑아 [재상으로 삼으니] 어질지 못한 사람들이 멀어졌다. 탕湯임금이 천하를 차지하고 나서 수많은 사람 중에 이윤伊尹을 뽑아 [재상으로 삼으니] 어질지 못한 사람이 멀어졌다."

樊遲問仁. 子曰: "愛人." 問知. 子曰: "知人." 樊遲未達. 子曰: "擧直錯諸枉, 能使枉者直." 樊遲退, 見子夏. 曰: "鄕也吾見於夫子而問知, 子曰, '擧直錯諸枉, 能使枉者直', 何謂也?" 子夏曰: "富哉言乎! 舜有天下, 選於衆, 擧臯陶, 不仁者遠矣. 湯有天下, 選於衆, 擧伊尹, 不仁者遠矣." 〈안연〉12.22

여기서 '앎知'이란 그 사람이 어떤 사람인지 알아보고 가려 쓸 줄 아는 안목이라는 뜻이죠. 우리는 보통 '앎'이라 하면 어떤 사물에 대한 지식을 갖고 있다는 뜻으로 써요. 하지만 《논어》에서 말하는 '앎'은 그보다는 판단력 또는 사람을 알아보는 안목을 뜻해요. 바로 이런 의미 때문에 '사람을 알아보는 것知人'과 같은 학문이 형성되기도 했는데, 삼국시대에 나온 유소劉邵의 《인물지人物志》는 그 대표적인 저술이에요. 우리가 관상을 보는 전통 또한 이런 관심에서 비롯되었죠.

공자는 이 '앎'과 관련해서 다른 유명한 말을 하기도 했어요. "아는 것은 안다고 하고 모르는 것을 모른다고 하는 것이 진짜 앎"이라고 자로에게 해주었던 말 말이에요. 공자의 이 말은 앎의 태도와 관련되는 훌륭한 말이지만, 안다는 것이 무엇인지에 대해 말하고 있지는 않아요. 하지만 앞의 인용문에서 공자와 번지가 했던 이야기에서는 앎이 무엇인지 구체적이고 실제적인 의미를 보여줍니다. 바로 사람을 알아보는 것이 곧 앎이라는 것이죠.

자하를 비롯한 공자의 제자들이 이렇게 제각각 공자의 말을 이해하고 해석하면서 그 차이가 생겨납니다. 곧 공자학단 내에서 논쟁이 일어나죠. 그리고 이는 새로운 분파의 탄생으로 이어집니다.

너는 네 길로, 나는 내 길로: 논쟁의 시작

논쟁이 시작될 수 있는 여지는 이미 공자 생존 당시부터 있었습니다. 앞에서 인용했던 구절입니다.

> 자공이 물었다. "전손사子張와 복상子夏 중에 누가 더 뛰어납니까?" 선생님이 말했다. "전손사는 지나치고, 복상은 모자란다." [자공이 다시] 말했다. "그렇다면 전손사가 더 나은 것입니까?" 선생님이 말했다. "지나친 것은 모자란 것과 같다." 〈선진〉 11.16

공자가 살아 있을 때도, 자공의 눈에는 자하와 자장의 생각 차이와 균열이 보였다는 겁니다. 특히 이런 논쟁은 자하와 자유, 자장, 증삼 사이에서 강하게 나타나기 시작했습니다. 이들은 나이가 비슷했어요. 공자가 죽었을 때 가장 나이가 많았던 자하가 29세, 자장은 25세, 증삼이 27세였습니다. 혈기왕성할 때이니만큼 서로 자신이 배운 가르침이 정통이라며 싸울 수 있었겠죠. 이들은 출신국이 달랐다는 점도 특기할 만합니다. 그런데 공자학단 특성상 이들 또한 각자의 문인들을 두고 있었습니다. 따라서 이들의 경쟁을 단순히 개개인의 일이 아니라, 공자의 말을 둘러싸고 서로 해석이 다른 공동체들이 있었다는 차원에서 보는 편이 맞지 않을까 싶습니다.

> 자유가 말했다. "자하의 문인 제자들은 집 청소하고, 손님을 응대하고, 나아가고 물러서는 예절에는 밝은데, 이런 것들은 자질구레한 것들이다. 근본적인 것은 없으니 어찌하려는 것인가?" 자하가 그 말을

듣고 말했다. "허허! 자유의 말이 지나치구나. 군자의 도 가운데 어느 것을 먼저 가르치고, 어느 것을 뒤로 미뤄 게을리할 것이 있는가? 저 풀이나 나무에 비하자면 종류에 따라 구별되는 것과 같다. 군자의 도가 어찌 속일 수 있는 것일까? 시작이 있고 마침이 있는 것은 오직 성인뿐일 것이다!"

子游曰: "子夏之門人小子, 當洒掃, 應對, 進退, 則可矣. 抑末也, 本之則無. 如之何?" 子夏聞之曰: "噫! 言游過矣! 君子之道, 孰先傳焉? 孰後倦焉? 譬諸草木, 區以別矣. 君子之道, 焉可誣也? 有始有卒者, 其惟聖人乎!" 〈자장〉 19.12

오吳나라 출신의 자유子游(기원전 506~?)는 자하와 더불어 공자가 문학에 가장 뛰어난 제자로 거명한 사람입니다. 자하는 도의 시작과 끝을 자기가 잡고 있다는 식으로 이야기하고 있습니다. 여기서 중요한 점은, 자유의 눈에는 자하의 제자들이 쩨쩨하게 너무 조목조목 따지며 자질구레한 것들에만 몰두하는 모습으로 비쳤다는 것입니다. 하지만 자하 자신은 결코 그렇게 생각하지 않았죠.

또 자하의 문인이 자장과 논쟁적으로 이야기를 나누는 장면도 있습니다. 이를 보면 《논어》에 자주 등장하는 공자의 제자들은 한 개인이 아니라 한 분파를 대변하는 인물인 셈이죠. 그 이야기를 보겠습니다.

자하의 문인이 자장에게 교우交에 대해 물었다. 자장이 말했다. "자하는 어떻게 말하던가?" [문인이] 대답하여 말했다. "자하는 '괜찮은 사람은 사귀고, 괜찮지 않은 사람은 물리쳐라'라고 말했습니다." 자장이 말했다. "내가 [선생님께] 들은 것과 다르다. 군자는 현자를 존중하고 대중을 포용하며, 선한 사람을 칭찬히고, 능력 없는 사람을 불쌍히 여긴다. 내가 큰 현자라면 다른 사람에 대해 받아들이지 못할 것이 어디 있겠는가? 내가 현자가 아니라면 사람들이 나를 거부할 것이니 내가 어떻게 사람들을 물리칠 것인가?"

子夏之門人問交於子張. 子張曰: "子夏云何?" 對曰: "子夏曰: '可者與之, 其不可者拒之.'" 子張曰: "異乎吾所聞: 君子尊賢而容衆, 嘉善而矜不能. 我之大賢與, 於人何所不容? 我之不賢與, 人將拒我, 如之何其拒人也?" 〈자장〉 19.3

이러한 논쟁은 제자들이 자신의 학파를 세우고 추종자들을 양산하는 것으로 이어집니다. 이들이 갈라지는 과정에서 각자의 삶도 달라졌겠죠. 하지만 더 중요한 것은, 그런 분화가 공자의 학문이 다양한 지역에서 현실과 만나게 하는 힘을 발휘하기도 했다는 점입니다. 이처럼 공자와는 다른 다양한 생각을 가진 지식인들인 제자백가가 이 같은 경로를 거쳐 세력이 왕성해진 것이 아닐까요? 그들은 텍스트를 가졌고, 추종자들이 있고, 또 텍스트를 둘러싸고 해석을 달리하기도 했어요.

공문의 '학'에서 제국의 '학'으로

나는 이런 과정을 거쳐 공자 문하에서 실제로 국정과 관련한 일에 종사했던 사람들이 학문을 함으로써 유학이 제국의 학, 즉 통치학으로 변모해 갔다고 생각합니다.

자하가 말했다. "소인은 잘못을 하면 [인정하지 않고] 꼭 꾸미려 든다."

子夏曰: "小人之過也必文." 〈자장〉 19.8

얼핏 보면 자하가 소인을 비난하는 이야기죠. 하지만 이는 군자답지 못한 소인배가 벼슬에 나아가 자신이 실수하고 잘못해도 인정하지 않고 변명하려 한다는 뜻으로 읽는 것이 더 구체적인 이해가 아닐까 싶어요. 아마도 누군가를 염두에 두고 한 말이었을 거예요. 예컨대 자하는 또 이런 말을 해요.

자하가 말했다. "군자에게는 세 가지 변화가 있다. 멀리서 보면 엄숙해 보이고, 가까이 접하면 따뜻하고, 말을 들어보면 매섭다."

子夏曰: "君子有三變: 望之儼然, 卽之也溫, 聽其言也厲." 〈자장〉 19.9

자하는 현실 속의 군자가 다른 사람에게 어떤 방식으로 드러나야 하는가에 관한 하나의 지침으로서 군자의 변화를 이야기하고 있습니다. 여기서 '군자'는 도덕적 인격의 완성체라는 의미가 아니라 통치자를 말합니다. 군자가 엄숙해 보여야 그 명령이 권위가 설 것이고, 따뜻해야 그를 따를 것이고, 매서운 면이 있어야 함부로 하거나 소홀히 하지 않을 것은, 신분사회에서는 어쩌면 당연한 일이에요.

다음의 두 인용문은 이렇게 구체적이고 실제적인 처방으로 활용될 수 있는 가르침으로 현실화되어 가는 유학의 모습을 잘 보여줍니다.

자하가 말했다. "군자는 믿음을 얻은 뒤에 백성에게 힘든 일을 시킨다. 아직 믿음이 없는데 [힘든 일을 시키면 백성은] 자신을 학대한다고 생각한다. [또 군주를 대할 때에도] 믿음을 얻은 뒤에 간언한다. 아직 믿음이 없는데 [신하가 간언을 하면 군주는] 자신을 비방한다고 생각한다."

子夏曰: "君子信而後勞其民, 未信則以爲厲己也; 信而後諫, 未信則以爲謗己也."

〈자장〉 19.10

자하가 말했다. "큰 덕은 한계를 넘지 않는 법이며, 작은 덕은 조금씩 융통성을 두어도 괜찮다."

子夏曰: "大德不踰閑, 小德出入可也."

〈자장〉 19.11

이와 같은 이야기들은 현실과 만나는 실제 행정가들에게 아주 의미 있는 말이죠? 위로 군주를 섬겨야 하고 아래로는 백성을 다스려야 하는 사람들로서 군자의 면모를 말하고 있습니다. 자하의 유학은 이렇게 제국의 학문으로서 성격을 구체화하고 있어요. 이런 성격은 안회와 같이 벼슬을 마다하고 덕행을 닦으려 했던 사람들과는 구별되는 부분이에요.

공자의 생각들은 그의 제자들을 거치면서 다양하게 변했고, 제자들의 논의들은 현실과 만나면서 다채로운 변주를 만들어냈을 것입니다. 이런 점에서 공자학단의 분화는 당시 여러 학문 분파들이 형성되는 분위기를 보여주는 좋은 사례예요. 공자로부터 모든 제자백가가 발생했다는 게 아니라, 제자백가가 어떻게 발흥할 수 있는지 그 궤적을 추적할 수 있게 한다는 말입니다. 《논어》는 그것을 살펴보기에 적절한, 그래서 중요한 자료 역할을 하겠고요.

　　더불어 노나라 출신으로 고국에 남았던 증삼, 위나라 출신으로 고국으로 돌아간 자하, 진나라에서 왔다가 귀국한 자장은 지역학의 출발을 알리는 신호탄이었고, 이들로부터 제자백가가 나왔다고 봐도 될 거예요. 제자백가의 탄생이 텍스트의 전통과 관련된다는 바로 그 점에서, 자하는 우리가 그 의미와 가치를 더욱 곱씹어봐야 하는 인물이 아닌가 싶습니다.

13장

: 자장 :
논쟁의 시작,
유학과 유술

학과 술, 유가의 두 날개

이번 장에서는 공자 만년의 대표적인 제자인 '자장'을 살펴보고자 합니다. 그 또한 자하와 더불어《논어》에 총 20회 등장함으로써 이 텍스트에서 상당한 비중을 차지하는 인물입니다. 어쩌면 공자의 삶에서 중요한 조연들은 자로와 안회, 자공과 염구 같은 제자들일지 모릅니다. 하지만 이후 전개된 유학의 역사에서 더 중요한 주역들은 자장과 자하, 자유 같은 인물들이라고 할 수 있습니다. 이들을 통해서 중국 학술의 성격들이 드러나기 때문입니다.

그래서 이 장의 제목을 '논쟁의 시작, 유학儒學과 유술儒術'로 지었습니다. 유학이 강조했던 '학'을 우리는 대부분 책을 읽는 것으로, 즉 이론적인 차원으로만 알고 있습니다.《논어》첫 번째 구절 "학이시습지學而時習之"에서의 '학'은 study가 아니라 보통 learn이라고 영역합니다. '학'은 몸으로 따라 하는 겁니다. 그런데 자하는 '문학', 즉 문자를 읽고 쓸 줄 아는 능력이 뛰어났죠. 이 경우 학은 '문'과 연결되어 '학문'이 됐습니다.

이와 달리 '학'은 '술術'로 가기도 합니다. '학술'은 지금도 우리가 쓰는 말이죠. 중국 학자들은 scholarship을 학술이라고 번역해요. 학술은 '배운 바를 현실세계에서 펼쳐내는 것'을 뜻합니다. '학'

을 가령 정치 영역처럼 현실과 접목하려는 것이죠. 이는 배움 자체를 중시하는 학문과는 다릅니다. 예컨대 의학醫學과 의술醫術, 이론에 밝은 의사와 실제 수술을 잘하는 임상 의사는 분명 차이가 있습니다. 물론 최근엔 학문과 학술이 결합한 형태로 '폴리페서polifessor'라는, 현직 교수이면서 실제 정치에 참여해 자신의 뜻을 실현하려는 지식인을 지칭하는 표현도 있죠.

중요한 것은, 동양에서 '학'은 '문'만이 아니라 '술'과도 관련된다는 점이에요. 군사학에서 전략이 있고, 이를 실현하는 구체적인 전술이 있듯이 '술'은 좀 더 구체적입니다. 질병을 치료하는 경우에도 의학이 있는가 하면 의술이 있어요. 이 의술은 의사 개개인마다 다르게 마련이지요. '문'이 일반적인 원칙을 서술한 텍스트 전통과 관련된다면, '술'은 매우 구체적인 인물과 역사적 상황 속에서만 익힐 수 있어요.

요컨대 '학문學文'은 문자화와 규범화를 강조하는 방향으로 정립될 수 있어요. 문자와 텍스트가 중요하죠. 바로 그 길을 추구했던 것이 앞 장에서 살펴보았던 자하와 같은 인물이에요. 이와 달리 '학술學術'은 구체적 현장성을 중시해요. 그래서 실제의 상황에 준하는 모델을 역사상의 경험에서 구하고자 하죠. 바로 이런 역할을 하는 것이 역사이고, 구체적으로는 '고사故事'예요. 이 고사라는 말은 글자 그대로는 옛날의 사건이란 뜻이지만, 참고할 만한 옛날의 사례라고 보면 될 거예요. 이러한 '술'의 방향으로 나아간 사람이 바로 자장입니다.

자장子張(기원전 503~?)의 성은 전손顓孫, 이름은 사師, 자장은 그의 자인데 공자보다 마흔여덟 살 연하로 진陳나라 사람이라고 전해지고 있습니다. 그 또한 13현인賢人 가운데 하나입니다. 리링은 자장이 자로를 닮아 성격이 급했기에, 또 앞으로 살펴볼 것처럼 그가 자로처럼 '의'를 중시한다는 점에서 자장을 '리틀little 자로'라고 지칭합니다. 나는 '세련되게 다듬어진 자로'라고 표현하고 싶어요. 그래서 공자가 자장을 공문사과에 입각해 평가했다면, 리링은 아마도 정치·행정 실무에 탁월했던 자로와 염구처럼 정사과政事科로 보지 않았을까 추정합니다.

앞서 말한 것처럼, 자장은 공자 사후 진나라를 기반으로 세력을 잡아 하나의 큰 학파를 이뤘습니다. 《공자가어》 〈72제자해〉가 전하는 그는 다른 제자들에 비해 잘생긴 용모에 성격도 너그럽고 정열이 넘쳤으며, 친구들을 폭넓게 사귀었습니다. 그래서 제자들 사이에서는 인기도 제법 있었다고 합니다. 이런 사람들은 거칠 것이 없다 보니 다른 사람들에게 뒷말을 많이 듣죠. 이 때문에 공자가 자장을 두고 "지나치다"라고 평가한 것 아닌가 합니다.

유술의 탄생

우리는 자장을 통해 '유儒'와 관련한 동아시아의 또 다른 중요한 전통을 살필 수 있습니다. '유'는 '학'과 결합해 '유학'이 되기도 합니다. 이는 자하가 대변하는 '유'를 배우는 '학'을 강조하는 전통이죠. 반면 '유'는 그것을 정치현실에 펼쳐내는 차원에서 '술'과 만나기도 합니다. 이 '유술'의 탄생을 보여주는 것이 자장입니다.

문학에 뛰어난 자하나 자유와 견주어 자장의 독자성은 유술에서 찾을 수 있습니다. 유술은 '유가를 바탕에 둔 국가 통치술'입니다. 이와 관련해, 자장은 정사에 대해 구체적인 질문을 많이 했다는 특징이 두드러집니다. 곧 그는 사대부의 '학'을 추구했다고 볼 수 있습니다. '사대부'는 《순자》에서 유래하는 표현인데요, 실제 정사를 담당하는 관리를 뜻하는 말입니다.

> 자장이 관직 [생활의 지혜]에 대해 배웠다. 선생님이 말했다. "많이 들어보고 의심스러운 것은 남겨두되 그 나머지에 대해서는 신중하게 말한다면 허물이 적어진다. 많이 보고 위태한 것은 남겨두고 그 나머지 부분을 신중하게 행동하면 후회가 적다. 말함에 허물이 적고 행동함에 후회가 적다면 녹봉을 [받으며 관직 생활을 유지하는 방법은] 그 안에 있다."
>
> 子張學干祿. 子曰: "多聞闕疑, 愼言其餘, 則寡尤; 多見闕殆, 愼行其餘, 則寡悔. 言寡尤, 行寡悔, 祿在其中矣."　　〈위정〉 2.18

요즘 방송에 사회문제를 고발하는 프로그램이 많죠. 거기서 보면, 관련된 일이 터질 때마다 기자가 마이크를 들고 카메라맨과 함께 이슈를 만든 당사자나 관계자를 찾아갑니다. 그때 그 이슈의 관계자가 어떻게 말하느냐는 그와 그의 세력의 입장에서 상당히 중요한 문제죠. 말 한번 잘못했다가는 사회적 지탄을 받아 권력을 잃을 수도 있으니까요. 그런 사실을 감안하고 이 구절을 보면 그 메시지를 쉽게 예측할 수 있을 겁니다.

자장이 정사에 [임하는 자세에] 대해 물었다. 선생님이 말했다. "[관

직에] 있을 때에는 게으르지 않고, [군주의 명령을] 행할 때에는 충
실히 하는 것이다."

子張問政. 子曰: "居之無倦, 行之以忠."　　　　　　　　　　〈안연〉 12.14

자장의 물음은 자하와는 달라요. 자장의 관심은 자로나 염구에
가까웠던 듯해요. 공자는 자상하게 현장에서 구체적으로 활용할 수
있는 처세의 원칙에 가까운 이야기를 들려줍니다. 다음의 긴 인용문
에는 공자의 자상한 가르침이 잘 드러나 있는데, 텍스트 전통과 달
리 정사에 관한 공자의 가르침이 어떤 식으로 전해졌는지를 엿볼 수
있는 중요한 자료입니다. 또한 자장의 관심사가 무엇인지를 잘 보여
줍니다.

　　자장이 [진지한 목소리로] 공 선생님에게 물었다. "제대로 정사를 처
　　리하려면 어찌해야 합니까?"
　　선생님이 [차분하게] 말했다. "다섯 가지 미덕을 존중하고 네 가지
　　악덕을 물리치면 정사를 제대로 처리한다고 할 수 있다."
　　자장이 [궁금하다는 듯이] 말했다. "다섯 가지 미덕이 무엇입니까?"
　　선생님이 [흐뭇해하며] 말했다. "군자가 [존중하는 다섯 가지 미덕
　　은] 은혜를 베풀되 낭비가 없고, 백성에게 일을 시켜도 원망이 없고,
　　바라는 것이 있어도 탐욕은 없고, 느긋하되 교만하지 않으며, 위엄이
　　있으나 사납지 않게 하는 것이다."
　　자장이 [더 알고 싶다는 듯이] 말했다. "은혜를 베풀되 낭비가 없다
　　는 것은 무엇입니까?"
　　선생님이 말했다. "백성이 이롭다고 생각하는 것으로 백성을 이롭

게 해주는 것이 은혜를 베풀되 낭비가 없는 것 아니겠느냐? 백성이 힘을 써야 할 만한 일에 힘을 쓰게 한다면 누가 원망하겠느냐? 어진 사람이 되길 원하여 어진 사람이 된다면 탐욕이 있을 리가 있겠느냐? 군자는 [부리는 사람이] 많든 적든 [맡은 임무가] 큰일이든 작은 일이든 태만하지 않으니 느긋하지만 교만하지 않은 것 아니겠느냐? 군자가 의관을 바르게 하고 시선을 멀리 두는 존엄한 모습을 보고 사람들이 두려워한다면 위엄은 있으나 사납지 않은 것이 아니겠느냐?"

[그제야 이해했다는 듯이] 자장이 [화제를 바꾸어] 말했다. "네 가지 악덕은 무엇입니까?"

선생님이 [표정을 바꾸어 진지하게] 말했다. "잘 가르치지도 않고 죄를 지으면 죽이는 것을 잔인하다 하고, 미리 알려주지도 않고 결과만 요구하는 것을 포학하다 하며, 명령은 늦게 내리고 기한을 독촉하는 것을 폭압적이라 하고, 사람에게 재물을 나눠줄 때 인색하게 내준다면 그것을 벼슬아치의 쩨쩨함이라고 한다."

子張問於孔子曰: "何如斯可以從政矣?" 子曰: "尊五美, 屛四惡, 斯可以從政矣." 子張曰: "何謂五美?" 子曰: "君子惠而不費, 勞而不怨, 欲而不貪, 泰而不驕, 威而不猛." 子張曰: "何謂惠而不費?" 子曰: "因民之所利而利之, 斯不亦惠而不費乎? 擇可勞而勞之, 又誰怨? 欲仁而得仁, 又焉貪? 君子無衆寡, 無小大, 無敢慢, 斯不亦泰而不驕乎? 君子正其衣冠, 尊其瞻視, 儼然人望而畏之, 斯不亦威而不猛乎?" 子張曰: "何謂四惡?" 子曰: "不敎而殺謂之虐; 不戒視成謂之暴; 慢令致期謂之賊; 猶之與人也, 出納之吝, 謂之有司." 〈요왈〉 20.2

여기서 그 유명한 '오미五美'와 '사악四惡'이 나옵니다. 공자는 자장이 다섯 가지 미덕과 관련해 더 상세하게 질문하자 구체적으로 답해 주기도 하는데요, 사악은 공직에 있는 사람들이 아랫사람들에게 또는 수많은 사람들에게 어떻게 보여야 하는지를 언술한 내용입니다. 사실 이런 이야기는 관료제가 작동하는 사회라면 언제 어디서든 통하는 것 아닐까 싶어요. 그 네 가지 악덕을 범하지 않는 사람(또는 상사)은 참 괜찮은 사람이겠죠. 또 그 네 가지 악을 저지르지 않는 사람들이 얼마나 있는가, 그것이 얼마나 건전한 사회인가를 가늠하는 척도라고 볼 수 있겠지요.

간단히 살펴본 바에 따르면, 자장은 대부분 구체적인 정무를 어떻게 실행할 것인가라는 '술' 차원의 질문을 합니다. 그래서 이 책에서는 이 사람이 관심을 갖고 묻는 것은 '유술'이라고 생각하고, '유학'을 추구한 자하와 구분합니다.

역사에서 처세를 배우다

예악이 인간의 본성이나 감정을 현실 속에서 부드럽게 형식화하는 방법과 관련이 있다면, '술'은 '역사에서 처세를 배우는 것'과 맞물립니다. 예컨대 우리나라는 새로운 정책을 입안할 때 서구 유럽사회와 미국에서 그와 같은 정책이 어떻게 운영됐는지를 참조하며 한국형 제도를 만들어왔죠. 결국 정책 입안과 관련한 본보기는 당연히 역사 속에서 구할 수밖에 없습니다. 자장은 그런 점에서 역사에 주목했죠.

이는 또 '사대부로서의 처세'와도 관련이 있습니다. 처세는 넓게 또 좋게 해석하면 '세상을 지혜롭게 잘 살아가는 방법'입니다.

이왕 말이 나왔으니 논외의 이야기를 하나 할게요. 요즘 처세와 관련한 텍스트가 상당히 많이 팔립니다. 직장인들이 윤리학 책은 안 읽고, 처세에 관한 책을 많이 읽어요. 윤리학, 특히 근대 윤리학은 동등한 개인들 사이의 규범적 관계를 따지는 학문입니다. 반면 처세는 군주와 사대부, 백성 등 신분제에 기초한 상하관계 속에서 내가 어떻게 현명하게 일을 잘 수행할 것이냐 또는 나를 지킬 것이냐 등에 대한 처방입니다. 따라서 처세를 다룬 책이 유행한다는 것은 그만큼 우리 사회의 상하 질서가 강하고 빡빡하며, 그 속에서 사람들이 스트레스를 많이 받는다는 뜻이겠죠. 그래서 나는 윤리학 책이 아니라 처세를 다룬 책이 많이 팔리는 이 시대가 바람직하다고 생각하지 않습니다. 그런 책을 읽지 않아도 삶이 퍽퍽하다고 느껴지지 않는 시대가 좋은 시대입니다.

본론으로 돌아오면, 이런 처세는 바로 출사出仕에 뜻이 있는 사람, 즉 벼슬에 나아가 현실을 바꿔보겠다는 신념이 강한 사람들에게 더욱 강하게 요구됩니다. 자장이 공자에게 묻는 것이 이런 내용입니다.

자장이 물었다. "선비는 어떻게 해야 달達했다고 할 수 있습니까?" 선생님이 말했다. "네가 말하는 '달'했다는 것이 무엇이냐?" 자장이 대답했다. "나라 안에서 확실히 유명해지고, 가문 안에서도 확실히 유명해지는 것입니다." 선생님이 말했다. "그것은 유명해지는 것聞이지 '달'한 것이 아니다. 달한다는 것은 품성이 곧고 의를 좋아하며, 다른 사람의 말을 세심하게 살피고 다른 사람의 표정을 자세하게 관찰하며, 다른 사람에게 자신을 낮추는 것이다. 이러한 사람은 나라 안에서 확실히 '달'한 것이고 집안에서도 확실히 '달'한 것이다. 허명이 난 사람은 겉으로만 어진 모습을 가장하고 행동으로는 거스르면서도 자신이 여전히 어질다고 생각하고 의심하지 않는다. 그런 사람은 나라 안에서 확실히 유명하고 집안에서도 확실히 유명하다."

子張問: "士何如斯可謂之達矣?" 子曰: "何哉, 爾所謂達者?" 子張對曰: "在邦必聞, 在家必聞." 子曰: "是聞也, 非達也. 夫達也者, 質直而好義, 察言而觀色, 慮以下人. 在邦必達, 在家必達. 夫聞也者, 色取仁而行違, 居之不疑. 在邦必聞, 在家必聞."

〈안연〉 12.20

여기서 '달達'은 현대어로 말하면 '성공'이란 단어입니다. 자장은 그 성공을 '입신양명'으로 간주하고 그것을 삶의 목표로 세운 것으로 보입니다. 염구와 비슷하죠. 물론 자장은 역사에서 구체적 배움을 얻고 그것을 실천함으로써 자신의 목표를 실현하려 했습니다. 다시 말해 그의 '학'은 단순히 텍스트가 아니라, 역사 속에서 찾아낸 구체적인 본보기를 끊임없이 모방함으로써 그와 같이 또는 그보다 더 멋지게 세상의 빛이 되려 한 노력으로 구성됩니다.

자장이 역사에 대한 관심을 어떻게 드러내는지 보겠습니다.

자장이 물었다. "열 세대 [뒤의 일을] 알 수 있습니까?" 선생님이 말했다. "은나라는 [그 앞의] 하나라의 예제禮制를 바탕으로 삼았는데, [비교해 보면] 계승한 것과 바꾼 것을 알 수 있다. 주나라는 [그 앞의] 은나라의 예제를 바탕으로 삼았는데 [비교해 보면] 계승한 것과 바꾼 것을 알 수 있다. [그 나라는] 아마도 주나라를 계승할 것이니

[같은 방법으로] 백 세대 내 [뒤라] 할지라도 알 수 있다."

子張問: "十世可知也?" 子曰: "殷因於夏禮, 所損益, 可知也; 周因於殷禮, 所損益, 可知也; 其或繼周者, 雖百世可知也." 〈위정〉 2.23

자장은 구체적인 인물을 예시로 들어 역사에 대한 관심을 나타내기도 합니다.

자장이 이렇게 물었다. "[초나라의] 영윤宰相 자문子文은 벼슬이 세 번이나 영윤이 되었지만 [그때마다] 기쁜 얼굴을 하지 않았고, [그와 반대로] 세 번 [영윤을] 사임하게 되었을 때에도 [매번] 섭섭해하는 기색이 [전혀] 없었다고 합니다. [또한 사임할 때마다] 전임 영윤으로서 신임 영윤에게 확실하게 인수인계를 했다고 합니다. 이와 같은 사람은 어떻습니까?" 선생님이 말했다. "충실한忠 사람이다." [기대했던 답이 나오지 않자] 자장이 말했다. "어질다고 할 수는 있습니까?" 선생님이 말했다. "잘 모르겠다. 어찌 어질다고 할 수 있겠느냐?"

[원하던 답을 듣지 못하자 자장이 다시 이야기를 바꾸어 물었다.] "[제나라 대부] 최자崔子가 제나라의 군주를 죽이는 일이 일어났습니다. [그때] 대부 진문자陳文子는 10승乘의 말을 [즉, 수레 10대를 끌 수 있는 40필의 말을 소유할 정도로 부유했지만] 모두 버리고 떠났습니다. 다른 나라에 도착하여 머물다가 말하기를 '우리나라의 대부 최자와 [하는 짓이] 똑같구나' 하더니 그 나라도 떠났습니다. 또 다른 나라에 가서 머물다가 '[여기도] 우리나라의 대부 최자와 하는 짓이 똑같구나' 하고는 [그 나라마저] 떠났습니다. 이와 같은 사람은 어떻습

니까?"

선생님이 말했다. "깨끗한淸 사람이다." [이번에도 답변이 기대에 못 미치자] 자장이 [다시] 말했다. "어질다고 할 수 있습니까?" 선생님이 말했다. "잘 모르겠다. 어찌 어질다고 할 수 있겠느냐?"

子張問曰: "令尹子文三仕爲令尹, 無喜色; 三已之, 無慍色. 舊令尹之政, 必以告新令尹. 何如?" 子曰: "忠矣." 曰: "仁矣乎?" 曰: "未知, 焉得仁?" "崔子弑齊君, 陳文子有馬十乘, 棄而違之. 至於他邦, 則曰: '猶吾大夫崔子也.' 違之. 之一邦, 則又曰: '猶吾大夫崔子也.' 違之. 何如?" 子曰: "淸矣." 曰: "仁矣乎?" 曰: "未知. 焉得仁?"

〈공야장〉 5.20

자장이 공자에게 자문子文과 진문자陳文子 같은 사람이 어떠냐고 묻는 것은, 자신이 이들을 정무와 처세 쪽에서 본보기로 삼았다는 뜻이죠. 자장은 자신의 본보기가 공자가 생각하는 '인'의 반열에 올랐는지 아닌지를 알아보고 있습니다.

자장이 말했다. "《서경》[〈무일無逸〉편]에서 '고종高宗은 상을 치를 때 3년 동안 말을 안 했다'라고 하는데, 무슨 말입니까?" 선생님이 말했다. "왜 고종뿐이겠느냐? 옛 사람들은 모두 그렇게 했다. 군주가 돌아가시면 모든 백관은 3년 동안 총재에게 [정사에 관한 결정을] 들었다."

子張曰: "《書》云: '高宗諒陰, 三年不言.' 何謂也?" 子曰: "何必高宗, 古之人皆然. 君薨, 百官總己以聽於冢宰, 三年." 子曰: "上好禮, 則民易使也."

〈헌문〉 14.40

이 문장에서 '양음諒陰'은 두 가지로 풀이하는데, 하나는 '신용을 지키며 말하지 않는다'는 뜻이고, 다른 하나는 '효자가 상을 치를 때 거주하는 여막(추위를 막는 풀집)'을 가리킵니다. 어느 쪽을 선택하든 두 가지 모두 고종이 정사에 관여하지 않았다는 뜻입니다.

'고종'은 다음 군주이므로 이는 공직 차원의 3년상과 관련된 이야기죠. 공자는 "아버지가 돌아가셔도 3년 동안은 그가 만든 원칙을 바꾸지 않는다"는 이야기를 일관되게 합니다. 내가 군주가 됐다고 바로 아버지 대代 세력에게 나가라고 하면, 과거 세력과 새로운 세력 사이에 갈등이 일어날 수밖에 없겠죠. 그래서 이 이야기에는 정권이 자연스럽고 원만하게 이양되도록 하기 위한 '예악적' 해결책을 담고 있습니다.

여기서 중요한 것은, 자장이 구체적인 인물의 행동에 초점을 맞춰 공자에게 질문을 했다는 점입니다. 공자의 답변 또한 자하에게 했던 것과 같이 구체적이라는 점도 기억해야 합니다. 이것이 공자가 자하, 자유, 자장 등 3기 제자들과 대화했던 방식의 특징입니다. 좀 더 구체적인 이야기를 나누었다는 점에서는 같지만, 자하가 시詩와 예禮를 논했던 것과는 조금 다르게 자장은 역사적 인물과 고사에 주목했어요. 나는 이런 차이점 때문에 자하가 '학學'을 더 강조했다면, 자장은 '술術'을 더 강조했다고 구분했습니다.

어떤 사람이 될 것인가, 스스로를 보전하는 지혜

이 주제는 자장의 성격과도 관련이 됩니다. 공자가 자신을 수행하는 자로가 너무 당당하고 굳세니, "군주를 모실 때도 자로와 같다면 제 명을 다하지 못할 것이다"라고 반농담조로 이야기한 적이 있죠. 나는 공자가 이런 차원에서 자장을 걱정했던 것 아닐까 생각합니다.

> 자장이 좋은 사람 되는 방법에 대해 물었다. 선생님이 말했다. "[선 배들의] 전철을 따르지 않으니 또한 [참신하긴 해도] 한 단계 올라 선 것은 아니다."
>
> 子張問善人之道. 子曰: "不踐跡, 亦不入於室." 〈선진〉 11.20

> 자장이 '밝음明'에 대해 물었다. 선생님이 말했다. "[사람들이 너에 대해] 물처럼 조용히 스며들듯이 또는 피부에 직접 와 닿게 참소하 는 일이 없게 한다면 '밝다'고 말할 수 있다. 물처럼 조용히 스며들 듯이 또는 피부에 직접 와 닿게 참소하는 일이 없게 한다면 [네가 그 런 사람들을] 멀리할 줄 안다遠고 할 수 있다."
>
> 子張問明. 子曰: "浸潤之譖, 膚受之愬, 不行焉. 可謂明也已矣. 浸潤之譖膚受之 愬不行焉, 可謂遠也已矣." 〈안연〉 12.6

'참소한다'는 말은 무고하게 험담한다는 뜻입니다. 공자의 답 변은, 공자학단 내부에서 자장을 참소하는 사람들이 있었다는 추정 을 가능케 합니다. 이와 함께 공자는 자장에게 앞에서는 친한 척하 지만 뒤에서 다른 말을 하는 사람들을 가려내고 그런 사람과 거리를 둘 줄 아는 지혜를 언급합니다. 이 말에는 '그 지혜야말로 정치인이 됐을 때 가장 필요한 능력'이라는 뉘앙스가 짙게 깔려 있는 것 아닐 까 싶습니다.

또 다른 구절을 살펴보겠습니다.

> 자장이 덕을 높이고 미혹됨을 구별하는 것에 대해 물었다. 선생님께서 말했다. "충실함과 믿음을 위주로 하되 의로움으로 나아가는 것이 덕을 높이는 것에 해당한다. [사람은 누군가를] 사랑할 때는 그가 살기를 바라고 미워할 때는 그가 죽기를 바라는 법이다. [그런데] 이미 그가 살기를 바랐는데 또 그가 죽기를 바란다면 이것이 미혹됨이다. [그래서]《시경》에서 '진실로 돈 때문이 아니라 마음이 바뀌었기 때문이다'라고 했다."
>
> 子張問崇德辨惑. 子曰: "主忠信, 徙義, 崇德也. 愛之欲其生, 惡之欲其死. 旣欲其生, 又欲其死, 是惑也. '誠不以富, 亦祇以異.'" 〈안연〉 12.10

이 이야기에서 인용한 시구는《시경》〈소아小雅〉편 '홍안지십鴻雁之什' 194입니다. 이런 이야기를 보면 자장은 시에도 조예가 깊었던 것으로 보입니다. 어쩌면 이것이 후기 제자들의 공통된 소양인지도 모르겠습니다. 하지만 자하와 달리 자장은 이런 텍스트 전통으로서의 유학, 더 정확하게는 경학 전통보다는 다른 전통과 관련되는 것 같습니다.

여기서 "덕을 높이고 미혹됨을 구별하는 것"은 자장만이 아니라 여러 제자가 물었던 공자학단의 공통 의제가 아니었을까 하는데요, 공자는 이에 "충실함과 믿음을 위주로 하되 의로움으로 나아가는 것"이라 대답합니다. 공자는 자장이 추구하는 입신양명을 부정하지 않고, "그렇게 살면서도 의를 실현한다면 더할 나위 없이 좋은 인생일 것"이라고 말했다고 볼 수 있습니다. 자장이 '의'를 중시했던 말과 견주어보면, 아마도 자장은 공자의 이 답변을 자신의 좌우명처럼 받아들인 것으로 보입니다. 공자의 가르침이 자장에겐 자신의 삶을 더 윤택하고 풍부하게 살아갈 수 있는 힘을 주었겠지요.

지금까지 공자와 자장이 한 이야기를 보면 공자는 자장의 물음에 일침을 놓기도 하지만, 스스로를 보전하는 지혜를 귀띔해 주기도 합니다. 그래서 공자는 자장을 보면서 자로를 봤을 때와 비슷한 생각을 떠올렸던 것 아닐까 추정하게 합니다.

> 자장이 '[사신으로] 길 떠나는 것行'에 대해 물었다. 선생님이 말했다. "말은 진실하고 믿음이 가게 하고, 행동은 성실하고 공손하게 해야 한다. 그러면 비록 야만의 나라蠻貊之邦에서도 통할 것이다. 말에 진실과 믿음이 없고, 행동에 성실함과 공손함이 없다면 비록 도시에서 가까운 곳이라 하더라도 통하겠느냐? 걸어다닐 때는 이 말이 눈앞에 펼쳐져 있어 그것을 보는 듯이 하고, 수레를 탈 때는 수레 끌채 앞 횡목에 이 말이 가로로 쓰여져 있어 그것을 보는 듯이 해라. 그렇게 된 다음에야 떠나도록 해라." 자장이 그 말을 허리띠에 적었다.
>
> 子張問行. 子曰: "言忠信, 行篤敬, 雖蠻貊之邦行矣; 言不忠信, 行不篤敬, 雖州里行乎哉? 立, 則見其參於前也; 在輿, 則見其倚於衡也. 夫然後行." 子張書諸紳.
>
> 〈위령공〉 15.6

마지막 문장에서 자장이 문자 전통을 익혔다는 사실이 드러납니다. 많은 학자들은 이를 《논어》의 기록이 시작된 증거로 간주합니다. 물론 이 기록은 《논어》가 형성될 수 있는 하나의 요건을 보여주지만, 일회적 사건에 가까워 보여요. 문자 그대로, 자장이 공자의 말을 듣고 그것이 중요하다고 판단해서 기록했다고 보는 게 낫겠습니다.《논어》기록의 시작과 관련해서는 그보다는 자하 같은 제자가 보여주는 텍스트 전통, 공자가《시경》에 대해 제자들과 논한 것, '육예六藝'에 글쓰기에 해당하는 '서書'가 있다는 사실 등에 주목해야 합니다.

더구나 앞 장에서 설명했듯, 춘추시대에서 전국시대로 넘어가면서 국가의 행정관료가 중요한 사회적 세력으로 성장하는 당시에는 문해력이 훨씬 강조되었죠. 나는 공자학단 내부에서의 텍스트 탄생은 이런 배경과 연결지어야 한다고 생각합니다.

리틀 자로, 자장

그런데 자장은 왜 공자를 따랐을까요? 이와 관련한 이야기는 많지 않아요. 나는 자장이 공자를 좇은 것은 자기 생각과 욕심 때문이었겠지만, 한편으로는 공자에게서 어떤 매력을 발견한 것이라 생각합니다.

> [선생님이 악사樂師] 사면師冕을 만날 때 [모습이 이러하였다.] 계단이 나오면 선생님이 "[앞에] 계단이 있습니다"라고 말했고, 앉을 자리에 이르면 선생님이 "[앞에] 자리에 다 왔습니다"고 말했다. 모두가 자리에 앉으면 선생님이 그에게 "누구는 여기 있고, 누구는 저기 있습니다"라고 고했다. 사면이 나가자 자장이 물었다. "악사와 말할 때에는 그렇게 하는 것이 도리입니까?" 선생님이 말했다. "그렇다.

진실로 [그렇게 하는 것이] 악사를 보좌하는 도리다."

師冕見, 及階, 子曰: "階也." 及席, 子曰: "席也." 皆坐, 子告之曰: "某在斯, 某在斯." 師冕出. 子張問曰: "與師言之道與?" 子曰: "然. 固相師之道也."

〈위령공〉 15.42

악사는 대개 시각장애인이면서 비천한 신분이었습니다. 공자는 앞이 안 보이는 그에게 주위 상황을 자세하게 알려줍니다. 신분이 비천한 데도 불구하고 친절하게 대한 거예요. 물론 공자가 이 악사를 스승으로 모시며 음악을 배웠기 때문에 그에게 깍듯했다는 해석도 있습니다.

하지만 이 이야기에서 공자는 지위 고하를 막론하고 앞을 보지 못하는 악사의 처지에 맞춰 배려해 줌으로써 사람이 사람을 대할 때의 도리를 보여준 것입니다. 그래서 자장이 이 장면에서 사람다움이 무엇인지를 깨닫고, 공자에게 감동하지 않았을까 생각합니다. 평생 낮은 곳에 임하며 희생과 봉사의 삶을 살았던 마더 테레사 같은 분들에게 우리가 감동하는 것처럼 말입니다.

한편, 《논어》에는 자유와 증삼 등 자장 또래의 제자들이 자장을 좋지 않게 보는 내용의 이야기들이 많이 나옵니다.

자유가 말했다. "내 친구 자장은 하기 어려운 것을 한다. 그러나 아직 인에 이르지는 못했다."

子游曰: "吾友張也, 爲難能也. 然而未仁." 〈자장〉 19.15

자유는 자장을 험담하고 있습니다. 또한 증삼도 자장을 폄하하는 발언을 서슴지 않습니다.

> 증 선생님이 말했다. "당당하구나 자장[의 모습]은! [하지만 자장과
> 는] 함께 인을 행하기는 어렵겠다." 〈자장〉 19.16

이는 증삼을 다룰 때 봤던 구절이죠. 자신도 '인'에 도달했다고
말하기 힘든데 이런 말을 한다는 것은, 증삼과 자장이 서로 각을 세
웠거나 긴장관계에 있었다는 정황을 보여줍니다. 우리는 이런 예화
들에서 자장과 그의 또래들이 공자의 말에 대한 해석의 차이 또는
출신 지역의 차이 등으로 서로 갈등을 빚고 각축을 벌였던 것이 아
닐까 추정할 수 있습니다. 단지 공자의 제자라는 이유로 그들이 서
로를 동료로 생각하고 서로 존중했을 것이라 추측하는 것은《논어》
가 드러내는 이야기를 무시하는 것입니다.

그렇다면 이와 같은 다각적인 경쟁구도 속에서 자장은 어떻게
홀로 우뚝 설 수 있었을까요? 공자가 자장에게 들려준 '인'은 자공이
말한 '박시제중' 차원의 인이 아니었습니다. 사대부로서 위엄과 품
위를 지키면서 '의'를 행하는 군자의 인이었습니다.

> 자장이 공자에게 어진 사람仁에 대해 물었다. 선생님이 말했다. "다
> 섯 가지를 천하에 능히 행할 수 있는 사람이 어진 사람이라 할 만하
> 다." [자장이] 그것이 무엇인지 물었다. [선생님이] 말했다. "공손함,
> 관용, 믿음, 부지런함, 은혜. 공손하게 행동하면 모욕당하는 일이
> 없고, 관용을 베풀면 많은 사람을 얻고, 믿음이 있으면 사람이 맡기
> 고, 부지런하면 공을 세우고, 은혜를 베풀면 충분히 사람을 부릴 수

있다."

子張問仁於孔子. 孔子曰: "能行五者於天下, 爲仁矣." 請問之. 曰: "恭寬信敏
惠. 恭則不侮, 寬則得衆, 信則人任焉, 敏則有功, 惠則足以使人."

〈양화〉 17.6

이 이야기들은 벼슬을 사는 사대부에게 요구되는 구체적인 미
덕에 해당합니다. 동시에 스스로를 지킬 수 있는 처세와 관련한 교
훈도 배어 있습니다. 자장은 이런 공자의 말을 들으며 깊이 깨달음
을 얻은 것으로 보입니다.

그래서 자장은 이렇게 스스로의 학문을 열어갑니다.

자장이 말했다. "선비는 위험한 일을 보면 목숨을 바치고, 이익을 앞
에 두면 정의義를 생각하고, 제사를 지낼 때에는 몸가짐을 경건히 하
고, 상을 치를 때에는 슬퍼하는데, [이와 같이 하면] 아마도 괜찮을
것이다."

子張曰: "士見危致命, 見得思義, 祭思敬, 喪思哀, 其可已矣."　　〈자장〉 19.1

자장이 말했다. "덕을 고수하면서 널리 행하지 않고 도를 믿으면서
독실하지 않다면, [그런 사람은] 있어도 그만 없어도 그만 아닐까?"

子張曰: "執德不弘, 信道不篤, 焉能爲有? 焉能爲亡?"　　〈자장〉 19.2

사람은 자신이 믿고 따르는 것을 행동에 옮겨야 한다고 자장
은 주장하고 있습니다. 특히 '의'를 강조하는데, 자장은 의를 목숨을
바쳐가면서까지 이뤄야 한다고 말합니다. "군주를 섬길 때는 온몸을

바쳐야 한다"고 했던 자하와 대비됩니다. 또한 목숨을 버리면서까지 '의'를 지키려 한 자로가 떠오릅니다.

　자장은 혹시 자로와 어깨를 나란히 하면서 세상에 당당하고, 품위를 잃지 않고, 스스로의 명예를 지키면서 훌륭한 정치인으로 살아가기를 바란 것 같습니다. 그래서 자하가 추구했던 이론적이고 구체적인 것을 꼼꼼히 따지는 '학'보다 현장에서 능수능란하게 일하는 '술'을 지향했던 것 같아요.

　그런 의미에서 자장은 '유술'의 전형적인 인물상을 만들어갔다고 생각합니다. 이는 공자학단 내부에 초기부터 있었던 모습에 가깝다고 할 수 있습니다. 물론 유술은 처세와 긴밀히 연관되어 있죠. 그런데도 유술을 지향한 자장을 '유학자'라고 말할 수 있는 까닭은, 그가 '의'를 세우려 했기 때문입니다. 요컨대 나는 자장이 처세를 중시하면서도 의를 지향한 유가적 정치의 한 측면을 보여주었다고 생각합니다.

14장

: 민자건 · 중궁 · 원헌 :
《논어》에서 《장자》까지,
새로운 삶으로 가는 길

'노장'에서 '논장'으로

우리는 그동안 《논어》에 가장 빈번하게 등장하는 인물들을 살펴보았습니다. 이번 장에서는 잘 알려지지 않은 제자 몇 명을 살펴보려 합니다. 우리는 《논어》를 《맹자》와 《순자》를 함께 연결하여 '유가'로 묶고 흔히 '도가道家'로 분류하는 《노자》나 《장자》와 대비시키면서 이해하는 전통이 강합니다. 특히 한국에서 도가는 《노자》나 《장자》를 함께 병칭하는 '노장老莊'이라는 전통에서 읽힙니다. 하지만 나는 이런 시각에 찬성할 수 없습니다.

오늘날 일부 학자들은 노장 전통을 유가 전통이자 위진魏晉시대 이후의 사대부 또는 문인 전통의 하나로 간주합니다. 다시 말하면 '노장 전통'이란 말은 유학자인 문인들이 《노자》나 《장자》를 읽었던 전통을 의미한다는 말입니다. 따라서 유가와 도가라는 대비보다 유학사상 내부의 다른 조류로 이해하는 것이 중요합니다. 나는 이미 《노자의 칼 장자의 방패》에서 이에 관해 여러 가지로 논의한 바 있습니다.

우리의 일반적인 상식과 달리 《장자》에는 우리가 앞에서 다룬 인물들, 자로·자공·안회 등이 매우 중요한 인물로 등장합니다. 특히 안회는 공자와 함께 《장자》의 가장 핵심적인 사상을 대변하는 이야기의 주인공으로 등장합니다. 또한 안회와 함께 같은 유형의 인물로 분류되는 사람들이 불쑥불쑥 등장합니다. 사실 이들이 공자가 가장 사랑했던 사람들이라고도 할 수 있어요. 달리 말하면 《논어》에서 외면당했던 사람들이 《장자》에서 의미 있게 다루어진다는 점은, 공자가 지향했던 어떤 부분을 《장자》가 계승하고 있다는 뜻이 됩니다. 따라서 이제 '노장'이라는 상식과 달리 '논장論莊' 전통, 즉 《논어》에서 《장자》로 이어지는 전통에 주목할 필요가 있습니다.

사실 바로 이 시각이 전통 시대 사대부들의 가장 주류적인 시각이었어요. 《논어》와 《장자》를 연결해서 보는 시각, 그리고 《노자》와 《장자》를 구분하는 시각 말입니다. 이는 일정 정도 주희도 공유했던 생각입니다. 이 주제는 나와 전호근 선생님이 함께 펴낸 《번역된 철학 착종된 근대》에서도 지적했던 내용인데요, 이번 장에서 다룰 인물들의 선택 기준이 이와 연관됩니다.

이 장의 주인공 선택의 기준은 앞에서 여러 번 언급한 다음 문장, 즉 공자가 '공문사과'에서 가장 뛰어난 제자를 언급한 데에 있습니다.

> 덕행德行은 안연과 민자건과 염백우와 중궁이다. 언어言語는 재아와 자공이다. 정사政事는 염유와 계로다. 문학文學은 자유와 자하다.
>
> 〈선진〉 11.3

안회, 재아, 자공, 염유, 자로, 자하에 대해서는 앞에서 살펴봤습니다. 그런데 희한한 점은, 우리가 다른 분과의 경우와 달리 '덕행'에서는 안회밖에 다루지 않았다는 겁니다. 많은 학자들이 안회를

'공자의 수제자'라고 평가하는 이유는, 공자가 덕행에 뛰어났던 제자들을 가장 사랑했기 때문인 것과 함께 덕행에 공자사상의 중요한 측면이 있기 때문입니다. 그런데 안회 외의 덕행에 탁월했던 제자들은《논어》에 출현하는 횟수가 굉장히 적습니다. 또한 안회조차 그가 공자에게 직접 질문한 것이 아니라, 공자가 그를 관찰하며 평한 말들이 주를 이룹니다. 이렇게 보면, 안회도 진정한 의미의 출현 횟수는 서너 번밖에 되지 않습니다.

이는《논어》속에 등장하는 중요한 첫 번째 역설을 보여줍니다. 공자는 덕행을 가장 사랑했고 자기 사상의 역점 분야라고 여겼는데, 어떻게 그 분과에 뛰어났던 제자들의 목소리가 가장 적게 기록된 걸까요? 이런 딜레마가 있는 상태에서, 우리는 대체 어떤 근거로 안회가 수제자라고 말할 수 있는 걸까요? 이러한 문제의식을 바탕으로 나는 이번 장에 안회 이외 덕행파의 인물들인 민자건閔子騫과 중궁仲弓을 다루고자 합니다. 더불어《논어》에 딱 두 번밖에 나오지 않는 원헌原憲을 추가합니다. 원헌을 새롭게 조명하는 것이 이번 장의 가장 큰 특색이기도 합니다.

앞서 이야기했지만, 우리는 통상적으로《노자》와《장자》를 묶어 '노장'이라 부르며,《장자》를《노자》의 사상을 계승한 텍스트라고 알고 있습니다. 하지만 학자들 사이에서 노장사상은, 엄밀히 말하면 위진, 즉 삼국시대에 출현하는《노자》와《장자》에 대한 독특한 하나의 해석의 틀 또는 유행했던 사조라고 할 수 있습니다. 달리 말해, 노장사상은 실제로 장자가 노자를 계승했다는 역사적 사실에서 비롯된 것이 아니라 위진 현학 시대에 유행한 해석의 한 가지 경향일 뿐입니다.

그런데 이 노장사상은 도가 학사들의 사상이 아니라, '유학자들의《노자》와《장자》에 대한 애호(또는 생각)'라는 것이 현대 학자들에게 많은 공감과 지지를 받고 있습니다. 다시 말해《노자》와《장자》에 대한 지금 우리의 이해는 유가적 독해에 근거한다는 것이죠. 더 중요한 것은, 바로 이것이《노자》와《장자》를 보는 가장 전통적인 견해였다는 점입니다. 그 전통적 견해 가운데 당나라 때의 한유韓愈와 특히 송나라 이후 학자들이 제시한 것이 "장자는 공자를 비판했던 사람이 아니라 오히려 공자를 계승하고 도왔던 사람이다"라는 주장입니다. 이것이 유학자들의 공통된 시각이었습니다. 나도 그런 시각으로《장자》를 봅니다.

여기서 나는 조금 더 획기적인 주장을 하려고 합니다. 전통 학자들은《장자》가 안회의 학풍을 이었다고 막연하게 생각했습니다. 하지만 나는 이 장에서 원헌이《장자》로 넘어가는 중요한 계기 또는 매개가 되었다는 점을 확인하려 합니다. 그래서 이번 이야기의 부제가 '공자의 또 다른 길', 즉《논어》의 또 다른 길입니다. 나는 민자건과 중궁, 원헌을 통해서 덕행파가 어떤 유형의 사람들인지를《장자》와 관련해 이야기하려 합니다.

우리가 먼저 기억해야 할 것은 덕행에 뛰어났던 안회가 수제자로 평가받아 왔는데, 왜 덕행파의 나머지 인물인 민자건과 염백우, 중궁은 별로 다루어지지 않을까 하는 것입니다. 앞서 얘기했듯이 공자학단의 주된 구성원들은 벼슬에 나아가서 입신양명하기를 추구했던 사람들입니다. 그런데 덕행파는 벼슬을 거부했다는 공통점을 갖고 있습니다. 다만 중궁은 예외로, 자로의 뒤를 이어 계씨 일가의 가장 중요한 근거지인 '비읍'을 다스리는 재宰(현령 또는 시장)를 지냅니다. 하지만 벼슬을 했던 중궁까지도 《논어》에서 잘 다뤄지지 않았습니다. 그래서 나는 중궁 자신이 원해서가 아니라 순서에 밀려서, 또는 계씨가 초빙해서가 아니라 공자가 계씨에게 강력히 추천했기 때문에 벼슬을 맡았던 것은 아닐까 생각합니다.

또 다른 점을 살펴보면, 민자건과 염백우는 공자의 1기 제자이고 중궁은 2기 제자입니다. 1기들은 공자와 나이 차이가 많이 나지 않는 사람들입니다. 예컨대 공자보다 염백우는 일곱 살, 민자건은 열다섯 살 적습니다. 중궁만이 공자보다 스물아홉 살 어립니다. 중궁으로선 공자가 명을 했을 때 거부하기가 힘들었겠죠. 또는 기존 학자들의 해석과 달리, 중궁이 현실과의 어떤 만남을 전적으로 거부하지만은 않았을 수도 있겠죠. 그에겐 그런 측면이 보입니다.

벼슬을 거부한 민자건

'민자건(기원전 536~기원전 478)'은 성이 민이고 이름은 손損, 자가 자건입니다. 노나라 사람으로 어려서 어머니를 여의었고 계모에게 학대받으며 자랐으나, 대단한 효자였다고 합니다. 민자건뿐 아니라 덕행파에 속하는 사람들은 전부 효자였습니다. 또 민자건에 대해 이야기할 때 반드시 따라붙는 형용어가 있는데요, '벼슬을 거부했다'는 것입니다. 다른 덕행파 인물들도 대체로 그랬죠. 특이하게도 그의 이름은 '모자란다'는 뜻의 손損이고, 자는 발 족足이 붙은 건蹇과 통용되는 건騫입니다. 이 점에서 그가 절름발이였다는 추정이 가능해집니다.

민자건은《논어》에 5회 등장합니다. 그가 벼슬을 기부한 이야기부터 살펴보겠습니다.

> 계씨가 민자건을 비費 땅의 재宰로 삼고자 사신을 보냈다. 민자건이 [그 사신에게] 말했다. "[당신이] 나를 대신해 거절한다는 뜻을 잘 전해 주십시오. 만약 나를 다시 부르는 일이 있다면 [우리나라 국경에 있는] 문강의 북쪽, [제나라로] 떠날 것입니다."
>
> 季氏使閔子騫爲費宰. 閔子騫曰: "善爲我辭焉. 如有復我者, 則吾必在汶上矣."
>
> 〈옹야〉 6.9

이 장면은《장자》에 두 번 나오는 일화와 겹칩니다. 초나라 위왕이 장자를 재상으로 초빙하려 했더니, 장자가 "나는 진흙탕을 뒹굴지언정 희생양으로 살지 않겠다"고 하죠. 사마천의《사기》〈장자열전〉에서도 바로 그 이야기를 가장 길게 서술합니다. 이 민자건의 일화는 그 문헌들과 상당히 유사합니다.

이 일화에 따르면, 민자건은 벼슬할 기회가 있었지만 그 벼슬을 거부합니다. 나는 이것이 민자건이라는 한 개인의 선택이 아니라, 공자학단 내부의 어떤 소집단이 공유한 생각을 드러내는 사건이라 생각합니다. 이와 관련해 나는《무하유지향에서 들려오는 메아리 장자》에서 방금 소개한《장자》의 두 일화와 사마천 〈장자열전〉에 등장하는 일화 속에 공통적으로 있는 벼슬을 거부한 이야기를 이렇게 해석했습니다. 당시 "사대부들의 자의식의 변화 과정을 보여준다"고요. 사대부가 반드시 벼슬을 해야 하는 것은 아니라는 의식이 사회적으로 공인되는 과정을 반영했다고 말입니다. 민자건은 그것에 대한 원형을 제공한 것이죠.

이와 관련해 중요한 사실이 있습니다. '공자는 벼슬을 안 했다' 라는 점입니다. 많은 학자들이 공자가 노나라에서 대사구, 즉 지금 으로 보면 법무부장관이나 검찰총장 또는 경찰청장의 벼슬을 지냈 다고 주장합니다. 동시에 또 많은 학자들은 공자가 그랬을 가능성이 적다며 이 주장에 동의하지 않습니다. 더구나 만약 전자의 주장을 따른다면 공자는 50대 초반에 그 직위에 올랐다가 얼마 안 돼 천하 를 주유하러 노나라를 떠납니다. 그 이후에 공자는 벼슬을 한 적이 없습니다. 이런 그가 사대부로서의 삶을 실질적으로 살았다고 말하 기는 쉽지 않아요. 공자가 자로나 자공과 달랐던 점이 바로 거기에 있습니다.

민자건에 대한 또 다른 공통적인 이야기들은 그가 대단한 효 자였다는 점과, 공자가 칭찬했듯 사리에 밝은 인물이라는 점입니다. 이와 관련해 짧은 이야기를 보겠습니다.

> 선생님이 말했다. "효자로구나, 민자건은! 그의 부모와 형제들이 [민 자건이 효자라고] 말해도 다른 사람들이 트집을 잡지 않는다."
> 子曰: "孝哉閔子騫! 人不間於其父母昆弟之言." 〈선진〉 11.5

부모들은 대개 남들 앞에서 자기 자식을 효자라고 이야기합니 다. 하지만 남들은 속으로 믿지 않으면서도 겉으로는 "아, 네" 하며 그냥 넘어가죠. 그런데 민자건이 효자라는 말에 아무도 건성으로 답 하지 않았다는 것은 그가 진짜 효자란 이야기죠.

아래는 앞에서도 인용했던, 누가 공자를 모시느냐에 따라서 그 분위기가 어떻게 달라졌는지를 서술한 문장입니다.

> 민자건이 옆에서 모시고 있으면 공손하고 엄숙했고, 자로는 당당하
> 고 굳셌으며, 염유와 자공은 자유롭고 편안했다. 공자가 즐거워하며
> 말하였다. "중유와 같이 행동하면 제 명에 못 죽을 것이다."
>
> 〈선진〉 11.13

민자건은 공자보다 열다섯 살 어렸어요. 이는 당시 다른 제자
들과 비교해 보면 큰 차이가 아니었습니다. 2기 제자들만 해도 공자
와 서른 살 정도 차이가 났으니까요. 어느 정도 연배가 있는 제자이
니 당연히 그가 공자를 모시는 분위기는 공손하고 엄숙했겠죠. 더욱
이 그는 다리를 저는 사람이었다는 점도 다른 분위기를 만들어내는
데 어려움으로 작용했을 거예요. 어쩌면 민자건은 기본적으로 카리
스마가 있었던 것 같기도 합니다.

> 노나라 사람이 장부를 고쳤다. 민자건이 말했다. "옛 모습 그대로 두
> 는 것이 어떻습니까? 왜 하필 개조하려고만 합니까?" [이 일을 전해
> 들은] 선생님이 말했다. "이 사람 [민자건은] 말을 하지 않는 편인데,
> 말을 하면 꼭 사리에 맞았다."
>
> 魯人爲長府. 閔子騫曰: "仍舊貫, 如之何? 何必改作?" 子曰: "夫人不言, 言必有
> 中."
>
> 〈선진〉 11.14

이 문장에서 장부長府란 노魯 소공公의 창고를 말합니다. 리링
에 따르면, 이때는 517년 이후로 공자의 나이 35세, 민자건의 나이

20세였을 것으로 추정됩니다.

이 이야기는 우리에게 민자건과 관련해 의미가 큰 정보를 주지는 않습니다. 하지만 정치적이든 군사적이든 간에 어떤 의도로 자신의 기본 재산을 두는 창고를 고친 군주에게 한마디 했다는 점은 주목할 만합니다. 이 일화로 보아 민자건이 정치에 전혀 관심이 없었던 것은 아니라는 것이지요. 그런데 이 사람이 벼슬을 거부한 것을 우리는 어떻게 이해해야 할까요?

앞에서도 얘기했지만, 안회도 벼슬에 뜻이 없는 건 아니었지만, 공자가 출사할 것을 제의하자 거절합니다. 여기서 안회와 민자건의 공통점을 발견할 수 있습니다.

우리는 대부분《논어》를 읽을 때 공자가 살았던 시대가 엄정한 신분사회였다는 사실을 간과합니다. 공자학단은 동등한 개인들이 모인 집단이 아니었습니다. 공자학단 구성원들의 기본 신분은 '사士', 즉 무사였습니다. '사'는 '칼을 찰 수 있는 자격을 가진 자'였고, 성읍 안에 거주했던 말단 귀족이었습니다. 논외의 이야기지만, 여기에 반기를 들었던 것이 묵가墨家 집단입니다. 그런데 묵가집단은 전국시대에 본격적으로 활동하죠. 이 시대에 들어서면, 군주들이 백성들을 자신들의 군사력으로 거두려고 '사'계급에게만 칼을 차게 한 방침을 바꿉니다. 또 철기가 보급되면서 무장할 수 있는 물질적 토대가 만들어지기도 했고요.

그런데 안회는 비천한 계급 출신이었죠. 그래서 안회는 두각을 나타낼 즈음에는 머리가 하얗게 세었고, 끝내 젊은 나이에 요절하기에 이릅니다. 이는 비천한 신분이 어마어마한 스트레스를 줬다는 것을 암시합니다.

이렇게 비천한 신분의 안회와 다리가 불편한 민자건은 벼슬을 거부하고 비슷한 길을 걷게 됩니다.

이 둘의 또 다른 공통점은, 모두《장자》에 등장한다는 것입니다. 물론 자공과 자로도 나오지만, 그들과 안회나 민자건이 등장하는 양태는 다릅니다. 안회를 다룰 때도 소개했지만, 안회는 하필이면 유가의 입장에 대해 가장 비판적인 견해가 담긴 〈양왕〉편에 나옵니다. 여기에는 벼슬에 나아가는 것을 못마땅해하는 입장이 구체적으로 드러나 있죠. 달리 말하면《논어》에서 자로·자공·염구 등이 벼슬에 나아가는 것을 중시한 출사파出仕派라면, 덕행파는 비출사파非出仕派, 즉 벼슬에 나아가는 것을 비판적으로 보았던 인물들이라는 뜻입니다.

민자건은 〈덕충부德充符〉편에 등장하는데요, 여기 등장하는 인물들은 '왕태王駘'와 '애태타哀駘駝' 등 하나같이 장애인들입니다. 우선 왕태는 절름발이였습니다. 애태타의 '타駝'는 '낙타'라는 뜻이에요. 그의 등이 낙타의 등처럼 생겼다는 겁니다. 애태타는 사람들이 싫어할 정도로 흉측하게 생겼다고 해서 '못생긴 사람惡人'으로 표현되지만, 동시에 가장 완벽한 덕을 갖춘 사람으로 묘사됩니다. 예컨대 노나라 군주 애공이 애태타를 만난 뒤에는 오히려 비장애인들이 이상하게 느껴졌을 정도라고 표현합니다. 또 여인들이 애태타를 보면 그의 첩이라도 되겠다며, 이미 많은 여자들이 대기하고 있는데도 자기 아버지를 졸라 그 뒤에 줄을 섰다고 합니다.

그 애태타가 나온 일화 속에서 애공은 공자에게 큰 가르침을 받습니다. 아래의 이야기는 애공이 공자를 만난 감상을 민자건에게 설명한 내용입니다.

애공이 다른 날에 이 말을 민자閔子에게 알리면서 말했다. "처음에 나는 남면南面하는 임금으로 천하에 군림하여 백성들을 다스리는 권력을 잡고서는 백성들이 죽을까 근심하였소. 나는 스스로 이것이 지극한 도리라고 생각했는데, 지금 내가 지인至人에 대한 말을 듣고 나서는 내가 실제의 덕은 아무것도 없이 내 몸을 함부로 움직여 나라를 망칠까 두려워하게 되었소. 나는 공구(공자)와 임금과 신하의 사이가 아니오. 덕으로 맺어진 벗德友일 따름이오."

《장자》〈덕충부〉

'덕으로 맺어진 벗'은 군신관계, 즉 신분제를 넘어서 애공 자신과 공자가 동등한 관계라는 것을 함축하는 표현입니다. 이 일화는 민자건을 포함한 덕행파 사람들이 추구했던 가치의 일면을 보여줍니다. 이는 동시에 공자를 포함한 유가학자들을 비판하는 내용으로 보이지만, '덕으로 맺어진 친구 사이'라는 비유는 분명 공자를 치켜세운 것입니다. 《장자》가 공자를 비판하는 문헌이 아니라는 거죠.

군주가 될 만한 천민, 중궁

덕행파의 또 다른 인물을 살펴보겠습니다. 공자학단 사람들 대부분은 계씨 밑에 들어가 벼슬을 했죠. 그런데 학단 내부에서 공자가 "군주가 될 만한 사람"이라고 칭찬했던 사람이 있습니다. 희한하게도 아주 비천한 출신의 인물인 '중궁'입니다.

중궁仲弓(기원전 522~?)은 성이 염冉, 이름이 옹雍, 자가 중궁 또는 자궁子弓으로 《논어》에 7회 출현합니다. 아래는 공자가 중궁을 격찬한 내용입니다.

> 선생님이 말했다. "염옹冉雍(중궁)은 남쪽을 향해 앉는南面 군주가 될
> 만하다."
>
> 子曰: "雍也可使南面." 〈옹야〉 6.1

'남면南面'은 순임금이 몸가짐을 공손히 하고 남쪽을 바라볼 뿐인 무위로써 나라를 다스렸다는 데 쓰는 표현입니다. 위대한 성왕인 순임금에게 썼던 비유를 공자가 중궁에게 적용한 겁니다. 공자의 이 말을 우리는 어떻게 해석해야 할까요? 나는 그 말을 곧이곧대로 받아들여 중궁이 군주가 될 만큼 훌륭한 미덕과 자질을 갖추었다고 해석하는 것은 맞지 않다고 봅니다. 중궁이 신분이 낮았기 때문에 공자가 그를 일부러 치켜세웠다고 보는 편이 합당해요.

아무리 출중했어도 주변 동료들은 신분이 비천하다는 이유로 중궁을 무시하기에 충분한 상황이었습니다. 그러니까 공자가 "너희들은 기껏해야 남의 신하가 될 사람이지만, 중궁은 군주가 되기에 적합한 사람이다"라고 이야기한 것은, 중궁이 실제 그런 자질이 있어서라기보다 '중궁을 무시하지 마라'에 가깝다고 볼 수 있습니다. 다시 말해 내부의 분위기를 진정시키고자 이 얘기를 한 거죠.

내가 또 중궁이 그만한 자질이 없었다고 보는 까닭은, 공자가 "중궁이 '인'의 경지에 도달한지는 모르겠다"고 이야기한 내용이 《논어》에 나오기 때문입니다. 따라서 이 일화에서의 공자의 말도 공자학단 내부에서 중궁과 다른 사람들의 관계 속에서 해석하는 것이 타당합니다.

선생님이 중궁을 두고 말했다. "얼룩소의 새끼라 해도 털빛이 붉고 뿔이 가지런하면, [제사 지내는 사람들이] 비록 제물로 쓰려 하지 않아도, 산과 강의 [신령들이] 어찌 가만두겠느냐?"

子謂仲弓曰: "犁牛之子騂且角, 雖欲勿用, 山川其舍諸?" 〈옹야〉 6.6

당시에는 제사를 지낼 때 털빛이 붉은 소를 쓰는 것이 일반적이었습니다. 그런 소가 제사의 격에 어울리는 훌륭한 소라는 뜻이죠. 여기서 '얼룩소'란 중궁의 아버지를 말합니다. 중궁의 아버지는 행실이 악하고 미천한 사람이었거든요. 그러니까 공자의 말은 중궁이 아버지에 비해 뛰어난 인물이라는 뜻이죠. 주희도 그와 같이 해석합니다. 따라서 이 일화도 공자가 중궁을 "비록 출신은 미천하나 사람 자체는 탁월하고 훌륭했다"고 칭찬한 정도로 보는 편이 적절합니다.

하지만 주변의 평가는 공자의 발언 내용과는 달랐던 모양입니다. 아래는 방금 소개했던, 공자가 중궁이 어진 사람인지에 대해 언급한 그 구절입니다.

누군가가 말했다. "염옹은 어질지만 말을 잘하지는 않습니다." 선생님이 말했다. "말 잘해서 어디에 쓰겠는가? 말 잘하는 것으로 다른 사람을 부리면 자주 원성을 듣는 법이다. 염옹이 어진 사람인지는 잘 모르겠지만, 말 잘한다 해서 어디에 쓸 수 있을까?"

或曰: "雍也, 仁而不佞." 子曰: "焉用佞? 禦人以口給, 屢憎於人. 不知其仁, 焉用佞?" 〈공야장〉 5.5

'누군가'가 '중궁을 어질다'고 한 것은 실제 그렇게 인정해서가 아니라 일부러 치켜세운 겁니다. 공자가 중궁을 칭찬하니까 "그런데도 말은 왜 그렇게 못하냐"며 대드는 말로 볼 수 있어요. 공자는 누군가의 말에, 두 부분으로 나눠 중궁을 두둔합니다. 먼저 어진 사람인지 모르겠다고 말하긴 하지만, 말재주를 앞세우지는 않기 때문에 좋은 사람이라고 볼 수 있다고요. 요즘에 우리도 말 잘하는 정치인이 아니라, 행동을 잘하는 정치인을 좋아하죠. 공자는 '교언영색巧言令色'에서도 알 수 있듯이, 말 잘하는 사람을 몹시 싫어했습니다. 물론 나는 앞에서 공자가 《논어》에서 말을 가장 잘하는 사람이었다고 지적했어요. 그런데 이 일화에서 '말을 잘한다'는 녕佞이라 표기하는데, 이는 매우 부정적인 의미를 갖는 말입니다. 당연히 긍정적인 뜻의 '말을 잘한다'와는 구분해서 읽어야겠죠.

현대인들은 '재치 있게 말하는 것'을 말을 잘하는 것으로 여깁니다. 하지만 공자학단에서 추구한 말 잘하는 것은, '정작 해야 할 말을 제대로 하는 것'을 뜻합니다. 그런데 중요한 것은 말재주는 타고나는 것이 아니라, 교육의 산물이라는 점입니다. 그래서 나는 '누군가'가 중궁에 대해 위와 같이 말한 것을 근거로, 덕행파의 상당수가 문文의 전통에 있던 사람들이 아니라고 생각합니다.

공자 살아생전에도 책을 엮고 기록하는 행위가 있었지만, 그것은 다분히 종교전통과 관련이 있었고 극소수의 특수한 집단 내부에서만 이루어졌습니다. 하지만 앞에서도 이야기했듯, 공자학단 후기부터 전국시대로 들어갈수록 '문'의 전통, 즉 문자를 읽고 쓸 줄 아는 능력이 더 중요해졌습니다. 왕이 자신의 신하를 통해 전달하는, 왕의 명령이 담긴 행정문서가 이 문자 시스템에 기반을 두고 있었기 때문이죠. 문자의 동일성이 전제되어야 문서에 담긴 행정 내용을 제대로 시행할 수 있으니까요. 행정을 구전으로 전하면 중간 매개자가 어느 쪽에 가깝느냐에 따라 그 내용이 바뀔 수 있는 문제가 생깁니다. 하지만 문자는 변하지 않죠.

이런 사실을 토대로, 이 일화는 당시 사회에서 일어난 중요한 변화를 어느 정도 반영하고 있습니다. '문' 전통에 능숙했던 자하와 자장 등 3기 제자와 달리, 공자의 2기 제자였던 중궁은 그 전통에 있지 않았다는 데서 그 변화의 일면이 보인다고 할 수 있죠.

놀라운 것은, 다른 제자들의 경우 자신이 현직에 있지 않을 때도 정사에 대해 물었다면, 중궁은 자신이 그 일을 맡고 나서야 질문을 했다는 겁니다. 더불어 공자의 답변이 매우 친절한 것도 특징입니다. 이는 여러 가지로 해석할 여지가 있죠. 그 가운데 리링에 따르면 덕행은 '안빈낙도'의 의미를 갖고 있습니다. 따라서 덕행에 뛰어났던 중궁은 구체적인 실무에 대해선 많이 익히려 하지 않았다고 볼 수 있습니다.

> 중궁이 인에 대해 물었다. 선생님이 말했다. "문을 나가서는 큰 손님을 맞이하듯 하고, 백성을 부릴 때는 큰 제사를 지내듯이 해라. 자기가 원하지 않는 것을 남에게 시키지 말아라. 그러면 나라 안에 원망이 없고, 집안에도 원망이 없을 것이다." 중궁이 말했다. "제가 비록 불민하지만, 그 말씀을 받들겠습니다."
>
> 仲弓問仁. 子曰: "出門如見大賓, 使民如承大祭. 己所不欲, 勿施於人. 在邦無怨, 在家無怨." 仲弓曰: "雍雖不敏, 請事斯語矣."　　　　　〈안연〉 12.2

여기서 공자의 말은 안회에게 "예가 아니면 보지도 듣지도 말하지도 움직이지도 마라"고 한 것과는 대비됩니다. 사실 그 말은 초등학생에게나 적절한 부정적 금지의 가르침입니다. 하지만 이 일화에서 공자는 매우 구체적으로 조언해 줍니다. 이 말엔 자공도 들었던 "네가 원하지 않은 것을 남에게 하지 마라"라는 원칙도 들어 있습니다. 요컨대 이 말은 공자가 중궁의 처지를 충분히 감안하며 친절하게 일러준 내용으로 봐야 할 것입니다.

> 중궁이 계씨의 재宰가 되어 정사에 대해 물었다. 선생님이 말했다. "담당 관리보다 솔선수범하고 작은 잘못은 용서하고 뛰어난 인재를 발탁하거라." [중궁이] 말했다. "뛰어난 인재를 어떻게 알고서 발탁합니까?" [선생님이] 말했다. "네가 알고 있는 사람을 발탁하면 네가 알지 못하는 사람을 다른 사람이 버려두겠느냐?"
>
> 仲弓爲季氏宰, 問政. 子曰: "先有司, 赦小過, 擧賢才." 曰: "焉知賢才而擧之?"
> 曰: "擧爾所知. 爾所不知, 人其舍諸?" 〈자로〉 13.2

이 문장은 새로 발굴된 문헌에도 나오는데, 그 내용이 약간 차이가 있습니다. 《상박초간上博楚簡》〈중궁〉에는, "뛰어난 인재는 감추어두어서는 안 된다. 네가 알고 있는 사람과 네가 알지 못하는 사람과 [다른] 사람이 버려둔 사람을 채용하라夫賢才不可掩也, 擧爾所知, 爾不所知, 人其舍之者"라고 되어 있습니다. 여기서 인용한 이야기는 "능력 있는 자는 모두 데려다 써라"라는 《상박초간》의 내용과는 불일치합니다. 그래서 이 부분에 대해서 논란이 있지만 여기서는 설명하지 않겠습니다. 다만 우리가 기억해야 하는 것은, 이것이 오늘날 우리가 읽고 있는《논어》가 애초의 기록과 약간 다를 수 있음을 암시한다는 점입니다.

앞의 예화에서 중궁은 실제 '읍재'라는 벼슬을 맡고 나서야 정사에 관해 물었고, 공자가 구체적인 지침을 내려줍니다. 그래서 나는 중궁이 읍재가 된 까닭은 그가 원해서가 아니라 공자가 계씨 집안에 강력히 추천해서 계씨가 받아들인 것이라고 봅니다. 그래서 중궁은 자신이 맡은 일을 크게 익히지 않았고요.

더 눈에 띄는 대목이 있습니다. 중궁이 공자와 이야기를 주고받으며 어떤 인물들을 언급하는 내용입니다.

> 중궁이 자상백자子桑伯子에 대해 물었다. 선생님이 말했다. "괜찮은 사람이다. 아주 소박한 사람이지!" 중궁이 말했다. "평소 경건하게 살되 행동을 소박하게 하면서 백성 앞에 나선다면 괜찮지 않을까요? 평소에도 간소하고 행동할 때에도 간소하게 하는 것은 너무 지나치게 간소한 것 아니겠습니까?" 선생님이 말했다. "염옹, 네 말이 맞다."
>
> 仲弓問子桑伯子, 子曰: "可也簡." 仲弓曰: "居敬而行簡, 以臨其民, 不亦可乎? 居簡而行簡, 無乃大簡乎?" 子曰: "雍之言然."　　　　〈옹야〉 6.2

여기서 주목할 점은 중궁이 거명한 '자상백자子桑伯子'가 누구냐는 것입니다. 자상백자에 대해 한漢의 주석자 정현鄭玄은 진秦나라 대부 자상子桑, 곧 공손지公孫枝라고 봤습니다. 하지만 청淸대 학자들은《장자》〈산목山木〉의 '자상호子桑雽' 또는 〈대종사大宗師〉의 '상호桑戶' 또는《초사楚辭》〈섭강涉江〉의 '상호桑扈'라고 간주합니다. 학자들은 자상백자를 고대 은자의 한 사람이라는 데 합의합니다.

이에 따르면, 중궁은 공자학단에서 '은일자隱逸者'로 분류하는 사람들에게 관심이 있던 것으로 파악됩니다. 어쩌면 중궁은 은자들의 삶을 자신들의 모범으로 삼으려 하면서도, 그들을 조금 넘어서려 했던 공자학단 내부 일부 집단 사람들의 학문적 방향을 보여주는 것 아닐까요?

이런 면에서 보면 안회, 민자건, 중궁 등은 나중에《장자》로 이어지는 계보의 인물들로 보입니다. 또한 우리는 공자가 신분이 비천한 중궁을 계씨의 가신으로 발탁했다는 이야기를 통해, 공자가 신분제를 넘어서서 사고했던 사람이라는 것을 알 수 있습니다. 공자의 위대함은 바로 거기에 있습니다.

장자로 넘어가는 가교, 원헌

마지막으로 살펴볼 인물은 '원헌原憲, 原思'(기원전 515~?)입니다. 그 또한 안회, 민자건 등과 마찬가지로《장자》에 등장합니다.

> [공자의 제자] 원헌이 노나라에 살고 있었다. 그의 집은 상하사방이 10척밖에 안 되는 데다 지붕은 푸른 풀로 이었으며 쑥풀을 엮어 만든 방문도 완전치 않은데, 뽕나무 가지를 깎아 지도리로 삼고 밑 빠진 항아리를 창으로 삼은 두 방을 거친 갈포로 막았다. 게다가 위에서 비가 새어 아래 바닥은 축축한데 [원헌은] 그 가운데에 똑바로 앉아서 거문고를 타고 있었다.

어느 날 공자의 제자였던 자공이 큰 말이 끄는 마차를 타고 감색 속옷에다 흰색 겉옷을 입고 찾아왔는데, 화려한 마차가 좁은 뒷골목을 들어올 수 없어서 걸어가서 원헌을 만났다. 이때 원헌은 머리에는 자작나무 껍질로 만든 갓을 쓰고 뒤꿈치 없는 신을 신고 명아주 지팡이를 짚고 문에 나가 마중하였다.

자공이 말했다. "아아! 선생은 어찌 이렇게 병들어 보이십니까?"

원헌이 이에 대답하여 말했다. "저는 이렇게 들었습니다. '재물이 없는 것을 가난이라 말하고 도를 배우고서도 그것을 실천하지 못하는 것을 병든 것이라고 한다無財謂之貧, 學而不能行謂之病'라고 말입니다. 지금 저는 가난한 것일지언정 병든 것은 아닙니다."

이 말을 듣고 자공이 뒷걸음질 치며 부끄러운 기색을 드러내자 원헌이 웃으면서 말했다. "세상에 명성 얻기를 바라면서 행동하고, 부화뇌동 작당해서 친구를 사귀어서 남에게 칭찬 듣기 위해 학문을 하며, 남을 가르치면서 자기의 이익만을 좇으며, 인의를 내걸고 나쁜 짓을 자행하며 수레와 말로 자신을 꾸미는 짓을 나는 차마 하지 못합니다."

안병주·전호근 옮김, 《장자》〈양왕〉, 118~119쪽

첫 번째 단락과 비슷한 장면을 우리는 몇 번 본 적이 있죠. 공자가 벼슬을 권하자 안회는, "나는 거문고를 타면서 충분히 안빈낙도 할 수 있다"면서 벼슬살이를 거부했죠. 공자도 진채지간의 위기 속에서 다 죽어가는 판국에 거문고를 타며 노래를 불렀습니다. 원헌이 '집'이라 부르기도 어려운 다 스러져가는 곳에서도 즐거움을 놓치지 않는다는 것을 묘사하고 있는 부분은 안빈낙도의 정신을 상징하죠.

자공은 지금으로 따지면 뷰을 녀품 옷으로 도배하고 원헌의 집을 방문합니다. 자공이 "왜 그리 병들어 보이냐"고 묻자, 원헌은 "나는 가난한 것이고, 너는 병든 것이다"라고 에둘러 비판합니다.

장자가 위나라 혜왕을 만났을 때 장면이 이와 비슷합니다.

> 장자가 여기저기 기운 자리가 많은 헐렁한 베옷을 입고 삼줄로 이리 저리 묶은 신발을 신고 위나라 왕 앞을 지나가는데 위나라 왕이 이렇게 말했다. "선생께서는 어찌하여 이렇게 고달프게 사십니까?" 장자가 대답했다. "가난한 것이지 고달픈 것이 아닙니다. 선비에게 도덕을 시행하지 못하는 것은 고달픈 것이지만 옷이 해지고 신발이 터진 것은 가난한 것이지 고달픈 것이 아니니 이것이 이른바 때를 만나지 못한 것입니다."
>
> 《장자》〈산목〉

장자는 "나는 진정한 선비인데, 네 주변엔 간신배들로 가득 차 있다"는 뉘앙스로 질타하는 이야기로 말을 잇습니다.

앞선 두 인용문의 내용은 분명 상통합니다. 이런 유사성들은 하나의 전통으로 봐도 무방할 것입니다. 공자에서 맹자로 이어지는 계통이 있다면, 순자로 이어지는 것 또한 있으며, 더 나아가 장자로 이어지는 것도 있습니다. 특히 송대의 학자들은 공자에서 장자로 이어지는 전통을 긍정했는데,《논어》속에 그 맹아가 들어 있습니다. 원헌이 그에 해당합니다.

원헌은 공교롭게도 장자의 고국인 송나라 출신으로, 공자보다 서른여섯 살 어립니다. 원헌은 공자 밑에서 벼슬을 했습니다.

원사原憲가 [선생님의] 재宰가 되자, [선생님이] 그에게 [녹봉으로] 900의 속미를 주었으나 [원사가] 사양했다. 선생님이 말했다. "[사양하지] 말아라. [정 받지 않으려거든] 네 이웃과 마을 사람과 나누어라!"

原思爲之宰, 與之粟九百, 辭. 子曰: "毋! 以與爾鄰里鄕黨乎!"　　〈옹야〉6.5

이 이야기는 원헌은 녹을 받는다는 것에 대한 거부감이 있었는데, 이 점이 공자에게까지 작동했다는 것을 보여줍니다.

원헌이 부끄러움에 대해 물었다. 선생님이 말했다. "나라에 도가 있을 때 녹봉을 타 먹고 나라에 도가 없는데도 녹봉을 타 먹는 것이 부끄러운 것이다." [원헌이 말했다.] "남을 이기려 하는 것, 스스로 뽐내는 것, 남을 원망하는 것, 탐욕 부리는 일 등을 행하지 않는다면 어질다고 할 수 있습니까?" 선생님이 말했다. "[그렇게 하는 것도 행하기] 어렵다고는 할 수 있지만, 어질다고 할 수 있을지는 [나는] 모르겠구나."

憲問恥. 子曰: "邦有道, 穀; 邦無道, 穀, 恥也." "克, 伐, 怨, 欲不行焉, 可以爲仁矣?" 子曰: "可以爲難矣, 仁則吾不知也."　　〈헌문〉14.1

공자는 군주 밑에 나아가서 녹봉을 받는다는 것은 지식인으로서 대단히 부끄러운 일이라는 자기 생각을 드러냅니다. 나는 어쩌면 이것이 공자 내부의 또 다른 목소리였을 것이라 생각합니다. 벼슬에 나아가는 것이 부끄럽다는 말은, 벼슬을 거부함으로서 스스로를 보존하는 측면도 있지만 동시에 진정한 정치에 대한 갈구와 희망을 드러내는 것 아닐까요? 벼슬을 거부한 것이 '소외받은 자들의 저항'은 아니었을까요? 비천한 신분이었던 안회, 장애인이었던 민자건, 또한 낮은 신분이었던 중궁, 그리고 원헌도 공자와 마찬가지 아니었을까요?

장자는 그것을 "때를 만나지 못한 것"이라고 말합니다. 그런데 공자 또한 때를 만나지 못한 사람이었던 것은 마찬가지였습니다. 자신의 뜻을 펼칠 기회를 찾고자 14년이라는 긴 시간 동안 천하를 주유했음에도 불구하고 말이에요. 공자가 "남(세상의 군주들)이 나를 알아주지 않더라도 성내지 않는다면 진정한 군자가 아니겠는가"라고 했던 그 정신을 덕행파의 제자들은 운명으로 받아들이면서, 스스로의 삶을 향유해야 한다는 새로운 사유를 열어간 것은 아니었을까요?

십인십색《논어》이야기

우리는 이제까지《논어》를 공자 혼자만의 텍스트가 아닌,《논어》의
조연으로 여겨졌던 그의 제자들 각각의 삶과 생각을 중심으로 새롭
게 읽어보았습니다. 가장 개성 넘치는 자로부터 안회와 자공, 염구
와 재아, 자장과 자하, 그리고 민자건·중궁·원헌까지 각각을 조연이
아닌 주연으로, 그들 자신의 삶의 자리에서《논어》를 읽어보고자 했
습니다. 우리는 전통사회에서《논어》를 읽어왔던 방식과 다른 관점
에서《논어》를 얼마든지 새롭게 읽을 수 있다는 것을 확인했습니다.

　　이제 에필로그에서는 '십인십색+人+色《논어》' 이야기라는 문
제를 생각해 보고자 합니다. 이야기의 초점을 제자 각각의 개성과
삶에 맞추다 보니, 이들을 묶어주는 것, 이들을 하나의 집단으로 부
르게 된 이야기는 간과된 듯합니다. 그래서 사상과 종교로서의 유
교, 집단이나 학파로서의 유가에 대하여 이야기하고자 합니다. 유약

有若(유자有子)에 관한 이야기부터 시작해 볼까요?

공자를 대신할 뻔한 제자, 유약

유약이란 인물에서 이야기를 시작하는 까닭은 이렇습니다. 자공은 공자 사후에 공자와 외모가 많이 닮았고 그의 사상을 잘 이해했던 유약을 선생님의 자리에 앉혀놓고, 제자들한테 공자가 살아 있을 때처럼 생활하는 게 어떻겠느냐고 제안합니다. 하지만 증삼의 반대에 부딪쳐 무산됐죠. 선생님이 돌아가신 자리에 제자를 올려 그 제자를 다시 선생으로 모시겠다는 이 사람들의 사고방식도 참 특이해요. 어떻게 보면, 학단이라는 조직을 유지하기 위해 심사숙고한 판단의 결과가 아니었을까 추정할 수 있습니다. 어쨌든 나는 유약이 자공에 의해 공자 사후 공자의 역할을 대신할 뻔했다는 일화가 중요한 의미를 갖는다고 봐요.

유약(기원전 508~?)은 자가 자유子有입니다. 공자보다 마흔세 살 또는 서른여섯 살 아래였다고 합니다. 출생 연대가 불분명하다는 뜻이죠. 《논어》에는 총 네 번 등장하는데, 주목할 점은 《논어》에서 '자子'라는 존칭이 붙어 '유자'로 나온다는 점이에요. 이렇게 이름에 '자'가 붙어 나오는 사람은 유자와 증자, 염자(염구)죠. 앞에서도 설명했듯, '자'는 중요한 의미를 가져요. 그래서 많은 학자들이 증자와 유자 계열의 문하생들이 《논어》를 편찬한 것 아니냐고 추측합니다.

하지만 우리가 그동안 살펴본 것처럼, 《논어》에서 증자와 유자의 비중은 생각보다 작습니다. 그런데 어떻게 이 사람들이 《논어》

를 편찬하는 데 주도적 역할을 했느냐 말이죠. 그래서 나는 이렇게 주장합니다. 우선 자공이 공자 사후 6년 동안 시묘살이를 하는 기간 중에 기록을 모으고, 기억을 더듬어 공자의 말을 문자화하는 시작했 습니다. 후대에 문하생들이 자기 스승의 이름에 '자'를 붙이며 그의 언급들을 문자로 기록하는 전통이 바로 거기서 세워진 것이죠.《논 어》편찬에 대해 이렇게 보는 편이 훨씬 타당합니다.

《논어》에는 공자가 여러 제후나 정치적 유력자와 만나 이야기 한 내용이 많이 나옵니다. 그런 자리는 제자가 함께하지 않았을 가 능성이 높은데, 그것이 어떻게《논어》에 나올 수 있었을까요? 공자 가 그들을 만나고 와서 제자들에게 "이렇게 묻기에 이렇게 답했다" 며 이야기를 들려줬다고 추측할 수 있는 근거가《논어》에 나옵니다. 내가 이런 이야기를 자꾸 강조하는 까닭은,《논어》에 등장하는 장면 하나하나가 여러 가지 상황과 맥락을 생략하고 고도로 압축한 형태 로밖에 나올 수 없는 이유를 말하기 위해서예요.

〈위정〉편에는 공자가 맹의자孟懿子와 이야기하고 난 뒤에, 번지 에게 자신이 어떤 질문을 받았고 어떻게 답변을 했는지 일러주는 장 면이 나옵니다. 이 장면은 공자가 제자가 아닌 다른 사람과 나눈 이 야기가 어떻게 기록될 수 있었는지를 보여주는 중요한 단서예요. 이 이야기는 '선생님이 말했다子曰'로 시작하는 짧은 언명들이 형성된 과정을 구체적으로 알 수 있게 해줍니다.

맹의자가 효에 대해 물었다. 선생님이 말했다. "어기지 않으면 됩니 다." [맹의자가 돌아간 뒤 선생님이 외출할 때] 번지가 말고삐를 잡 았다. 선생님이 [맹의자와 나눈 대화를 알려주며] 말했다. "맹손씨

(맹의자)가 내게 효를 묻기에 내가 '어기지 않으면 된다'고 대답해 주었다." 번지가 말했다. "무슨 뜻입니까?" 선생님이 말했다. "[부모가] 살아 계실 때는 예에 따라 섬기고, 돌아가시면 예에 따라 장사지내고, 예에 따라 제사를 지낸다는 뜻이다."

孟懿子問孝. 子曰: "無違." 樊遲御, 子告之曰: "孟孫問孝於我, 我對曰: '無違'."
樊遲曰: "何謂也?" 子曰: "生, 事之以禮; 死, 葬之以禮, 祭之以禮." 〈위정〉 2.5

여기서 중요한 것은 공자가 맹의자와 단둘이 한 이야기를 번지에게 일러줬다는 점입니다. 그렇다면 이 이야기가 남겨질 수 있었던 것은, 번지가 공자에게 들은 것을 다른 사람에게 전했기 때문이겠죠. 이렇게 공자가 나눴던 대화들이 하나씩 쌓여서 구전이 되고 나중에 기록될 수 있는 가능성이 만들어졌다는 겁니다. 이런 점은 《논어》가 어떻게 편찬됐을지에 대한 암시를 줍니다.

이런 방식으로 《논어》 안에서 증거를 하나씩 추려가면, 기존의 주장과 다른 이야기가 나올 수도, 같은 이야기가 나올 수도 있을 겁니다. 중요한 것은, 공자학단 내부에 다양한 기억과 생각, 인격들이 함께 있었다는 점을 가미하면 훨씬 다양하고 풍부한 《논어》 읽기가 될 것이란 점입니다. 바로 이 지점에서 해석이 개입됩니다. 《논어》가 공자의 사상을 표현하기만 하는 것이 아니라 그에 대한 제자들의 다양한 해석을 보여준다는 점이에요. 《논어》의 두 번째 구절을 보세요. 유약은 공자가 말하는 '인'을 '효제孝弟'로 풀이하고 있어요. 효제란 부모에 대한 효와 나이 든 사람에 대한 존중을 뜻해요.

유 선생님이 말했다. "[그] 사람됨이 부모에게 효도하고 형들에게 공손하면서 윗사람에게 대들기 좋아하는 사람은 드물다. 윗사람에게 대들기를 좋아하지 않으면서 난리치는 사람은 아직까지는 없었다. 군자는 근본에 힘쓰는데, 근본이 제대로 서면 [나아갈] 길이 생겨나기 때문이다. [이렇게 보면] 부모에 대한 효도와 [윗사람에 대한] 공손은 틀림없이 인을 이루는 토대일 것이다."

有子曰: "其爲人也孝弟, 而好犯上者, 鮮矣. 不好犯上, 而好作亂者, 未之有也. 君子務本, 本立而道生. 孝弟也者, 其爲仁之本與!" 〈학이〉1.2

전통적으로 학자들은 이 '효제'가 공자학단에서 강조했던 규범이자 가치라고 생각해 왔어요. 앞에서 우리는 공자가 주창한 '인'을 증삼은 '충서'로, 자공은 '박시제중'이라는 정치의 목적과 이념으로 받아들인 것을 보았어요. 자로는 '인'보다 '의'가 우선이라며 자기주장을 확신에 찬 목소리로 내세우기도 했고요. 그런데 여기서 유약은 '효제'로 받아들이고 있어요. 이런 이야기들은 공자학단 내부의 학자들 또는 공자가 직접 가르친 제자들 사이에서조차 다양한 해석이 있었다는 것을 말해 줍니다.

경전과 해석의 탄생

《논어》는 이미 그 안에 다양한 목소리를 담고 있고, 공자의 사상과 그에 대한 제자들의 해석이 공존하고 있어요. 우리는 이 점을 인정해야 합니다. 따라서 《논어》는 십인십색의 다양한 생각과 삶의 결이 어우러진 텍스트로 보아야 합니다. 공자의 제자들 각각이 사상가이

자 인격체라는 것을 전제로 할 때에만 그 각각의 해석에 공감할 수 있겠죠. 나는 이것이 있는 그대로의 《논어》 읽기에 합당한 방식이라 생각해요. 우리는 《논어》가 들려주는 말 자체에 귀를 기울여야 할 필요가 있습니다.

유약의 또 다른 말을 보겠습니다. 다음 문장에서 유자는 공자의 '예'와 관련하여 유명한 언급을 합니다.

> 유 선생님이 말했다. "예禮의 활용은 [사람들의] 조화和를 이루는 것을 가장 큰 쓰임새로 여긴다. [옛] 선왕의 도는 이것을 아름답게 여겼다. 큰일이든 작은 일이든 [모두 이러한] 원칙을 따랐다. [그런데도] 잘 행해지지 않는 것이 있다면, 조화가 중요하다는 것만 알아서 조화만 이루려 했기 때문인데, 예로써 잘 조절하지 않으면 또한 행해지지 않을 수 있다."
>
> 有子曰: "禮之用, 和爲貴. 先王之道斯爲美, 小大由之. 有所不行, 知和而和, 不以禮節之, 亦不可行也."
>
> 〈학이〉 1.12

유약의 말에서 '선왕'은 요순과 같은 성왕聖王을 가리켜요. 공자도 예를 대단히 강조했습니다. 그런데 유자는 여기서 더 나아가 "예의 활용은 사람들의 조화를 이루는 것"이라며, 예를 활용하는 진정한 목적은 사회적 조화를 이루는 것이라는 점을 강조합니다. 이는 예에 관한 생각을 좀 더 철학적으로 발전시킨 것이라 할 수 있습니다. 나는 이 속에 '해석'이란 차원이 깊게 개입되어 있다는 점을 지적하고 싶습니다.

다음의 문장에는 유약이 말하는 예가 훨씬 구체적인 내용으로 설명되고 있어요.

> 유 선생님이 말했다. "믿는 바가 의에 가까워야 하는 말을 실행할 수
> 있다. 공손함이 예에 가까워야 수치나 치욕을 당하지 않을 수 있다.
> [외가 쪽이라 해도] 친근함을 잃지 않으면 친척이 될 수 있다."
>
> 有子曰: "信近於義, 言可復也; 恭近於禮, 遠恥辱也; 因不失其親, 亦可宗也."
>
> 〈학이〉 1.13

설명이 좀 더 구체적으로 진행되고 있네요. 유약이 한 말들은
'인'과 '효제', '도'와 '예' 등 기초적인 원칙에서 믿음과 정의, 공손함
과 예 등이 결합되어야 올바른 행위의 방식으로 연결될 수 있음을
체계적으로 설명하고 있어요. 유약의 말들은 단지 공자의 말을 반복
한 것이 아니라 공자의 생각을 체계화하고 발전시킨 결과입니다. 우
리가 《논어》에 나오는 이야기들을 앞의 1부에서 5부까지 공자 제자
들의 다양한 삶으로 다시 읽었던 것처럼, 《논어》는 다양한 사람들의
삶과 생각이 바뀌고 변화하는 모습들을 잘 보여주고 있어요.

물론 《논어》에는 개별적인 차이에도 불구하고 모종의 공통된
생각들이 담겨 있어요. 유약의 입을 통해서도 이런 공통점이 드러납
니다.

> [노나라] 애공이 유약에게 이렇게 물었다. "흉년이 들어서 [공실에
> 서] 쓸 것이 부족할 때는 어떻게 해야 좋겠는가?" 유약이 대답했다.
> "[10분의 1을 거두는] 철법撤法대로 하는 것이 어떻겠습니까?" [노나
> 라 애공이 말했다.] "[10분의] 2를 [거두어도] 내게는 부족한데 어찌

[10분의 1을 거두는] 철법대로 하라는 것이냐?" [유약이] 대답하여 말했다. "백성들이 풍족하다면 주군께서 어찌 부족할 일이 있겠습니까? 백성들이 부족한데 어찌 주군께서 풍족하겠습니까?"

哀公問於有若曰: "年饑, 用不足, 如之何?" 有若對曰: "盍徹乎?" 曰: "二, 吾猶不足, 如之何其徹也?" 對曰: "百姓足, 君孰與不足? 百姓不足, 君孰與足?"

〈안연〉 12.9

유약은 "당신이 어려운 것은 백성이 어려우니까 세금이 적게 걷혔기 때문이다. 따라서 백성들은 더 어려운데 거기서 더 세금을 걷으려고 한다면, 백성들 보고 죽으라는 말 아니냐?"라는 뜻으로 애공에게 말하고 있습니다. 상당히 힘 있는 발언이죠. 사실 '세금을 어떻게 걷어야 할 것인가'에 대한 해결책은 간단한 것 같아요. 경제적으로 힘든 사람들에게서는 덜 걷고, 부유한 사람들에게서는 더 걷으면 되죠. 맹자는 이에 대해 이렇게 말했습니다. "안 하려고 하니까 못하는 거지, 하려는 마음만 있으면 할 수 있다." 국가가 빈곤한 사람들에게 어떻게 정책을 펼쳐야 하는지와 관련해 다시금 생각해 보게 하는 구절입니다.

물론 유약을 비롯한 제자들은 공자에게서 가르침을 받았습니다. 하지만 각각의 제자들이 성장하면서 공자의 말을 해석하고 각자가 중시하는 것을 보태는 작업을 하면서, 공자의 생각은 풍부해졌습니다. 사실상 《논어》는 공자에 대한 가장 다양한 해석을 보여주는 책이라는 점을 우리는 생각해 볼 수 있습니다.

그렇다면 《논어》라는 책이 오늘날의 형태로 묶여진 과정은 어땠을까요? 이에 대해서는 다양한 학설이 있습니다. 또 이 문제를 설명하는 것은 이 책의 주제와도 거리가 있습니다. 다만, 지금까지 우리가 이 책에서 제자들의 삶을 살펴보았던 맥락과 관련되는 한에서, 나의 생각을 간단하게 소개할까 합니다.

우선 공자가 죽고 난 직후 편찬됐다는 학설이 있습니다. 만약 이 학설이 맞다면 《논어》는 기원전 5세기경부터 존재해 왔다고 할 수 있겠죠. 다른 주장은 오늘날 일반적으로 읽히는 현행본의 바탕이 되는 제나라 《논어》나 노나라 《논어》 같은 고문古文 《논어》가 출현한 때인 기원전 90년경이라고 하는 주장이 있습니다. 이 두 주장의 거리는 역사적으로 약 400년이라는 긴 기간에 해당하는데, 《논어》의 편찬 시기에 대한 확정적인 증거는 아직 없습니다.

그런데 나는 《논어》 자체가 보여주는 내적 증거에 주목할 필요가 있다고 생각해요. 이미 이와 관련된 내용들은 이 책의 곳곳에서 언급을 했지만, 핵심을 요약하여 말하면 다음과 같습니다.

가장 중요한 것은, 자공이 공자의 시묘살이를 하던 6년이란 기간 동안 《논어》의 초기 기록이 상당 부분 만들어졌다는 점입니다. 이 기간에 최초로, 문자로 기록하는 것을 중요하게 생각하며 공자의 말에 대한 해석의 차이로 서로 논쟁했던 학자들이 있었습니다. 이들이 헤어진 다음에는 이런 기록을 같이 만들었을 가능성은 없었겠죠. 더구나 이 기간에는 자하와 자장 등 상당히 많은 제자들이 있었고, 공자가 제자들과 천하를 유랑하며 갖가지 위기를 겪는 등의 경험들이 생생하게 기억될 때였습니다. 결국 그 기간이 《논어》의 초기 기록이 정착될 수 있던 때로는 가장 유력합니다.

이렇게 추정할 수 있는 근거는 꽤 많습니다. 우선 중시해야 할 것이 《논어》에 등장하는 제자들의 횟수입니다. 많이 등장하는 사람들일수록 더 깊이 관여되어 있다고 생각해요. 특히 계씨 휘하에서 벼슬했던 학단의 유력자들인 자로, 염구, 자공의 영향력이 가장 컸을 것입니다. 초기의 기록 자체, 즉 자공이 기록물을 남긴 의도는 어쩌면 공자와 더불어 이들을 기록하려는 데 있지 않았을까요? 공자를 성인화하는 작업이 곧 스스로를 기록으로 남기는 방법이기도 했다는 것이죠.

이렇게 생각해야 설명이 되는 점들이 몇 가지 있어요. 자공이 남긴 기록물이 지금 우리가 보는 《논어》의 형태는 물론 아니었을 겁니다. 하지만 한나라 초기에 편집된 《논어》에 자공이 등장하는 횟수가 많다는 것은 초기 기록에서부터 이미 자공의 비중이 컸다고 가정하는 것이 합리적이겠지요. 또 자공 입장에서 보면 자로는 계씨 가문에서 벼슬한 선배였고, 염구 또한 마찬가지였어요. 따라서 이들에 관한 기록을 애초부터 많이 남겼기에 그것들이 수백 년 뒤 《논어》가 편집될 때까지 많이 남아 있었을 가능성이 높습니다.

또 한 가지 살펴볼 점이 있어요. 자공, 자하와 자장은 노나라 출신이 아니에요. 자공과 자하는 위나라, 자장은 진나라에서 왔죠. 반면 증삼은 노나라 토박이였죠. 공자 사후의 실세는 자공이었고요. 자공은 증삼 계열과는 사이가 좋지 않았던 것으로 보이고, 오히려 자장이나 자하와 더 친근했던 것으로 추정돼요. 따라서 증삼과 유약이 '자'라는 칭호를 받았다는 이유로 이들이 《논어》의 편집 주체였을 거라고 보는 것은 사실상 설득력이 적어요. 나는 증삼과 유약 등이 함께 초기 기록물을 남기는 일에 관여는 했지만 그 주도권은 자공과 자하, 자장 등에게 있었다고 생각해요. 오늘날의 《논어》가 보여주는 증거가 이렇게 말하고 있어요.

공자에 관한 기억을 더듬어 문자화하고 죽간에 기록하여 남기는 과정 전체를 지휘하고, 그에 소요되는 비용을 충당한 것은 자공이었을 거예요. 자공이 6년간 시묘살이를 할 때, 앞의 3년은 공자의 제자들 상당수가 함께했어요. 이 때문에 다양한 성향의 제자들이 《논어》에 등장하는 것이라 생각해요. 나중의 3년 동안에는 상당수의 제자들이 흩어졌지요. 그로 인해 자공과 몇몇 제자의 주도권이 확실해졌고, 따라서 안회 등의 덕행파나 재아처럼 사상적 성향이 달랐던 사람들에 대한 기록에는 초기 기록자의 시각이 반영되었던 것 아닐까 싶어요.

이런 추정을 거쳐, 우리는 오늘날의 《논어》가 공자의 성인화 작업과 더불어 《논어》에 가장 많이 등장하는 사람들을 기념하려는 기획의 결과물이라는 생각에 이릅니다. 나는 이렇게 《논어》에 남아 있는 기록들이 처음에 형성된 과정과 나중에 편집된 과정을 구분해서 보는 것이 중요하다고 생각해요.

이때 만들어진 기록들이 후대에 다시 모아질 수 있었던 것은 한나라의 정치적 상황과 맞물리겠죠. 진秦나라 때 분서焚書로 인해 많은 기록들이 유실됐고, 유학자들은 이미 다양한 학파로 분리되어 있었습니다. 진나라가 망하고 한나라가 들어섰지만 유학자들이 처한 상황은 전혀 좋아지지 않았습니다. 황제나 중앙의 조정에서는 유학을 배척하는 분위기가 팽배했고, 유학자들은 고립될 수밖에 없었습니다. 결국 위기감을 느낀 유학자들은 다시 스스로의 내분을 조정하고, 공유된 정체성을 확립할 필요가 생긴 것이죠.

이미 공자 사후 얼마 지나지 않아 여러 나라로 흩어지고 갈라져 여러 분파를 이루었던 그들에게 하나의 공통된 정체성을 갖는다는 것은 쉽지 않았을 거예요. 유일한 가능성은 처음으로 돌아가는 것입니다. 결국 이들을 묶어줄 수 있었던 것은 공자였을 거예요. '우리는 모두 공자라는 큰 스승의 제자다'라는 하나의 이념 아래 결집할 수 있었을 것입니다. 그런 배경에서 《논어》가 그 시대에 만들어졌던 것은 아닐까 추정할 수 있습니다.

공자학단이 갈라지기 전의 자로와 안회, 자공과 재여, 염구와 증삼, 자장과 자하 등 주요 인물들이 많이 등장하는 이유가 바로 거기에 있지 않을까요? 그래서 나는 이 마지막 에필로그에 '십인십색 《논어》 이야기'라고 제목을 붙여보았어요. 《논어》는 공자라는 한 위대한 성인의 말씀들을 기록한 경전이 아닙니다. 《논어》는 다양한 색깔들로 이루어져 있지만, 우리가 함께 살아야 하는 이유를 말하고 있어요.

우리는 수많은 사람을 감동시켰던 출중한 인물 공자, 그리고 그를 따랐던 제자들의 다양한 삶이 얽히고 포개어져 있는 텍스트로서 《논어》를 다시 읽어야 합니다. 《논어》는 공자가 어떤 완벽한 가르침을 남겼는데, 그보다 떨어지는 인간들이 덜 완벽하게 이해하고 행동했다는 내용을 담은 책이 아닙니다. 제자들 각각이 공자에게 가르침을 받았지만, 그 가르침을 각자의 삶 속에 적용하거나 때때로 거부하면서 자기 나름대로의 색깔을 만들어나갔죠. 이런 다양성을 어떻게 공유하고 만들어나가는지가 새로운 《논어》 읽기의 출발이자 완성이 될 것입니다.

그래서 나는 《논어》에서 찾아야 하는 진면목은 공자라는 한 사람의 얼굴이 아니라, 네가 되고 내가 될 수 있는 '다양한 우리의 얼굴'이라고 생각합니다. 세상은 혼자 살 수 없기에 우리는 수많은 사람과 관계를 맺으며 살 수밖에 없습니다. 사람을 읽는다는 것은 그래서 그 사람의 삶의 이야기를 읽는 것이고, 삶의 이야기는 늘 다른 사람과 포개어지는 법입니다. 그런 의미에서 《논어》는 나의 삶, 우리의 삶을 비춰볼 수 있는 하나의 거울이 아닐까요?

기세춘,《논어 강의》, 바이북스, 2010.

김경호·이영호 책임편집,《지하의 논어, 지상의 논어》, 성균관대학교출판부, 2012.

김덕균,《공문의 사람들》, 논형, 2004.

김성희,《공자, 제자들에게 정치를 묻다》, 프로네시스, 2008.

김승혜,《유교의 뿌리를 찾아서》, 지식의 풍경, 2001.

김시천,《노자의 칼 장자의 방패》, 책세상, 2014.

_____,《이기주의를 위한 변명》, 웅진지식하우스, 2006.

_____,《무하유지향에서 들려오는 메아리》, 미래앤, 2015.

김용옥,《논어한글역주》(전3권) 통나무, 2009.

김원중 옮김,《논어 세상의 모든 인생을 위한 고전》, 글항아리, 2012.

김형찬 옮김,《논어》, 홍익출판사, 2005.

로타 본 팔켄하우젠 지음, 심재훈 옮김,《고고학 증거로 본 공자시대 중국사회》, 세창출판사, 2011.

리 쩌허우 지음, 임옥균 옮김,《논어금독》, 북로드, 2006.

리 링 지음, 김갑수 옮김,《집 잃은 개》(전2권) 글항아리, 2012.

리 링 지음, 황종원 옮김,《논어, 세번 찢다》, 글항아리, 2011.

마크 에드워드 루이스 지음, 최정섭 옮김,《고대 중국의 글과 권위》, 미토, 2006.

미야자키 이치사다 지음, 박영철 옮김,《논어》, 이산, 2001.

박성규 옮김,《대역 논어집주》, 소나무, 2011.

배병삼,《논어, 사람의 길을 열다》, 사계절, 2005.

_____,《한글 세대가 본 논어》(전2권) 문학동네, 2002.

_____,《우리에게 유교란 무엇인가》, 녹색평론사, 2012.

벤자민 슈워츠 지음, 나성 옮김,《중국 고대 사상의 세계》, 살림, 2004.

시라카와 시즈카 지음, 장원철 옮김,《사람의 마음을 움직여 세상을 바꾸리
　　　라: 전혀 다른 공자 이야기》, 한길사, 2004.

신정근,《공자씨의 유쾌한 논어》, 사계절, 2009.

_____,《논어의 숲, 공자의 그늘》, 심산, 2006.

_____,《사람다움의 발견》, 이학사, 2005.

심경호 지음,《심경호 교수의 동양고전 강의 논어》(전3권) 민음사, 2013.

안병주·전호근 옮김,《역주 장자》(전4권) 전통문화연구회, 2008.

안핑 친 지음, 김기협 옮김,《공자평전-권위와 신화의 옷을 벗은 인간 공자를
　　　찾아서》, 돌베개, 2010.

앵거스 찰스 그레이엄 지음, 나성 옮김,《도의 논쟁자들》, 새물결, 2015.

야스토미 아유무 지음, 고운기 옮김,《위험한 논어》, 현암사, 2014.

양백준 역주, 이장우·박종연 옮김,《논어역주》, 중문, 1997.

오규 소라이 지음, 함현찬·임옥균·임태홍 옮김,《논어징》(전3권) 소명출판,
　　　2010.

이민수 옮김,《공자가어》, 을유문화사, 2003.

이을호 옮김,《한글 논어》, 사단법인 올재, 2012.

이탁오 지음, 이영호 역주,《이탁오의 논어평》, 성균관대학교출판부, 2009.

이토 진사이 지음, 장원철 옮김,《논어고의》(상하) 소명출판, 2013.

임옥균 옮김,《논어정독》, 삼양미디어, 2015.

전호근,《장자강의》, 동녘, 2015.

전호근·김시천,《번역된 철학 착종된 근대》, 책세상, 2011.

정약용 지음, 이지형 옮김,《역주 논어고금주》(전5권) 사암, 2010.

정태현 책임번역, 이성민 공동번역,《역주 논어주소》(전2권) 전통문화연구회,
　　　2012.

좌구명 지음, 신동준 옮김,《춘추좌전》(전3권) 한길사, 2006.

주대환,《좌파 논어》, 나무, 2014.

진순신 지음, 서은숙 옮김,《논어 교양강의》, 돌베개, 2010.

황준걸 지음, 이영호 옮김,《일본 논어 해석학》, 성균관대학교출판부, 2011.

Confucius, trans. Annping Chin, *The Analects*, Penguin Books, 2014.

Confucius, trans. Edward Slingerland, *Anelects*, Hackett Publishing Company, Inc., 2003.

John Makeham, *Transmitters and Creators: Chinese Commentators and Commentaries on the Anelects*, Harvard University Asia Center, 2004.

Simon Leys, tr., Michael Nylan, ed., *The Analects of Confucius*, W.W. Norton & Company, 2014.

Wiebke Denecke, *The Dynamics of Masters Literature: Early Chinese Thought from Confucius to Han Feizi*, Harvard University Asia Center, 2011.